本著作受到山东省高校青创科技计划项目"中国人口体系的形成与变动机制及其与经济发展关系的演化"、青岛市社会科学规划研究项目"我国省域人口结构变动与经济发展关系的时空演化机制研究"（金融专项）的资助。

中国省域人力资本与经济增长关系的时空演化
理论与实证

Temporal and Spatial Evolution of the Relationship between Human Capital and Economic Growth in China's Province
Theory and Evidence

逯进　陈阳 ◎ 著

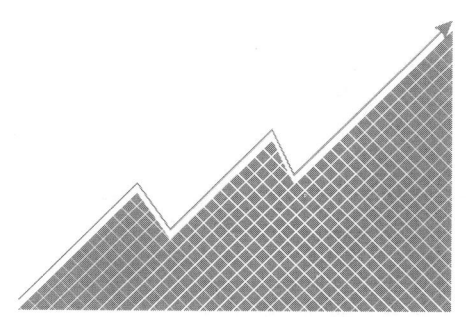

图书在版编目（CIP）数据

中国省域人力资本与经济增长关系的时空演化/逯进，陈阳著．—北京：经济管理出版社，2020.8
ISBN 978-7-5096-7401-7

Ⅰ.①中… Ⅱ.①逯…②陈… Ⅲ.①人力资本—影响—区域经济—经济增长—研究—中国 Ⅳ.①F127

中国版本图书馆 CIP 数据核字（2020）第158085号

组稿编辑：申桂萍
责任编辑：刘　宏
责任印制：黄章平
责任校对：王纪慧

出版发行：经济管理出版社
　　　　　（北京市海淀区北蜂窝8号中雅大厦A座11层　100038）
网　　址：www.E-mp.com.cn
电　　话：（010）51915602
印　　刷：北京玺诚印务有限公司
经　　销：新华书店
开　　本：720mm×1000mm/16
印　　张：12
字　　数：208千字
版　　次：2020年8月第1版　2020年8月第1次印刷
书　　号：ISBN 978-7-5096-7401-7
定　　价：58.00元

·版权所有　翻印必究·
凡购本社图书，如有印装错误，由本社读者服务部负责调换。
联系地址：北京阜外月坛北小街2号
电话：（010）68022974　邮编：100836

前　言

改革开放以来,中国经济发展迅速,但随着制度、人口、市场等红利的逐步消退,长期以来形成的粗放式经济增长模式已难以为继,经济发展有陷入"中等收入陷阱"之危。同时,受历史与政策因素的影响,长期形成的区域经济发展差异亦开始对我国宏观经济的均衡、协调、可持续发展形成了现实的巨大压力。因此,以转方式、调结构为发展方针,加快推进"创新型"国家建设,努力实现"人才强国、技术强国"之发展战略,力促我国由人力资源大国转变为人才强国,进而有效弥合区域发展差异,是今后社会经济发展主要任务之一。为此,本书以人力资本与经济增长关系的讨论为主线,全面分析了近40年我国经济发展的变迁、人力资本作用的演进以及区域经济发展差异水平的演化。

本书首先对经济增长理论、人力资本理论以及改革开放后我国区域经济发展的实践进行了研究回顾与评述。其次全面构建了人力资本的核算方法,并建立了人力资本与经济增长两大综合指标体系,以我国31个省份以及东、中、西、东北四大区域为研究对象,选择1982~2017年为研究时序,分别从"人力资本的产出贡献率与产出溢出效应""人力资本的空间溢出效应与空间贡献率""人力资本与经济增长的系统耦合协调性""人力资本对经济增长作用的非线性机制"以及"人力资本与经济增长相互作用的系统动力学机制"等方面,实证分析了不同区域人力资本与经济增长的关系,并由此系统解释了区域经济发展差异的机理与特征。

本书的主要结论为:

第一,人力资本的产出贡献率及其溢出效应分析表明,首先,相对于人力资本,物质资本投资是影响我国各区域经济增长的主要因素,目前我国仍处于资本推动型的粗放式经济发展阶段。其次,人力资本对经济增长的产出贡献率存在区域性差异，同时各区域存在明确的人力资本产出溢出效应。此外，有效加强人力资本的素质可能在长期内产生明显的经济增长效应。

第二，人力资本的空间溢出效应表明，首先，近40年以来，我国经济增长与人力资本具有显著的正空间相关性。其次，我国省域间"经济增长—人力资本"双变量空间相关性存在空间分布的异质性及非均衡性。此外，我国大多数省份具有正向的人力资本空间溢出效应，相邻省份之间人力资本对经济增长有着不可忽视的正向促进作用。

第三，人力资本与经济增长的系统耦合协调分析表明，首先，我国各省份人力资本水平与经济增长水平呈现明显的持续递增趋势，上述特征在近十年尤为显著，但区域间差异非常明显。其次，我国人力资本与经济增长的耦合度总体上处于较低水平，但存在耦合水平的长期递增趋势。此外，未来一段时期，区域间极有可能出现耦合的趋同。

第四，人力资本与经济增长相互作用的系统动力学分析表明，首先，经济增长对各区域人力资本的影响存在较大差异。其次，经济发展水平的高低与经济增长对人力资本的作用强度存在正相关关系，但未来这一作用力随着经济发展水平提高到一定程度后可能会逐渐下降。此外，多数省份经济增长对人力资本的影响强度分别在1998年、2008年出现两次峰值，而这两个顶点恰好处于东南亚金融危机和源自美国的次贷危机全面蔓延我国之时。因此，这一特征在一定程度上对未来经济走势特殊点的预判提供了一个有意义的参考依据。

目 录

第一章 绪论 …………………………………………………………… 1
  第一节 选题背景与意义 …………………………………………… 1
  第二节 研究的逻辑思路 …………………………………………… 3
    一、研究思路与主要内容 ………………………………………… 3
    二、研究的逻辑框架与技术路线 ………………………………… 4

第二章 文献综述 ……………………………………………………… 5
  第一节 经济增长理论的体系结构 ………………………………… 5
    一、古典理论与新古典方法的繁荣 ……………………………… 6
    二、内生经济增长理论的兴起 …………………………………… 9
    三、经济增长理论体系结构的构建 ……………………………… 15
  第二节 中国区域经济发展 40 年 ………………………………… 17
    一、非均衡发展阶段：1978～1992 年 …………………………… 18
    二、非均衡协调发展阶段：1992～1999 年 ……………………… 23
    三、均衡统筹协调发展阶段：1999～2012 年 …………………… 31
    四、区域协调发展战略深化和创新阶段：2012 年至今 ………… 39
    五、中国区域经济发展战略的体系结构 ………………………… 46
  第三节 人力资本理论的回顾和评述 ……………………………… 49
    一、人力资本的概念及分类 ……………………………………… 51
    二、人力资本的核算 ……………………………………………… 52
    三、人力资本与经济增长 ………………………………………… 55
    四、人力资本理论评述 …………………………………………… 61
  第四节 本章小结 …………………………………………………… 62

第三章 研究指标与数据说明 ·············· 64
第一节 人力资本水平测算 ·············· 64
一、人力资本脑力素质 ·············· 64
二、人力资本身体素质 ·············· 65
三、人力资本综合素质 ·············· 65
第二节 其他变量说明 ·············· 66
一、物质资本投资 ·············· 66
二、人力资本与经济增长综合指标 ·············· 66
第三节 数据来源说明 ·············· 67

第四章 人力资本的产出溢出效应与区域差异 ·············· 69
第一节 模型选择 ·············· 70
一、卢卡斯人力资本溢出模型 ·············· 70
二、有效劳动模型 ·············· 70
第二节 实证分析 ·············· 71
一、人力资本产出弹性系数的估计 ·············· 71
二、要素贡献率的估计 ·············· 73
三、人力资本总贡献率的分析 ·············· 75
第三节 本章小结 ·············· 80

第五章 人力资本的空间溢出效应与区域差异 ·············· 81
第一节 研究方法与模型设定 ·············· 82
一、探索性空间数据分析方法介绍 ·············· 82
二、空间 Lucas 模型 ·············· 85
第二节 实证分析 ·············· 86
一、区域差异的基本特征 ·············· 86
二、"经济增长—人力资本"全域空间相关性检验 ·············· 86
三、"经济增长—人力资本"局域空间相关性检验 ·············· 88
四、人力资本的空间溢出效应分析 ·············· 90
五、人力资本空间溢出对经济增长的贡献率 ·············· 95
第三节 本章小结 ·············· 97

第六章 人力资本与经济增长的系统耦合特征 …… 99

第一节 建模与理论解析 …… 100
一、基本模型 …… 100
二、适宜性解析 …… 104

第二节 指标体系与数据处理 …… 106
一、指标权重确定 …… 106
二、数据标准化 …… 106
三、综合指数的核算 …… 107

第三节 实证分析 …… 107
一、综合指数核算 …… 108
二、综合指数分析 …… 109
三、耦合分析 …… 111

第四节 本章小结 …… 113

第七章 人力资本与经济增长耦合的再解析 …… 114

第一节 多系统耦合机制的理论解析 …… 115

第二节 指标体系与数据说明 …… 116
一、指标体系拓展 …… 116
二、实证步骤 …… 117

第三节 实证分析 …… 118
一、两系统耦合分析 …… 118
二、三系统耦合分析 …… 121
三、两系统与三系统耦合的关联性分析 …… 123

第四节 耦合机制的再讨论 …… 125

第五节 本章小结 …… 127

第八章 人力资本对经济增长的非线性影响（一）…… 129

第一节 理论模型和方法介绍 …… 130
一、理论模型 …… 130
二、分位数回归模型 …… 131

第二节 指标体系与数据处理 …… 133

一、指标体系 …………………………………………………… 133
　　二、数据说明 …………………………………………………… 134
　第三节　实证分析 ………………………………………………… 135
　　一、全国范围考察 ……………………………………………… 135
　　二、分区域考察 ………………………………………………… 138
　第四节　本章小结 ………………………………………………… 140

第九章　人力资本对经济增长的非线性影响（二）………………… 141
　第一节　数据与方法说明 ………………………………………… 141
　　一、指标与数据 ………………………………………………… 141
　　二、研究方法 …………………………………………………… 142
　　三、实证模型设定 ……………………………………………… 144
　第二节　实证分析 ………………………………………………… 145
　　一、正态检验 …………………………………………………… 145
　　二、共曲线性检验 ……………………………………………… 145
　　三、全国与分区域模型的拟合 ………………………………… 147
　第三节　本章小结 ………………………………………………… 152

第十章　人力资本与经济增长关系演化的动力机制 ……………… 154
　第一节　系统动力学建模 ………………………………………… 155
　　一、系统结构 …………………………………………………… 156
　　二、变量说明 …………………………………………………… 156
　　三、系统动力学模型构建 ……………………………………… 157
　第二节　实证分析 ………………………………………………… 159
　　一、模型检验 …………………………………………………… 159
　　二、结果分析 …………………………………………………… 160
　第三节　本章小结 ………………………………………………… 163

第十一章　总结与研究展望 ………………………………………… 165
　第一节　研究结论与政策建议 …………………………………… 166
　第二节　研究展望 ………………………………………………… 169

参考文献 ……………………………………………………………… 172

第一章　绪论

第一节　选题背景与意义

2008年后，随着经济结构"瓶颈"、全球金融危机两大负面因素显性化后的强烈冲击，我国的经济增速下滑明显。同时，近几年转方式、调结构的步伐加快，以消化过剩产品、淘汰落后产能为先导的改革进程得以向深水区迈进，结构性矛盾开始大量显现。受此影响，长期以来投资主导的经济增长惯性逐步消退，2018年国内生产总值同比增长6.6%，经济增速持续下滑。这引发了各界关于中国经济可能长期放缓的担忧。

回顾我国改革开放以来社会经济的发展历程，在渐进式制度创新的带动下，有中国特色的社会主义市场经济体系逐步形成，并得以不断深化与完善，由此激发了巨大的经济增长潜能，并取得了举世瞩目的发展成就。目前，我国已跃居成为仅次于美国的世界第二大经济体，而国家迅速富强的同时，人民的生活水平亦得以快速提高。然而，我国高速运行的经济"马车"在经历了制度突破而激发的发展潜能后，疲态尽显，市场经济面临严峻挑战。制度与市场红利、人口与劳动力红利、资源与要素红利、开放与贸易红利、"两个大局"的发展战略红利开始逐渐消退，从而释放出了明显的经济发展后继乏力的信号。这表明我们这样一个发展中大国，在以"摸着石头过河"的发展思维的指引下，独具特色的社会主义市场经济发展模式到了需要适时做出调整的关键时点。长期以来，依靠强政府主导、海量投资、低附加值出口的经济发展模式已难以为继；同时，投资减速、人口结构转型、劳动供给乏力的涌现伴随着区域间经济发展的不平衡，迫使中国经济发展速度逐渐放缓，因此以经济结构调整强力推进发展方式转型迫在眉睫，这关系到改革进一步推进的大问题。但如何推进，目前众说纷纭，有关于制度层面的，也有关于结构调整层面的，还有关于技术层面的。这些讨论虽然各有各论，但一个共同的认知是如何更好地发挥既有的和潜在的要素生产效率是关键点之一。以此为基准，聚焦要素市场，人口、劳动力以及人力资本数量具有潜在绝对优势的中国，倚重于人力资本数量的高速积累，特别是质量的加速提升就成为经济持续发展的先决条件。而从发达国家的经验看，人力资本是保持经济持续健康增长的重要源泉，这一论断已被大多数学者所认同。

同时，国内外众多的经验性研究表明，在考量经济增长的特征时，可以很明确地对产出贡献率做出分解，如劳动、资本、技术等，并能据此判断出经济增长的质量与结构优劣，如粗放式的或集约式的。进一步地，内生增长视角又可以对技术、人力资本等要素的产出外溢做出进一步衡量，而这一点恰好实现了所谓的长期内规模报酬递增的增长模式的长久不衰。这两个方面的结合可以有效地解释改革开放以来我国经济增长的变动特征。

实际上，作为人口大国，中国具有比较突出的人力资本的现实与潜在两方面的优势。如何切实有效地转化这一优势，借此不断提高我国总体人力资本水平，进而为自主创新能力的提升提供持续动力，是事关我国突破经济发展"瓶颈"、保持经济长期健康发展的重要问题。为此，21世纪以来我国相继实施了科教兴国、人才强国战略。特别是2010年出台《国家中长期人才发展规划纲要（2010—2020）》，强调必须大力提高国民素质，在继续发挥我国人力资源优势的同时，加快形成具有国际竞争力的人才竞争比较优势，逐步实现由人力资源大国向人才强国的转变。因此，在经济发展和政策导向两方面的促动下，着力积累和提升我国的人力资本水平，使之切实成为经济发展新的原动力，已成为当前社会经济发展的主方向。在此背景下，深入探究人力资本与经济增长之间的深层次关系，对经济发展方式转型、区域均衡全面协调可持续发展、稳定就业以及构建和谐社会而言具有重要的理论与实际意义。

第二节 研究的逻辑思路

一、研究思路与主要内容

本研究的主题涵盖三个方面：经济增长、人力资本、区域经济发展差异。研究主要从人力资本的经济增长效应的解析、人力资本与经济增长的协同关系两个方面讨论我国区域经济发展差异的现状、机制，并提出相关的政策建议。研究对象定位于东、中、西、东北四大区域以及31个省份。依据初始的研究设想以及后续的研究进展，本书主要从如下方面展开：

（1）对经济增长理论、人力资本理论以及改革开放以来中国区域经济的发展战略与特征展开评述，在此基础上，形成研究的理论与背景依据。

（2）估算各区域的人力资本与经济增长水平。一方面核算人力资本的脑力素质、身体素质以及全面考虑这两个方面后形成的综合素质；另一方面，通过构建全面合理的人力资本与经济增长综合指标体系，运用层次分析法对各区域人力资本与经济增长的综合发展水平做出全面的统计描述。

（3）构建含有人力资本的内生经济增长模型，探讨各区域人力资本的脑力素质、身体素质以及综合素质对经济增长的贡献率。重点从"产出溢出""空间溢出"两个方面推导并设定人力资本的内生经济增长方程。

（4）结合人力资本的"产出溢出"与"空间溢出"效应的分析，全面解析人力资本对区域经济发展差异的"外部性"作用程度。

（5）引入系统耦合模型，分析人力资本与区域经济发展差异关系的协同演化机制。在此基础上，进一步引入系统动力学模型，构建合理的人力资本与经济增长的系统动力学作用机制，借此进一步揭示二者之间存在的动态互促变动特征。

（6）在总结研究结论的基础上，以"均衡、统筹、协调"为出发点，提出了以有效提升人力资本水平、强化人力资本与经济增长协同共进以及进一步以经济增长提升人口素质的政策建议。

二、研究的逻辑框架与技术路线

本书的内容架构、技术路线与实证分析思路如图1-1和图1-2所示。

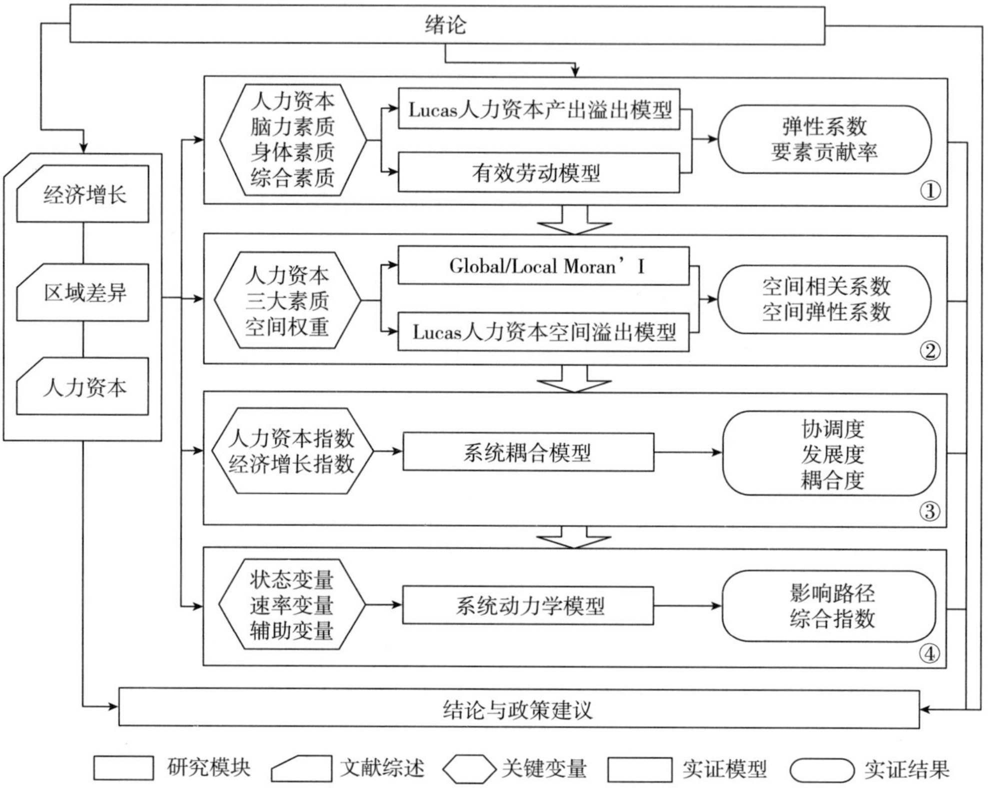

图1-1 研究的逻辑框架与技术路线

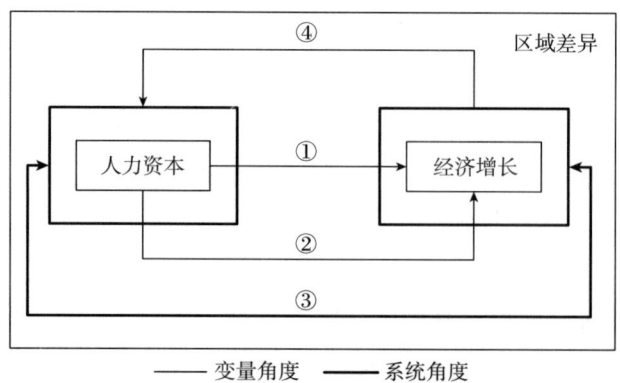

图1-2 实证思路图解

第二章　文献综述

本书旨在研究人力资本对我国区域经济发展差异的影响机制,并提出相应的政策建议。在展开实证分析之前,对核心理论、概念以及逻辑关系进行梳理不仅具有研究程序上的必要性,而且对于实证结果的深入解读具有至关重要的全局引导作用。因此,本书提取三个核心概念,分别是人力资本、经济增长、区域发展差异。为便于分析,首先,梳理经济增长理论的发展脉络,从中归纳经济增长理论对增长动力和区域差异的解释。其次,以文献述评的方式展示我国区域经济发展差异的显著性和演进过程,从而证实本研究的迫切性与合理性。最后,重点关注人力资本对经济增长和区域发展差异的理论贡献和实际影响,并厘清现有的研究思路和方法,为后续实证研究奠定基础。

第一节　经济增长理论的体系结构

经济增长理论是经济学的一个重要分支,发端于古典经济学派甚至更久远的年代(Solow,1987),时至今日这一理论已经形成了较为完整的体系和研究方法,并且还在不断演进中。一直以来,经济增长理论研究的主题主要集中在三个方面:第一,在一个经济体的发展进程中,经济是否会最终陷于停滞?第二,为什么经济体内部以及各经济体之间在不同时期会出现相差悬殊的贫富差距?第三,一个经济体得以持续增长的动力是什么?

在经济增长理论的发展进程中,随着分析层次的跃升,其理论脉络和方法逐渐走向清晰,所涉猎的范围也越来越广泛,并几乎渗透了经济学的每一个层面,进而逐渐形成了较为完整的理论架构。究其原因主要有以下三点：第一，"决定经济增长的因素繁多，而每个因素又各有一整套理论"（刘易斯，2002），这样以经济增长和发展为主线索，通过对不同领域内的因子分析，就将整个经济学纳入统一的框架内；第二，经济增长理论有着严密的结构、扩展性极强的体系及极具吸引力的分析方法和内容，因而具备不断进行理论创新的条件；第三，更重要的是，该理论为现实世界中与增长及发展有关的诸多问题提供了精细而确凿的解释依据。

总体来看，经济增长过程是一个复杂的系统。在这一系统中，各经济变量之间及其因果关系所形成的广泛而密切的联系组成了不同的子系统，而经济增长理论的出现就是要形成贯穿于这一系统的、将不同子系统联结为一个整体的脉络，进而对人类社会经济的发展做出描述，并进一步指引未来的发展。

近半个多世纪以来，随着经济增长理论研究的繁荣，特别是由于内生增长理论的出现，在整个经济特别是宏观经济领域掀起了自凯恩斯革命以来最大的理论与实证研究洪潮，以至于增长理论的主要奠基人、诺贝尔奖得主索罗都承认自己也仅仅是触及了这一伟大理论的一角。目前，以内生增长为主要研究范式，在对劳动力、资本、技术、人力资本等要素分析的基础上，经济增长理论延伸至更多的领域，将制度、伦理等新要素纳入其研究范畴，从而在研究内容、方法和实践指导等方面不断得以快速演进。本节以经济增长的理论以及方法的演进为主线，归纳和评述了增长理论的主要内容及其相互之间的连带关系，意欲构建一个清晰、完整的经济增长理论的体系架构。

一、古典理论与新古典方法的繁荣

一般而言，以技术是否进入及进入的角色和方式不同为标志，可将增长理论的发展进程划分为三个阶段：古典学派、新古典学派以及内生增长理论。按照这一方法进行划分，理论的标志性著作分别为索罗（1956）和阿罗（Arrow，1962）的两篇经典文献。不过需要说明的是，索罗模型是在哈罗德（Harrod，1939）和多马（Domer，1946）模型的基础上发展起来的，而罗默的系列研究成果（Romer，1986，1987，1990）则被认为是内生增长理论出现的标志，他继承了阿罗用技术外部性解释经济增长的研究思路。因此，又可以将哈罗德—多马模型和罗默模型的出现看作增长理论的两个分界点。经济增长理论三阶段的划分如图2-1所示。

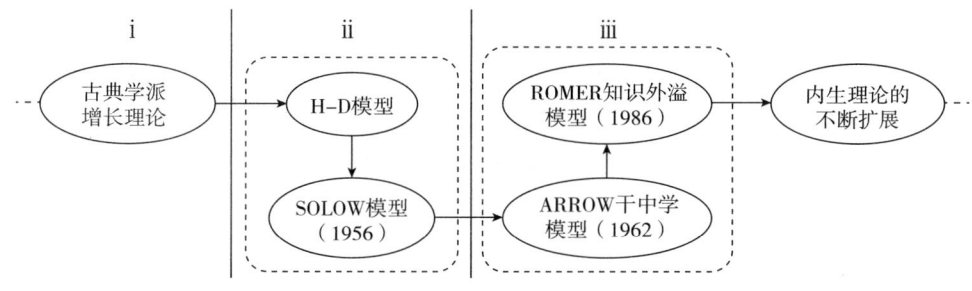

图 2-1 经济增长理论发展演化的三个阶段

实际上，由于受到计算方法、数据可得性以及实践认识的限制，经济增长理论在其产生后的很长时间内没有什么突破性的进展。直至 20 世纪 60 年代，由拉姆齐（Ramsey，1926）—卡斯（Cass，1956）—库普曼斯（Koopmans，1956）、哈罗德（1939）—多马（1946）、索罗（1956）—斯旺（Swan，1956）三大理论组成了新古典增长模型，增长理论才初步形成较为完整的体系。这一方面源于凯恩斯的总需求管理理论体系建立后，具备了对国民收入增长的内在机理加以解释的能力，另一方面，这一理论却只局限于静态（至多是比较静态）研究的领域，"在宏观动态理论方面留下了空白"（哈罗德，1939）①。在这一背景下，凯恩斯的追随者——哈罗德和多马将"I＝S"这一经典理论动态化而建立了明确的经济增长模型，从而填补了这一空白（阿吉翁和霍依特，2004）。然而，"……在哈罗德的作品中，到处充斥着未完全得到证明的论断，即稳定增长在任何情况下都是一种不稳定的均衡：在均衡处的任何一个小的偏离都会以不确定的方式被放大"（索罗，2004），从而出现"不稳定性"和"刃锋"问题。进而以解决上述问题为主要内容的研究活跃起来，其中索罗和斯旺所建立的经典新古典经济增长模型从理论上解决了上述问题，进而引发了经济增长理论研究的第一次繁荣。这一模型的重要创新在于两个"收敛"：其一是指经济增长最终会与人口增长率相等，从而达到一种无资本深化的均衡增长状态。其二是指不同经济体无论其初始的经济发展状况存在何种差异，最终它们都会"达到几乎相同的劳动生产率和人均收入水平"（鲍莫尔，2004）。

---

① 在凯恩斯的总需求管理理论体系中，并没有专门论述长期经济增长，也没有论述增长达到均衡的动态过程，只强调了储蓄、投资及利率之间的关系，并运用乘数与加速数简单陈述了经济的增长机制，因而具有明显的比较静态和短期研究特征，缺乏对宏观经济长期波动的解释。

如果对整个增长理论追根溯源，则在18世纪古典经济学产生前后，就已有了增长理论的影子。斯密（Smith）、李嘉图（Richado）、马尔萨斯（Malthus）等都对这一问题有过专门的论述。虽然经济增长理论被古典经济学家或多或少地纳入其理论体系中，但始终没有成为研究重点。究其原因，则可能是"……古典经济学的系统理念没有一个好的数学框架来组织，随后的一场致力于将经济学发展成为精密科学的边际革命，则将这一核心问题逐渐挤出了主流经济学的视野"（杨小凯，2003）。

从古典经济增长理论出现到索罗模型引发的经济增长理论的第一次繁荣，共经历了近两个世纪。这段时期实际上是增长理论的产生和缓慢积累期。由于理论过于分散，而且缺乏研究方法的有效支持，因此其始终处于主流经济学的边缘。同时，虽然在20世纪50~60年代经历了第一次研究热潮的短暂辉煌，但之后研究又陷入低潮，"增长理论仅仅退化成了一个研究话题而已"（索罗，2004）。原因主要有三个方面：首先，体现在分析技术方面，如在20世纪80年代中期以前，对于"索罗残差"（或称"索罗剩余"），学界一直无法给予合理的解答。其次，索罗模型的结论表明，在经济平滑收敛于均衡增长路径后，经济增长率与人口增长率相等，而人口增长率是一个外生变量，因此，"模型的结果由外生变量来决定，其经济意义就产生了不愉快的结果"（汤敏和茅于轼，2002）。最后，从实践的角度来看，新古典增长理论尤其强调了资本积累的作用，因此"二战"后各国都把资本积累作为发展经济的首要任务，其中一些新独立的发展中国家在制定工业发展战略时，往往以强政府干预方式集中社会有限的资源来建立以重工业优先发展战略和进口替代战略为主导的几个支柱产业，以求在短期内快速提升产业结构和技术水平，但这种赶超式的发展路径缺乏相应的制度保障和物质基础，以至于后来大都陷入城乡贫困化、旷日持久的高通货膨胀，以及经济结构失衡和企业效率低下的困境当中。因此，新古典增长理论在实践中也被证明存在缺陷。

在此背景下，从经济史的角度研究工业革命以来资本主义的一般发展路径，为经济增长理论提供了一些线索，但仅仅从历史的数据中得到一些经验，还不能为现代以技术进步为驱动力的经济增长提供更多有效的借鉴，加之现代社会中的组织结构和经济关系日趋复杂，因此，寻求在原有劳动和资本基础上，增加以技术和制度为新要素的内生经济增长理论便随之而诞生。新理论重点探讨了技术进步对经济增长的决定性作用以及导致技术进步背后的社会经济因素，"它的一个重要贡献在于指出了当追求利润最大化的企业或发明家在试图寻求更新更好的'捕鼠器'时,技术进步就产生了"(琼斯,2002)。

二、内生经济增长理论的兴起

20世纪80年代中后期,"增长理论开始有了野火复燃之势"(索罗,2004),借助于罗默(1986)和卢卡斯(1988)在经济内生增长机制方面的研究贡献,增长领域迎来了研究的第二个繁荣期,"出现了令人惊讶的理论和实证研究潮流"(索罗,2004),进而促使经济增长理论开始走出困境,逐渐走上了复兴的道路。内生增长理论的出现,标志着新古典经济增长理论与经济发展理论的融合,这一融合的显著特点是强调了经济增长不是外部力量而是经济体系内部力量(如内生技术变化)作用的产物。该理论重视对知识、人力资本、R&D、劳动分工与专业化、政府垄断与经济开放、民主与自由的重新定位等新问题的研究,并重新阐释了经济增长率和人均收入之间广泛的跨国差异,从而为长期经济增长提供了一幅全新的图景(谭崇台,1999),同时使增长理论在理论的严密性和对现实世界的解释力方面前进了一大步。与此相对应,在亚洲先后出现了一批新兴的工业化国家和地区,它们依据自身区位和要素成本方面的优势,在国际贸易联系日益紧密的背景下,制定符合本国或本地区经济发展战略的产业政策,从而使经济在短期内实现了高增长。此外,美国在20世纪90年代的长增长周期以及南美和非洲经济的持续恶化,从正反两个方面也为内生增长理论的拓展提供了实证的有力支撑。

1. 以知识积累和技术创新带动的内生增长

经济增长理论最基本的定理是(Aghion and Howitt, 1998):为了保持长期内人均产出的增长率为正,必须有以新产品、新市场或新工艺为形式的技术和知识方面的持续进步。因此,内生增长最基本的意图在于将索罗模型中外生的技术因素内生化,这一工作主要从两方面展开:知识积累和人力资本积累(见图2-2)。将知识积累作为内生技术创新的思想最初源于阿罗(1962)、谢辛斯基(Sheshinski, 1967)的干中学模型;同时,宇泽(Uzawa, 1965)提出了两部门模型。宇泽模型与阿罗模型的出发点不同,但通过不同的方式都将技术进步内生化,同时实现了均衡增长。

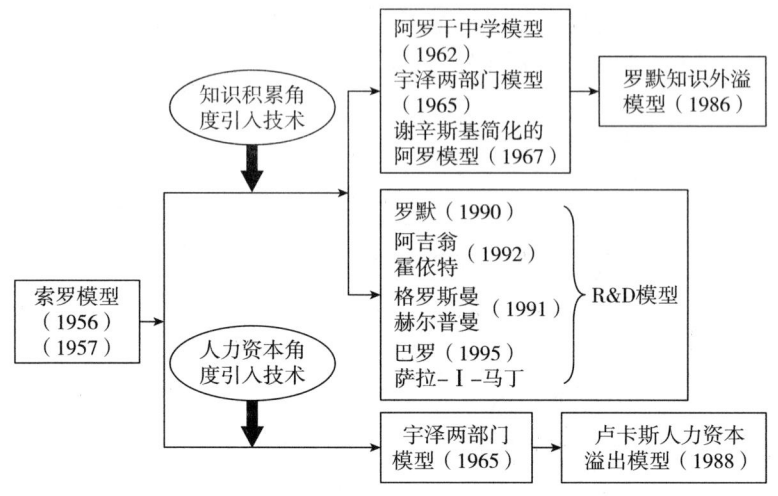

图2-2 内生增长的主要理论及架构

以上述研究为基础,内生增长理论的主要创始人罗默(1986)提出了干中学的另一种解释:知识外溢。他的研究目的在于探讨在人口不增长或负增长的条件下,经济增长是否能发生。在罗默看来,生产性投入的专业化知识(知识资本)的积累是长期增长的决定性因素,它不仅自身具有递增的边际生产力,而且能使资本和劳动等其他要素也产生递增收益,进而使整个经济的规模收益递增,以此来保证长期增长。随后,罗默(1987)在其知识驱动模型中,将最初的知识外溢观点(罗默,1986)做了修正,在这一新模型中,以中间产品品种增加为表现形式的技术进步成为保证经济实现内生增长的唯一源泉。之后,罗默进一步扩展了上述模型,构造了一个知识积累模型(罗默,1990),在这一模型中,他通过引入期望从其发明中获利的研究人员从事的研究工作,将技术进步内生化。

阿吉翁和霍依特沿用并扩展了罗默的知识积累分析框架,以熊彼特(1934)"创造性毁灭"的思想为基础,考察了以产品质量提高为主要内容的产业创新过程,提出了一个源于竞争性市场的垂直产品创新模型(Aghion和Howitt,1992)。他们认为,受利润极大化驱动的创造性毁灭过程,使产品质量不断升级,进而产生了持续的经济增长,这是创造性毁灭的正面效应。但这一过程也会产生负面效应:对未来研究水平的过高预期会完全抑制当期的研究,从而导致"无增长陷阱"。因此,增长具体会出现何种情况,取决于正负两种外部效应的对比。

罗默、阿吉翁和霍依特的研究分别从水平和垂直两个方面考察了产品创新与经济增长的关系，这为其后的内生增长理论提供了进一步研究的方向。格罗斯曼和赫尔普曼则在这两个方面同时展开了递进的研究，他们首先沿着罗默（1987，1990）的思路，提出了基于消费品品种多样化的内生增长模型（Grossman 和 Helpman，1991，ch3），接着与阿吉翁与霍依特相似，继承了熊彼特"创造性毁灭"的模式，提出产品质量提高型内生技术创新模型（Grossman 和 Helpman，1991，ch4）。这两个以不完全竞争和知识外溢为条件、相互补充的模型从数量和质量两个方面反映了经济持续增长的动因，研究的目的在于分析能够带来持续技术进步的经济条件，其对已有的技术创新内生增长理论做出了完整的综合。

然而，上述研究将知识积累和创新引入到增长模型中，虽然扩展和修正了索罗模型的不足，但并未对劳动力质量进行分析。作为重要的原始投入要素，劳动力数量一直以来被认为是支持经济增长的主要因素，但随着索罗模型受到越来越多的质疑，仅以数量来解释劳动力的贡献，已显然缺乏足够的说服力。因此，从技术创新的层面来考虑经济增长的可持续性，带来了对劳动力投入的重新思考，从而出现了以人力资本积累带动技术创新的增长理论的兴起。

2. 以人力资本带动的经济增长

人力资本理论的创始人明塞尔（1958）在对有关收入分配和劳动力市场行为等问题进行研究的过程中，开创了以人力资本为对象的分析方法。他认为，人力资本与经济的同时增长和扩散是保证经济可持续发展的必要条件。诺贝尔奖得主舒尔茨（1963）则结合经济增长问题明确提出了人力资本的概念。他在对马尔萨斯的悲观人口论进行批判的基础上，很乐观地认为，在人口质量及知识方面的投资，很大程度上决定了人类未来的前景。另一位诺贝尔奖得主贝克尔（1964）则认为，人力资本投资对就业和收入有重要影响，对个人、企业和社会具有很强的外部性。此外，宇泽（1965）的两部门模型认为教育部门通过供给人力资本来提高生产部门技术水平而间接实现了对产出的贡献。由于引入了教育部门，该模型也被认为是最早的人力资本增长模型。

以上述理论为基础，借鉴宇泽和罗默的理论框架和分析技术，卢卡斯（1988）所开创的人力资本溢出理论成为这一领域内的里程碑之作（1988）。该理论认为，知识是人力资本的一种形式，而人力资本是"增长的发动机"。人们的平均技能水平或人力资本水平可以相互传递，其结果是它不仅提高了自身的生产率，也提高了劳动和物质资本的生产率，进而导致了产出收益递增。即人力资本投资具有内部和外部两种效应。但是，该理论不仅无法对人力资本进行测度，而且也无法解释如何克服随时间推移而逐渐耗尽的人力资本外溢效应。

另外，在人力资本实际贡献率的测度方面，曼昆等（1992）、巴罗和萨拉—I—马丁（Barro 和 Sala-I-Martin，1995）以及本哈比和斯皮格（Benhabib 和 Spiegel，1994）等的研究则证明了不同经济中劳动力所具有的不同的教育水平和工作技能会产生完全不同的增长效应。这些研究不但弥补了卢卡斯理论的不足，还为人力资本内生经济增长理论提供了实证依据。

3. 内生经济增长理论的实质解析

在引进知识、技术和人力资本之后，内生增长理论主要得出以下结论：技术创新是经济增长的源泉，而专业化人力资本的积累水平是决定技术创新水平高低的最主要因素（见图2-3）。

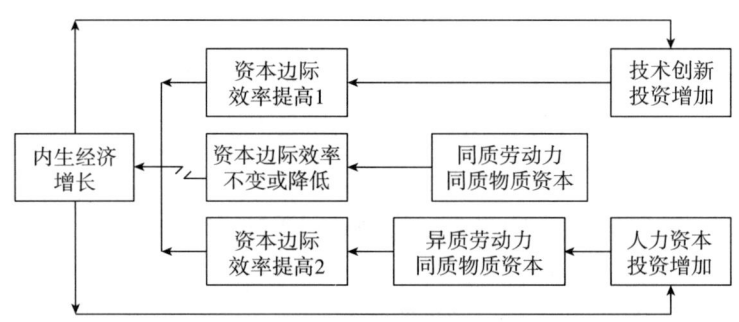

图2-3 内生经济增长的实质

内生经济增长源自新古典经济增长理论，因此对照经典索罗模型的分析框架，就可对其实质做出更明晰的解析。这里可以将投资划分为广义和狭义两种类型，就狭义来看，指的是对一般生产要素的投资，如利息、工资、租金等；从广义来看，除了狭义资本外，还包括对技术创新和人力资本的投资。依据索罗模型，经济增长的源泉来自投资的不断增加，一方面同质劳动力获得的资本越多，经济体的垂直增长效应越明显，但这一效应是暂时的；另一方面人口按不变比例增加，也需要比例固定的投资增长，以此保证经济的水平增长。而从内生增长的角度看，投资的方向发生了根本性的转变，投资主要转向资本品的技术更新和劳动力的素质提高，从而可以产生持久的垂直增长效应。因此：可以认为，经济产生持久增长动力的关键是资本投入，它可以促进技术创新和人力资本积累，从而促使物质资本的产出效率提高,以此来克服边际产出递减规律的制约。根据这一思路,可以得出如图2-3所示的内生经济增长实质的逻辑:对技术创新和人力资本的投资增加,会带来生产函数中物质资本投资边际效率的提高,进而带来内生增长的持久动力;反过来,持续增长又促进了对二者的投资。进一步分析,如图2-4所示,在索罗模型中有一个按同质劳动力平均分配物质资本的假定,而通过人力资本投资会产生劳动力异质的结果,如此一来,同质劳动力平均分配物质资本,只会产生水平增长效应,不具备内生增长的条件,增长率最终会收敛于人口增长率;而按异质劳动力进行有差别的物质资本分配,劳动力和物质资本的边际产出效率都会增加,因此会产生持久的垂直增长效应,而劳动力的异质性来源于人力资本投资。由此可以很好地解释人力资本差异对经济增长的影响(逯进,2008)。

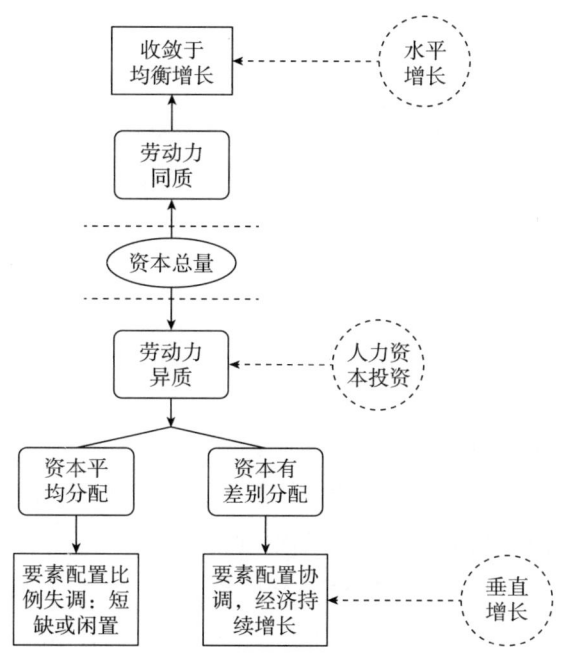

图2-4　人力资本差异与经济增长的路径选择

4. 内生经济增长理论的反思

内生经济增长理论在分析方法、内容等方面较之古典和新古典经济增长理论都有了长足的进展,一个最显著的特征就在于技术和人力资本两因子开始成为增长的主角。但在仔细品味和惊叹这一理论的精巧与奥妙之余,不可否认的是这一理论依旧存在一些不足,而理论的最新进展也正是围绕这些不足展开的,主要体现在以下五个方面:

第一,内生增长理论着重分析了知识和技术创新对经济保持长久拉动的原理,在这个方面,拉动的长效机制充分说明了知识和技术创新的重要性。但到目前为止,对知识的研究还远不够深入,知识仍是一个缺乏明晰界定的概念。

第二,内生增长理论虽然能够较好地描绘经济持续增长的前景,但这也主要是基于两个并不令人满意的基础之上的:其一,理论大都以事后的观察和数据拟合得出了极其抽象的表述形式;其二,如同新古典增长模型一样,内生增长模型大都采用了一些过于严格的假设条件,这在一定程度上损害了模型的普适性和对现实的解释力。因此,在严格的假定条件下从已发生的增长事实寻找增长规律,虽然可以提供给我们可借鉴的经验,但社会经济系统是瞬息万变的,完全依赖于已发生的事实来推测经济增长的未来状态,肯定会存在偏差。故在制定经济发展战略时,理论推导的结论只能作为参考的部分依据,同时逐步放宽假定条件,并以更加科学、精准的方法解释现实并预测未来,才是内生增长理论今后能得以继续繁荣的切实选择。

第三,大多数内生经济增长模型的实证应用都是建立在平稳时间序列上,非随机的,对随机现象的研究甚少,而随机现象是经济系统中的常态。因此,加强对随机现象的研究可以使内生增长理论得到极大扩展,使其更具说服力和生命力。例如,如果以泊松分布的排队理论来替代正态分布的平稳时间序列理论,模型对经济增长随机现象的解释能力会得到极大提高。

第四,因为对政府作用的认识能力有限,新古典经济增长理论把政府和制度视为给定的约束,而脱胎于这一理论的内生经济增长理论也大都隐含地假定经济制度是外生给定的,因此在适当的政府干预下,经济主体能够做出理性的最优策略选择。正因为如此,内生增长框架并未就制度变化对技术和人力资本的影响做过多解释;而新制度经济学却认为制度是经济增长的决定因素。然而上述两方面认识都存在一定片面性,一些经济学家也认识到了这一点,并提倡将二者结合起来,如刘易斯(1955)、诺斯(1990)认为技术变迁与制度变迁是社会经济演进的基本核心;克鲁格(Krueger,1974)、罗默(1986)、速水佑次朗(Hayami,1998)以及森(1999)等也有相关论述。这一领域目前已引起广泛注意,开始成为内生增长理论的核心之一,但研究进展缓慢,主要原因在于很难建立一个明确的制度量化体系,从而也就无法建立制度与经济增长之间明确的定量关系。

第五,截至目前,内生增长理论的基础主要还是生产技术和人力资本,但随着发达国家信息化社会的全面来到,预示着全球范围内社会、经济关系将要发生根本性的转变。因此,今后一段时期内,信息化水平应该是决定一国经济增长质量和速度的主要因素,但显然内生增长理论还未大规模展开这一领域内的研究。诺贝尔奖得主、不对称信息市场理论的开拓者——迈克尔·斯宾塞(2006)最近从战略高度对经济增长和人力资本的关系做出了深刻而精辟的论述。他认为:"……网络信息技术对经济增长及人力资本的积累产生着越来越重要的影响。通过研究网络信息技术与人力资本的关系,就可间接得到网络信息技术与经济增长的关系。"他的研究通过人力资本这个中间变量考量了网络信息技术与经济增长的正相关关系,其结论认为网络信息技术已经超越人力资本而成为影响经济增长的前沿因素。

三、经济增长理论体系结构的构建

通过上述归纳和评述,本章建立了完整的经济增长理论体系架构。由图2-5可知,这一体系由四个子系统构成,分别是要素投入、增长速度、实际产出和增长质量。在经济增长的动态变化过程中,各子系统都可能出现两种完全相反的变化状态,从而表现为不同国家和地区存在的实际经济发展水平的差异。要素投入系统通过资本、劳动力、技术、制度等投入影响到其他三个系统;增长速度的差异源自不同的经济条件并导致了不同的增长表现;实际产出的差异源自要素数量和质量的差别;而增长质量的好坏又表现为人均收入、要素使用效率及经济发展对环境的影响等几个方面。这一体系从理论脉络、逻辑关系以及实际表现等方面做出了详细的划分,从而为全面理解经济增长理论提供了概括而清晰的路径。以其为参照,考察中国的社会经济变迁,特别是改革开放以来中国经济发展的经验,具有极强的现实意义。国内外大量研究成果都表明,有中国特色的社会主义市场经济道路,在很多方面符合经济增长理论所揭示的一般规律。此外,笔者的已有研究也表明,即便是经济相对落后的中国西部地区的经济发展经验,也有效地验证了经济增长理论特别是内生增长理论的适用性(逯进,2008b,2008c,2007,2013,2014)。然而改革开放以来,经济的高速增长一方面是以高能耗、高污染为代价,对环境造成了极大破坏;另一方面,增长的结构性差异导致城乡

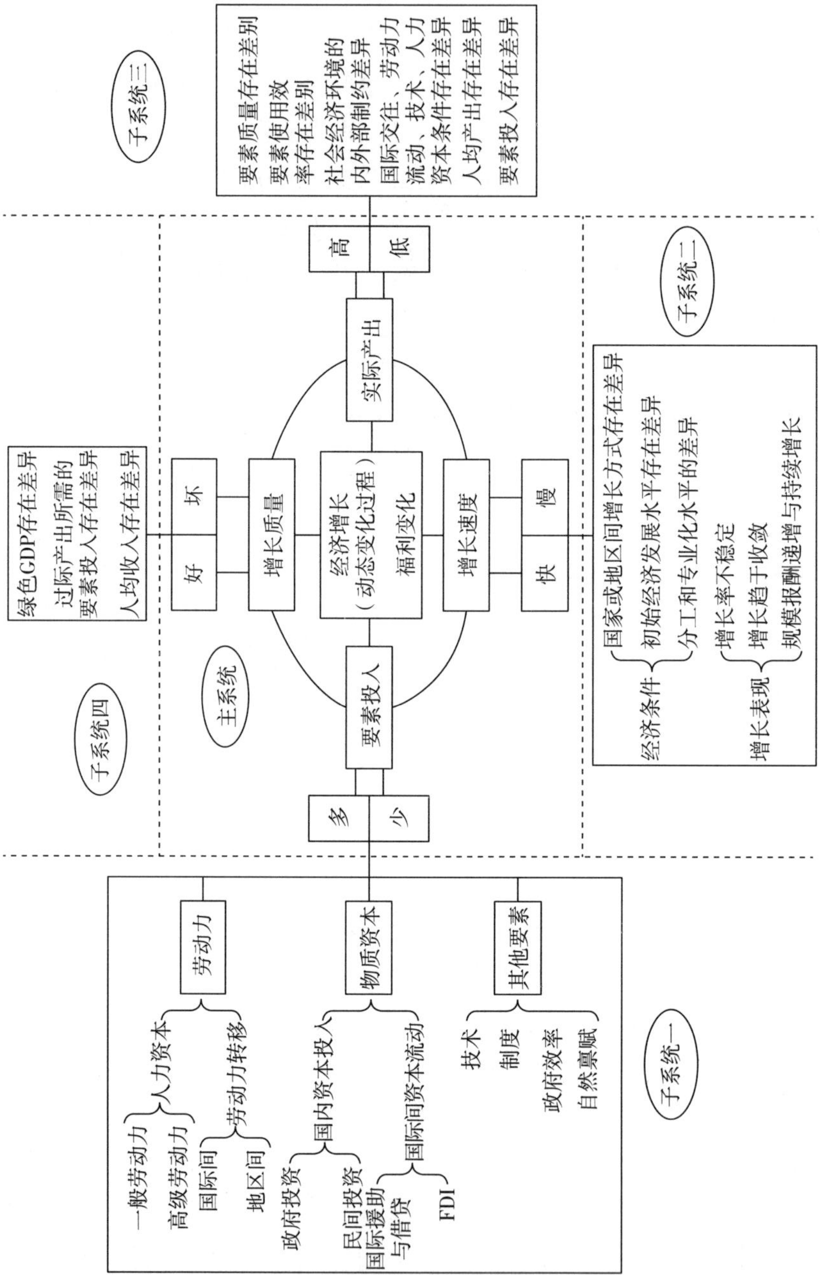

图 2-5 经济增长理论的体系结构

和地区差距不断拉大；同时，以劳动密集型为特征的产业结构，在知识创新和人力资本积累方面缺乏动力机制，由此造成我国具有自主知识产权的高技术不足、创新能力不足，从而影响了增长的质量和可持续性。此外，行政管理体制改革相对滞后，制度和法律体系尚待完善，也对我国的经济发展有所影响（逯进，2008d）。因此，结合当前我国经济发展的实际情况进一步拓展和深化经济增长理论，探讨中国经济发展的未来方向和可持续性，能为我们提供有力的理论支撑和方向导引。

当前，以科学发展观和统筹发展为战略总指导，以经济发展方式转型为目标，我国正在稳步推进创新型国家建设，核心是加快科教兴国战略的实施以及快速提升自主创新能力，并以人力资本和技术创新为关键要素加快三次产业的结构调整，提高自我发展能力，进而从根本上提升我国的核心竞争力，借此为我国经济长期又好又快发展提供切实的保障和强劲的动力。因此，在继续深化改革的基础上，完善知识创新和人才培养机制，构建更为高效合理的制度体系和法律保障，是今后保持经济持续增长的关键。在这方面经济增长理论的研究成果已经为我们提供了有力而丰富的指导思想和实践依据。因此，将这些成果应用于我国经济发展的实际并不断加以创新，一定会对我国的经济发展起到巨大的推动作用。这正如诺贝尔经济学奖得主森（2003）所言："中国不仅是一个现代的成功者，而且是一个杰出的文明古国。……然而，中国在过去的伟大技术成就，并不应该成为其忽略欧洲和西方自文艺复兴和工业革命以来所发生的大规模技术进步的理由。确实，中国能够——而且必须——学习其他国家，特别是欧洲、美国和日本所取得的成就。但是对历史的理解使现代中国有理由认为，当中国牢牢抓住尖端技术的主动权并开创其未来的时候，今天的高技术会植入丰饶的土地。"

第二节　中国区域经济发展 40 年

在上述宏观经济增长理论不断得以拓展之时，全球范围内的经济增长与发展实践亦不断得以前行。特别是战后随着更多的发展中国家的独立与经济振兴，新兴市场化经济体的经济发展出现了前所未有的发展洪流。而在这其中，中国经济的快速崛起与超强发展势头为全球经济注入了不断阻挡的"中国力量"。回顾 40

多年改革开放历程,我国经济整体繁荣的同时,结构性问题亦逐步显现,其中区域间经济发展差异问题已成为当前急需破解的难点之一。

新中国区域经济发展的70年,经历了渐进式的演进历程,大体上可划分为新中国成立初期的平衡发展战略、20世纪后20年的非均衡发展战略以及21世纪以来的均衡发展战略及其深化创新四大阶段。

新中国成立后30年间实施的平衡发展战略,以"大推进"的方式开发大西南、大西北,很大程度上奠定了西部地区的工业基础,缩小了东西部地区之间的差距,但却忽视了东部地区优越的区位条件,抑制了东部地区的经济发展乃至全国总体经济效率的提高。因此,改革开放后,遵循邓小平同志提出的"两个大局"之战略构想,我国以第一个大局为引导,全面实施东部优先发展战略,东部地区的社会经济发展水平得以迅速提升。这种效率优先的区域发展模式为中国"摸着石头过河"的渐进式改革提供了强劲的动力。其后,在21世纪初,第二个大局的实施启动了中部、西部以及东部地区的大发展,这一以公平为主旨的区域发展战略,初步形成了东中西三大地区协调共进的格局,为我国经济的"可持续"发展提供了初步的基本保障。

总览区域发展70年,改革开放以来的40年是我国区域经济发展最为活跃而跌宕起伏的时期。深入思考和观察这40年的发展历程,可将其细分为四个发展阶段:1978~1992年的非均衡发展阶段、1992~1999年的非均衡协调发展阶段、1999~2012年的均衡统筹协调发展阶段、2012年至今的区域协调发展战略深化和创新阶段。在这一时期,我国学术界也掀起了广泛探讨区域经济发展战略的热潮。本节将重点对这一时期区域经济发展战略的体系结构做出系统总结与评述。

一、非均衡发展阶段:1978~1992年

1978年,邓小平同志"让一部分人、一部分地区先富起来"的讲话,标志着我国区域经济从新中国成立后的平衡发展战略开始向效率导向的非均衡发展战略转变(高新才,2008),同时也高度概括了非均衡发展战略的内涵。随后,我国学术界就非均衡发展战略的具体模式进行了探讨。总体来看有两条主线:一条是梯度推移理论及在此基础上形成的各类重点开发论;另一条是增长极思想在我国的应用和发展,其中主要包括增长极理论、点轴开发理论和区域开发阶段理论等。

1. 梯度推移及重点开发论

梯度推移理论是我国区域非均衡发展阶段最具影响力的思想之一。改革开放初期，一些学者认为我国经济发展不平衡形成了一种"技术梯度"，应当让东部沿海地区首先掌握"先进技术"，然后将这些先进技术逐步向"中间技术"地带、"传统技术"地带转移（夏禹龙等，1983；何钟秀，1983）。而另有学者认为，"梯度理论"不符合我国的经济建设实际，进而提出了"反梯度推移理论"（郭凡生，1986）。刘茂松（2001）在反梯度推移理论的基础上提出了工业化反梯度推移，其认为现有的研究主要聚焦于经济发展水平较低的地区如何接受发达地区的经济辐射，而未考虑负向梯度回程流动所产生的矛盾问题，对此，他认为经济发展落后的地区可以利用"后方超车"来实现经济超速发展。王新霞等（2003）、梁丹（2013）的研究认为，与梯度推移理论相反的是，反梯度推移理论并不关注梯度推移理论在区域经济发展差异中的作用，并且经济发达程度也与梯度推移程度无关，只要具备一定的条件，经济发展落后的地区可以通过引进外来资本、人才与新技术等实现当地经济的跨越式发展。同时需要注意的是，对于新引进的资金、人才以及技术等要素并无明确的要求，可以与当地的经济发展不相匹配，并非只有超越当地的经济发展现状时才可以使当地的经济发展实现跨越式发展，甚至可以直接从劳动力密集型和资源密集型跨越到资本密集型和技术密集型。例如，深圳的发展正是从改革开放开始，从贫困地区快速跨越到经济发达地区，短时间内实现了高梯度的发展目标，这是支持反梯度推移理论的很好案例，更重要的是，这一理论一定程度上反映了国家支持对于地区发展的重要意义。

以上两种理论都是梯度推移思想在国内技术发展和经济运行层面的应用和拓展，"反梯度推移"实际上并没有完全否定"梯度推移"，而是"梯度推移"理论的补充和完善。在梯度推移理论基础上主要形成了"东部重点论"。长期以来，我国的东中西部地区的经济发展存在极大差异。虽然中西部地区具有较为丰富的自然资源，但缺乏资金、先进技术和高端人才等，而东部地区的资金、技术、人才资源相对丰富，具备经济快速发展的优越条件。因此，我国经济发展的空间选择顺序应是集中力量大力发展东部地区经济，然后逐步将技术、人才等资源向中西部转移，形成一定的技术、人才、资金转移梯度，从而缩小地区间经济发展的差距。这一理论对我国区域经济发展产生了重要的影响，从20世纪90年代起在相当长的一段时间内东部地区的经济发展集中了大量优质资源，国家"七五计划"中提出的对三大经济地带的要求也与该理论高度契合，即东部沿海地区要集中优势力量,大力发展新兴产业,使产品朝着高、精、尖的方向发展;而西部地区的发展要求则是努力提高各族人民的科学文化程度,为进一步开发建设做准备。在反梯度推移理论基础上主要形成了"跳跃发展论"。与此相关的还有"东西结合论"(林凌,1985)、"一个半重点论"(徐炳文,1985)、"东靠西移论"(陈栋生,1985)、"牛肚子理论"(张培刚,1988)、"虹吸理论"(李鹤虎等,2010)等。其中,"东西结合论"中的东西关系实质上是先富和后富的关系、帮扶和结合的关系以及外力和内力的关系。东部地区在经济发展过程中依托优势资源率先发展起来,实现"先富",而实现东西部共同发展的最终目的是先富带动后富从而实现共同富裕。因此,东部地区要顾全大局,带动西部地区共同发展,实现区域均衡发展。"一个半重点论"又称"H型战略",指的是国家在将东部地区作为经济发展的战略重点地区的同时也应该重点挖掘中西部地区的发展潜力,西部地区主要指的是三线地区和兰新—北疆铁路沿线,中部地区主要指的是陇海线和长江流域之间的地区。遗憾的是,该理论并未得到足够的重视,主要原因在于很难把握中西部地区的开发力度,且三线地区的大量军工企业在"军民融合"战略实施过程中也存在诸多挑战。不可否认的是,该理论为处理东中西部关系提供了新思路,是梯度转移理论的重要扩展和补充。"东靠西移"理论认为改革开放以来,我国东部地区的工业发展较快,全国绝大多数的工业企业集中在东部地区,虽然西部地区已经有了一定的工业基础且具有丰富的自然资源等优势,但西部地区的工业发展缓慢,工业产值占总产值的比值极低。因此,为了缓解东西部地区的发展差距,应该依靠对外开放政策和西部地区已有的工业基础,将战略布局转移到西部地区,从而实现东西部地区经济均衡发展。"牛肚子理论"将东部沿海地区喻为"牛鼻子",将中部地区喻为"牛肚子",将西部地区喻为"牛尾巴",主张在进行改革开放的基础上,实现中部崛起(即托起牛肚子),带动西部地区发展,从而实现整体经济快速发展。"牛肚子理论"主张实行中部崛起战略,利用东部地区的先进的发展经验带动中部地区快速发展,从而实现区域经济协调发展,这一理论也成为梯度推移理论的重要拓展。"虹吸理论"将区域划分为不同阶段,处于产品研发与创新阶段的地区视为高阶段地区,处于标准化阶段的地区视为低阶段地区,若可以打破产业转移的壁垒,建立以产业转移为桥梁的虹吸管,则高阶段地区的资金、先进技术等将会沿着虹吸管向低阶段地区进行转移,从而可以提高地区之间的竞争力度。

2. 增长极理论及其发展

增长极理论是我国区域经济非均衡发展阶段的另一重要指导理论，是在对梯度推移理论的质疑与改进中发展起来的。我国在物力、财力都不充裕的初级发展阶段应当通过"增长极"的发展来带动区域和国家的经济发展（李仁贵，1988）。

然而，增长极理论在促进增长极自身的发展以及发挥增长极的扩散效应方面受制于极点与极点之间的联系程度。据此，陆大道（1984）吸收了增长极理论、中心地理论和生长轴理论的有益思想，开创性地提出了点轴开发理论，即"点—轴渐进扩散模式"。点—轴开发理论的核心内容为，具有区位优势的地区往往是经济发达地区，在经济发达地区周围会出现诸多次发达地区呈斑点状分布。上述具有区位优势的经济发达地区称为增长极，即点—轴开发理论中的"点"。随着经济持续发展和经济规模持续扩大，区域的经济增长中心会持续增多，各增长中心之间的联系逐渐增多，生产要素在其中的流动逐渐形成了一条条交通线、能源线等，这些"线"与"点"之间的连线便成了"轴"。进一步，随着"轴"的形成，各类优质资源开始在"轴"的两侧聚集，并逐渐向经济发展落后地区移动，慢慢形成新的经济增长中心，将所有出现的"点""轴"联系起来便形成了点—轴系统（周茂权，1992）。点—轴开发理论侧重于研究经济增长和区域均衡发展之间的倒"U"型关系。考虑到我国经济发展水平还与发达国家差距很大，点—轴开发理论仍是现阶段较为有效的空间组织形式（李永才，2018）。

在点—轴开发理论的基础上，陆大道（2018）提出了"T"型发展格局理论，即结合我国沿海地区的优势地理位置以及长江流域便利的交通运输条件、基础设施状况以及人文环境等，将海岸带和长江沿线作为全国的一级发展轴线，这是以点—轴开发理论为基础，结合我国自然资源的分布状况以及综合发展情况提出的区域发展理论。此外，以点—轴理论为基础，还形成了"兀"型、"H"型（徐炳文 1993），以及"弗"型等生产力布局模式（杨承训，1990）。其中，"兀"型生产力布局所涉及的地区主要有东部沿海地区、陇海—兰新—新疆铁路沿线以及长江流域，由上述三个区域形成连接我国东中西的主要交通要道。"H"型生产力布局作为"T"型生产力布局的补充，弥补了后者忽略三线地区建设的不足，不仅可以充分开发东部沿海地区和长江流域沿线地区的发展潜力，还充分重视了三线地区以及陇海—兰新—北疆铁路沿线所蕴含的巨大发展潜力，该战略布局更加适合我国全方位的对外开放格局。"弗"型生产力布局是在东中西三大经济地带中间横穿东西两条经济带——长江经济带和沿黄—陇兰经济带，这种生产力布局方式可以将全国的生产力紧密联系起来，突出水资源的优势地位，统筹兼顾东中西三个地带，即形成梯度转移又可以实现跳跃式扩散，从而实现区域整体综合开发。

点—轴开发理论相对于增长极理论而言是一次重大的飞跃，但这两种理论以及在此基础上提出的各种生产力布局模式都只是从静态的角度来研究区域经济发展，而经济发展是个动态过程，因此应当视区域发展的不同阶段，分别采用增长极、点轴开发和网络开发战略（魏后凯，1988）。

除上述区域发展战略外，另有学者从其他角度对区域经济发展做出了思考。例如，王建（1988）从产业关联的角度提出了国际大循环战略，该战略指出我国沿海地区的劳动力资源丰富且具有国际竞争力，同时沿海地区的交通运输便利且已经具有一定的对外开放及对外贸易的历史经验，因此，沿海地区依托上述优势可以大力发展劳动力密集型产业，利用劳动密集型产品的出口参与国际分工与国际交换，并将外汇收入用于支持国内重工业的发展。随着重工业的逐步发展，再利用重工业的支撑支持轻工业出口，从而实现产业结构转换。潘胜彩（1988）提出了内地经济双循环战略，结合内地经济发展的特点，积极与沿海地区开展合作，促进生产要素的流动与组合，同时抓住沿海地区的经济发展特点，积极推动内地的技术水平的提高以及产业结构的改善，实现国内经济大循环。陈传康（1986）从系统开发角度，提出了区域全息发展战略，区域全息发展战略包含不同的开发导向模式，主要有以下几种：资源结构开发导向模式，主要是从贸易—工业—农业的顺序出发，将对外贸易考虑在内的输出型经济即为资源结构开发导向模式；产业结构开发导向模式，主要是对农业、加工业、交通运输业、信息产业以及金融业等产业进行开发的一种区域发展模式；技术结构开发导向模式主要是指由劳动力密集型产业向技术密集型产业或资本密集型产业进行转变，以及如何将上述产业进行组合发展的区域开发导向模式；贸易结构开发导向模式主要是对于经济发展相对落后的地区，由初级产品进口替代阶段到高级产品进口替代，最终发展为完全出口替代型的贸易模式。这一阶段，借鉴学界的理论研究成果，并结合当时基本国情，我国确定了以区域比较优势为依据进行工业布局的战略方针。首先，按照梯度推移理论，将我国划分为东、中、西三大区域，把经济建设重点放在东部地区。其次，借鉴增长极思想，在建设东部地区的具体实践上，着重培育经济增长点，以点带面，渐进发展。在这期间，国家在东部沿海地区成立了深圳、珠海等五个经济特区，随后，相继开放了14个沿海港口城市，紧接着将长三角、珠三角、闽南三角、环渤海等地区划分为沿海经济大开放区，由此形成了东部沿海地区整体的对外开放和高速发展态势。

二、非均衡协调发展阶段：1992~1999年

上述非均衡发展战略以"效率"为导向，采取向东部倾斜的政策，推动了珠三角、长三角、环渤海等经济核心区域和沪、京、深、穗等经济增长极的快速发展。然而，这一发展战略在一定程度上以牺牲中西部地区的发展机会为代价。20世纪80年代末，东西部之间的区域发展差距开始显现，由此引发了资源配置、收入差距、生态环境、民族关系等一系列问题。

因此，进入20世纪90年代，我国开始调整区域经济发展战略，从效率导向的非均衡发展战略逐步向注重协调发展、缩小差距的非均衡协调发展战略转变，公平与效率兼顾的发展思想开始显现。

关于非均衡协调发展战略的内涵，理论界得出了基本一致的观点。魏后凯（1993）认为，一方面，我国资源有限，为提高资源配置效率，必须采取重点开发战略；另一方面，我国的国民经济是一个有机整体，各地区、各产业的发展要相互协调。靳萍（2002）认为，非均衡协调发展战略既可以均衡生产力布局，使一国内各地区经济均衡发展，又可以集中主要优势，推动某一区域经济高速增长。汤春峰等（2012）认为由于自然资源和社会资源的分布不均衡，导致区域间的经济发展状况存在客观差异。地区间各项资源的非均衡性导致了要素在区域间的流动，进一步，区域间的要素流动可以产生组合效应，由此，各项分散的要素可以组合为一个整体，通过流动、交换等过程使整个社会的经济发展逐渐秩序化。

综上可知，非均衡协调发展战略是对非均衡发展战略的继承、发展和创新，是"两个大局"思想的完善，是对平衡发展战略的超越，对非均衡发展战略的微调（李剑林，2007）。整个20世纪90年代的经济建设情况体现了国家从非均衡发展阶段向均衡协调发展阶段的过渡。具体表现为：第一，构建全方位对外开放格局。在沿海开放开发基础上提出了"三沿"战略，并开放了内陆边境口岸城市和省会城市，形成了全方位对外开放格局。第二，建设若干综合经济区。在东中西三大梯度基础上，提出七大经济区方案，形成了更为合理具体的区域经济布局。第三，加强对中西部地区的支持力度。党的十四大之后，中央提出了若干

支持中西部地区发展的政策优惠。该阶段，区域政策的重心开始由东部沿海地区的"带状式发展"逐渐向以东部带动中、西部的"轴线式发展"模式转变（刘乃全，2005）。

整个非均衡发展阶段，我国的区域经济经历了非均衡发展战略向非均衡协调发展战略的转变，但经济发展的焦点都在东部沿海地区，在此期间实现了珠江三角洲和长江三角洲地区的高速发展，并树立了有中国特色的区域经济发展的三大模式：珠江模式、苏南模式、温州模式。这三大模式是我国农村工业化的典型代表，它们为其他地区乃至国家整体经济的改革不断提供着极富价值的发展经验。

1. 珠江模式

费孝通（1988）将广东"四小虎"的经济发展模式综合为"珠江模式"，即以"三来一补""三资"企业和乡镇企业为主的发展模式。1978年起，珠江三角洲率先冲破体制束缚，发挥毗邻港澳的优势，以"三来一补"的企业经营方式"借船出海"，与中国香港形成了"前店后厂"的紧密联系。随后，以乡镇企业为主，嫁接外资，发展外向型乡镇企业，向"造船出海"转变。以"珠江模式"为代表的广东乡镇企业成为改革开放初期广东经济高速发展的重要推动力量，同时创造了珠江三角洲地区的经济增长奇迹，成为促进广东地区进一步改革开放的重要力量之一。

"珠江模式"的形成背后具有深刻的历史背景，不仅与广东省的沿海地理位置以及原有的工业基础有关，同时还与国家政策紧密相关。具体来看，"珠江模式"的形成背景大致有以下三点：

一是改革开放初期提出的"先行一步"的政策。改革开放实施以来，中央赋予广东省经济发展"先行一步"的政策优惠是广东省乡镇企业走向外向型经济发展的关键因素之一。依据优惠政策，广东省获得了一系列对外贸易的特权，吸引了大批优质外资。紧随其后，1985年，珠江三角洲被中央批准为经济开放区，在此基础上，珠江三角洲以开放促改革，又以改革促开放。这一系列的政策优惠和制度倾斜奠定了珠江三角洲对外开放的基础。

二是积极打破传统的思想约束和体制约束。改革开放并非易事，在改革开放的道路上会出现很多障碍，比如传统的意识形态和体制的阻碍，要想走出一条光明的改革开放之路必须提前扫清障碍。广东省的干部与群众具有改革的极大勇气与智慧，面对种种压力，迎难而上。在具有改革雄心的党的领导干部带领下，广东省的对外开放事业取得了长远的发展。同时，以"珠江模式"为代表的"三来一补"企业也得到了宽松的生存和发展空间。由此可见,扫除意识形态与体制约束,会使改革开放取得重大成就。在广东省改革开放的伟大事业中,党的领导干部始终将最广大人民的根本利益放在首位,将改革开放作为第一重任,冲破传统的意识形态约束和体制约束,开辟了一条独具特色的改革开放之路。

三是珠江三角洲地区具备优越的地理位置和丰富的人才资源。区位优势在区域经济发展中具有重要地位。珠江三角洲属于沿海地区,毗邻港澳,相较于内陆地区更有机会接触国际市场。同时,作为沿海的发达地区,珠江三角洲地区具备便捷的海路运输条件,通过水上运输可大大减少运输成本。这些区位优势因素可以作为珠江三角洲地区发展外向型经济的重要推动力。在中国的对外开放事业发展过程中,珠江三角洲地区借助区位优势和港澳等地始终保持密切的经济往来,民间交流活动频繁,即使在20世纪50年代左右,国家对沿海地区以及粤港澳等的边界加强管制,但加大力度的管制并没有切断粤港澳之间的经济往来和民间交流。优质的人力资本是经济发展必不可少的重要因素。在珠江三角洲地区优越的地理位置的基础上,广东省的领导干部充分利用起了港澳的人才资源,加强与海外华侨同胞的紧密联系,充分了解国际市场的前沿信息以及国际行情的变化。在改革开放初期,珠江三角洲地区的人才匮乏,群众的文化水平还普遍偏低,特别是乡镇企业所需的人才储备与配备严重不足,有关企业管理、法律以及金融等方面的人才紧缺。面对人才匮乏的艰难状况,珠江三角洲地区的党员干部具有先进意识,积极主动向华侨同胞们学习先进的生产技术以及企业管理方法,并以华侨同胞为依托广泛了解国际市场的行情变化,积极打开国外的销售渠道。在港澳同胞以及海外华侨的大力支持下,珠江三角洲地区的乡镇企业逐步发展起来,地区内丰富的劳动力资源与尚未发展起来的土地价格吸引了越来越多的外商进入珠江三角洲地区投资设厂。

可见,区位优势是珠江三角洲地区发展成"珠江模式"必不可少的关键因素,它使得珠江三角洲借助毗邻港澳的有利条件,获取了先进的生产技术与广阔的市场资源,优先走上了发展外向型经济的道路。优质的华侨同胞资源为珠江三角洲地区带来了大量的人力资本,提高了地区的劳动力素质,吸引了大量外商在此投资设厂,使得珠江三角洲地区的外向型经济得以快速发展。广东的领导干部推出了一系列有助于促进华侨投资的政策,除了在全国率先制定奖励华侨投资国内生产事业的文件以外,还成立了专门针对华侨投资进行管理的指导小组。为了鼓励华侨积极进行投资,广东省颁布了一系列鼓励华侨回乡投资的优惠政策并发出了《关于进一步全面落实侨房政策的通知》,从各个方面为华侨在广东的生活提供便利,这体现了珠三角地区对人才的重视。同时,"珠江模式"的形成,还与其独特的人文环境密不可分。自唐朝起,作为"海上丝绸之路"的始发港,广州就是世界闻名的商都,以广州为核心的珠江三角洲地区深受商业文明熏陶,当地经商意识浓厚。近年来,珠江三角洲地区的外向型经济发展逐渐成熟,长期受国际贸易的影响,珠江三角洲地区的居民对待贸易的心态与内地居民产生了巨大差距。勤奋务实、注重实践、善于取长补短等大大增加了珠三角地区的经济环境的稳定性。

珠江模式是以外来资源拉动为特征的外向型经济发展模式,其成因在于珠江三角洲地区毗邻港澳的区位优势、优先发展沿海地区的体制环境以及政府职能的及时转变(林承亮,2000)。但随着中国市场经济改革的逐渐深入和国际经济形势的巨大变化,珠江三角洲地区的经济发展过度依赖于投资,对外依存度高,随着国内国外经济的持续发展,产业结构不合理、产品技术以及附加值低、土地的开发利用强度高、环境污染严重等一系列问题也逐渐显现。破解经济发展的难题,实现区域经济的持续快速发展成为珠江三角洲地区面临的重要课题(徐高峰等,2010)。同时,外向型经济也带来诸如产品附加值低、产业对外依存度过高等问题。因此,应当向研发、销售等价值链的中高端发展,加大民营企业的自主创新力度,提升自我发展能力(宋林飞,2019)。随着国际竞争日趋激烈,珠江地区大规模的加工工厂开始出现"机器换人"的情况,工人数量逐渐下降,生产方式和组织形式开始朝着更加多元化的方向发展(张书婉,2018)。

面对诸多现实问题,20世纪90年代开始,珠江三角洲地区在充分发挥自身有利条件的基础上,在正确的政策引导前提下,加快推进产业结构的转型升级,引进先进技术,重视人才引进与培养,重视环境保护。借鉴洪晓霓(2016)的研究,珠江三角洲地区的经济转型主要有以下四个着力点:第一,充分尊重市场规律,充分发挥市场配置作用和优越的地理位置,利用引进的人才、新技术以及优质外资实现产业结构的转型。同时重视国外市场,在积极了解市场行情的基础上扩大对外开放力度和对外开放领域,以对外开放促进对内开放,从而建立起完善的开放体系。第二,注重产业基础,为产业转移做好充分准备。产业结构的转型升级是推动珠江三角洲地区转型升级的基础和重点。2008年起,广东省开始部署产业转移和劳动力转移"双转移"战略,据统计,2008年,广东省29个省级产业转移工业园实现工业总产值300多亿元,实现利税20多亿元。省级产业转移园基本实现了全省全覆盖。"双转移"战略的持续深入推进使珠三角产业升级加快。第三，注重自主创新，发挥创新的引领作用。不断完善自主创新体制机制，营造良好的政策环境，珠江三角洲地区首先从政策方面重视自主创新，把技术创新作为转变经济增长方式的核心工作来抓；放眼于国际市场，激烈的市场竞争离不开完善的区域创新体系，技术创新水平的提高可以提高珠江三角洲地区在国内和国际的经济地位。第四，持续深化改革。广东省作为改革开放的前沿阵地，充分发挥其经济特区示范先行作用，深化行政管理体制改革，稳步推进经济、社会管理体制等领域的改革，在重要领域、关键环节开拓创新，先行先试，探索健全社会主义市场经济体制。大力发展以改善民生为重点的社会建设，千方百计改善人民生活，促进城乡区域协调发展。

2. 苏南模式

"苏南模式"最初表现为以集体经济为主的乡镇企业所有制结构在"苏锡常"地区的蓬勃发展。一般认为，"苏南模式"是一种政府超强干预的发展模式，是一种地方"政府公司主义"模式，干部经济、能人经济模式（冯兴元，2004）。根据宋林飞（2019）的研究，苏南模式的基本特征主要有以下四条：①工业下乡。这一观点由费孝通先生首次提出："在一个人口众多的国家，各种类型的公司不能集中在某些城市，必须尽可能分散在广大的农村地区。"工业下乡的具体动因为工农业合作可以增加农民收入且苏南地区存在大量农村剩余劳动力需要进行转移。历史经验表明，苏南地区的农民仅仅依靠农业是远远不够的，必须开辟新的道路，即从工业生产中获得更多的收入。同时，由于苏南地区耕地资源有限，农村劳动力过剩，剩余劳动力需要安置就业。②市场调节。上海等周边发达城市的辐射作用是苏南乡镇企业发展的另一个重要原因，乡镇企业大都缺乏有效的供销渠道，然而苏南地区积极面向市场，走进工业材料原产地，与大量企业以及科研机构等建立横向经济关系，抓住了周边发达地区加工业等转移的机会。③小城镇发展。费孝通先生认为，小城镇发展是提高农村经济水平、解决劳动力问题的一个重要途径，其中，发挥小城镇的人口蓄水池作用将起到重要作用。④政府推动。苏南地方政府大力推动乡镇企业发展的关键原因是为了增加地方公益事业所需的资金。费孝通先生曾经调查发现苏南地区存在广泛的"以工补农"现象，具体表现为，自苏南地区实行生产责任制以来，以乡镇企业的盈余负担的水资源和其他农业基础设施的经费远远超过同时期国家投资的总额。这是对农业的直接补贴。苏南地区发达的乡（镇）村的办学、修桥、铺路等社会福利费用和公共支出甚至一些基层组织的财政资金也由村办企业支付。

该模式推动了苏南经济的迅速崛起。但国内买方市场的逐渐形成，国有、私营和三资企业的迅速发展以及集体产权制度弊端的显现，导致20世纪90年代苏南模式经历了两次改制。1992年初，第一次改制将乡镇企业的集体产权制度改为股份合作制，但由于政府集体股的存在而流于形式。1997年后的第二次改制，以明晰产权和发展外向型经济为主要内容，"三外齐上，以外养内"，实现了苏南经济的第二次异军突起（洪银兴，2001）。

随着苏南地区经济的发展，苏南模式逐渐发展成熟，有学者相继提出了"新苏南模式"（孙秋芬等，2017）、"苏南现代化模式"（宋林飞，2019）等。"新苏南模式"的主要特征为市场化经济、外向型经济以及产权改革等。1990年，苏南地区抓住了党中央提出的开发浦东以带动长江流域地区发展的战略决策，大力发展外贸经济、引进外资，形成了开放型的经济格局。2001年，中国加入世界贸易组织，苏南经济又迎来了重大机遇。苏南地区的乡镇企业产品出口总额逐年升高，2005年，苏南地区的外贸依存度高达135%。与此同时，苏南地区的市场经济也逐步发展起来。外向型经济与市场化经济的发展均离不开清晰的产权制度。1997年，党的十五大报告中提出要促使乡镇企业清晰产权制度，建立以私有产权为基础的公司制企业，苏南地区抓住这一机遇迎来了私营企业发展的春天。

苏南现代化模式的基本特征有以下两点：一是以自主创新为主导力量。2011年，江苏省发布了《关于实施创新驱动战略推进科技创新工程加快建设创新型省份的意见》，苏南地区先后获批建立了江阴、武进等多个国家高新技术产业开发区。2017年，苏南国家自创区一体化创新服务平台基本实现了线上互联互通，服务功能进一步完善，服务企业的范围达30000多家。开发线上平台数据接口标准，可实现本区域企业与苏南全域的资金、技术、人才等要素对接，探索要素跨区域配置的新路径。2018年，为了提高自主创新能力，加快科技成果转化，苏南地区开始实施《苏南国家自主创新示范区条例》，大力支持各主体创新创业，积极破除各类创新壁垒，营造有利于技术创新的氛围，建立知识产权维权体系，加大知识产权保护力度，为科技创新保驾护航。二是现代产业集群。现代产业集群是以技术创新和人才为支撑，以现有的商业模式为依托，有利于创新制度的完善等的产业集群。苏南地区的国家自主创新示范区是现代产业集群的主要方向。

3. 温州模式

改革开放之初，由于农业发展水平低、集体经济薄弱，温州开创了以家庭工业为基础、以专业化市场为纽带的区域经济发展模式，形成了"小商品、大市场"的发展格局。与上述两种模式不同的是，温州模式主要依托民间中小规模私营企业，是自立型、内源式的发展（蔡建娜，2007）。

温州模式的发展过程大致经历了以下四个阶段：一是形成阶段。20世纪70年代末至80年代中期，国家确立了以经济建设为中心的政策方针为温州经济发展提供了机会，温州的民营经济得到了初步发展。改革开放初期，温州地区实行家庭联产承包责任制，农村改革为农业经济带来了连年快速增长。1978~1984年，温州农业总产值的增长率保持在10%左右。在温州农业发展取得持续进步之后，温州开始了农业工业化的改革与发展，受农业包产到户的影响，许多农村开始将小规模集体企业转向个人或小组经营。1979年，苍南县金乡40余人的村办金星大队文具厂分为30个自负盈亏的小生产单位，在此基础上形成了家庭工业户。随后，在农村工业化发展过程中，温州人创造了"挂户经营"的形式。但是由于改革开放初期，我国的经济法律法规、制度尚未完善，个体、私营经济没有合法地位而且社会舆论对个体私营经济产生了很大压力，因此温州大量家庭工业户和供销人员在没有银行账户的情况下选择"挂"在农村集体企业名下进行对外经济往来。这种方式使得温州的农村家庭工业在旧体制下得到了生存与发展，并且对于乡镇政府而言，这一模式也可以为当地带来巨大的经济效益与税收，因此，政府大多不鼓励但也不进行管制，任其自由发展。总之，从温州模式的形成阶段看，这是一个群众自发组织和实施的过程。不仅是人均耕地不足倒逼出来的工业化发展，也与当地政府对改革的大力支持分不开。

二是过渡阶段。20世纪80年代中期至90年代初是温州模式发展的过渡阶段，是由家庭经营向股份制合作过渡的阶段。温州模式从家庭经营起步后，温州经济得到了迅速发展。但是，由于经济体制改革的持续深入和市场竞争的日益激烈，不少农民开始将资金和土地、技术、信息、劳动力等要素联合起来，创造出一种既有股份制的一般特征又符合合作制基本原则的股份合作制企业。为此，温州成为中国股份合作制企业的发祥地。在这一阶段，股份合作制这种新的企业组织形式获得了快速发展，成为当时带动温州经济发展的主导力量。

三是快速发展时期。从邓小平南方谈话到90年代末，温州在邓小平南方谈话的鼓舞下加快了对外开放速度，而这一发展阶段的主要动力来自意识形态的解放。党的十四大正式提出了将建立社会主义市场经济体制作为我国经济体制改革的目标。由此，温州模式发展摆脱了意识形态的约束，为民营经济的发展创造了更加宽松的环境，充分发挥了个体经济、私营经济和股份合作经济所具有的政企分开、职责明确、产权明晰等体制优势。

四是调整与创新阶段。20世纪90年代后期，随着市场经济体系的逐渐完善，市场竞争日趋激烈，以粗放式经济为特征的发展方式已经不适合中国的国情，因此仍以粗放式发展为主要增长方式的温州模式显然已经开始缺乏竞争优势，经营方式落后、经营者缺乏专业的管理知识、买方市场日益成熟以及产品档次较低等都是使温州模式陷入困境的原因，产权过于分散、家族管理制度效率低下、产品技术含量低、附加值低等发展弊端开始显现。根据《温州统计年鉴》，温州的经济增长速度持续下降，GDP增速由1996年的23%下降到1998年的12.9%。因此，温州模式也开始进行股份合作制改革，并逐渐突破以家庭经营为基础的限制，走企业集团化规模发展道路（洪银兴，2001）。同时实行"以民引外，民外合璧"的发展战略，同国际经济接轨，推进产业升级，深化家族制和股份制改革，从而使温州模式开始形成富有创新精神和竞争能力的发展局面。

随着温州模式的调整与创新，"新温州模式"开始出现并引发了不同的讨论。一种观点认为"新温州模式"完全突破温州模式的以家庭经营为基础的限制，走向了集团化的规模发展道路；突破了单一以市场为导向的经营方式，走上了综合经营发展道路；改变了单纯的以小城镇为依托的营销方式，走向了电商化道路。同时，以农民企业家为主的企业经营者的素质得到了提高。另一种观点认为，新温州模式应当是沿着家庭经营、专业市场和小城镇建设"三位一体"展开的——以家庭经营为主体，通过企业制度的创新，向股份合作企业发展，进而向以现代企业制度为核心的企业集团发展；以专业商品市场为枢纽，通过市场机制和流通体制的创新，向要素市场发展，进而向现代流通方式发展；以小城镇建设为载体，通过投融资体制改革向中心城镇发展，进而向现代化中心城市发展。以上两种观点虽然都在一定层次上总结了"新温州模式"的形成过程与发展特点，但各有侧重。第一种观点侧重于从温州经济中的少数具有一定规模的企业与企业集团来分析新温州模式的特点，但是温州经济的主体应当是广大的中小企业，因此这种观点缺乏一定的普遍性；第二种观点主要从传统温州模式的特点来描述温州模式的发展趋势，但忽视了新温州模式形成与发展的外界环境变化的要求（谢健，2003）。

上述三大模式是我国农村工业化的典型代表，形成了具有中国特色和地方特色的"区域突破"现象（姜安印，2005）。事实上，20世纪90年代中期以后，三大模式趋于融合。珠江模式的民营化程度逐渐提高；苏南模式产权明晰化、经济外向化程度加深；温州模式的国际化趋势日益明显。市场化、民营化、国际化渐成三大模式共同特征。由于珠江模式的形成对外部经济和区位条件有较强依赖性，而苏南模式是在计划经济体制下集体经济的发展这一特定历史背景中形成的，因此，一般认为温州模式对区域发展的可借鉴性高于其他二者。

三、均衡统筹协调发展阶段：1999~2012年

我国的区域经济在经历了20年的非均衡发展后，初步完成了邓小平同志"两个大局"构想的第一个大局，因而作为全面发展、共同富裕手段的非均衡发展战略在非均衡协调发展战略的过渡下也迎来了正式向均衡发展战略转变的时机。世纪之交，党中央正式提出"西部大开发"战略，拉开了实践"第二个大局"、实现区域经济协调发展的序幕。随后，作为区域协调发展战略的延续，党中央又陆续提出"振兴东北老工业基地、促进中部崛起、鼓励东部率先发展"等区域经济发展方针，体现了区域发展的统筹思想。因此，1999~2012年我国的区域经济发展战略可归纳为"均衡、统筹、协调"的战略思路。

均衡统筹协调发展战略完全不同于新中国成立初期计划经济体制下的平衡发展战略，而是在日益完善的市场经济体制下兼顾效率与公平且更注重公平的区域经济发展战略。进入均衡统筹协调发展阶段，我国区域经济展现出前所未有的发展活力，西部、东北、中部、东部"四轮驱动"（高新才，2008），各大都市圈、经济区遍地开花。理论界关于区域经济的研究也进入了一个新的阶段，更加倾向于微观、中观层面的经济发展战略研究，展现出理论与实践的紧密结合。

1. 西部大开发

这一战略的构思和发展体系主要有以下六个方面：

第一，加快对外开放步伐。有学者在西部大开发初期就提出"优先开放战略"（胡鞍钢，2000）。具体而言，可以充分发挥沿江、沿桥、沿边优势，分别加强中西部地区经济合作，扩大对外开放，深化对外经济联合（丁任重，2003）。可以继续大力推动区域间、国际间合作，建立边境自由贸易区，构建新型开放格局，深入推进西部大开发（魏后凯，2009）。近年来，"一带一路"建设成为西部地区发展的重大机遇。随着"一带一路"建设的逐步推进以及重大交通、通信等基础设施的完善，西部地区正从长期以来的区位末梢走向对外开放的前台，有望培育形成推动区域发展的新优势、新动能。特别是由于交通条件的改善，西

部各地区发展的战略空间将发生较大变化，过去的交通闭塞地区可能成为交通要道，过去的边远地区可能成为国际门户（肖金成等，2018）。

第二，拓宽投融资渠道。实施西部大开发以后，政府投资显著增长，但私营企业、FDI 等非国有投资明显不足并有下降趋势。因此，应当拓宽西部投融资渠道，即在西部大开发中健全政策性金融运行机制，并大力发展资本市场（何德旭等，2005）。但田素华等（2012）的研究显示，对外贸易开放程度的提升对西部地区的 FDI 流入并未产生显著影响，而在西部地区实施税收减免等优惠政策反而会阻碍 FDI 的流入。同时，应当尽量降低东中西部的投资环境差异，使 FDI 在中国有更大的区位选择余地，以提高 FDI 的利用效率。积极促进西部地区对外开放，为西部地区参与国际分工和扩大利用外商直接投资创造条件。也有研究表明，长期以来，西部地区的外商投资总额较低且有下降趋势，西部大开发战略的实施并未对西部地区的招商引资带来明显改善（杨可，2012）。目前，西部地区面临的引入外资主要障碍在于基础设施不完善和消费市场不发达，投资成本较高，配套设施、配套服务不齐全等。对此，西部地区要进一步降低投资成本，诸如简化审批程序、流程，信息公开，强化法治，提高政府服务水平以及增强金融机构的服务能力等，通过上述举措进一步提高投资者的积极性。

第三，适时调整产业政策。应打破西部地区资源开发的单一产业发展模式（胡鞍钢，2000），实施资源开发、输出和就地加工相结合的产业政策（林凌，2003）。并重视和发展特色优势产业（魏后凯，2005）。吴辉航等（2017）利用工业企业微观数据研究了西部大开发战略中减税政策对实体经济的影响。研究结果表明，减税政策能起到刺激实体经济的作用，具体地，名义税率每下降1%，企业生产效率平均提高 0.38%~0.75%。不断完善西部地区的税收政策，构建完备的西部产业政策体系，促进优惠政策对西部地区产业结构转型升级的保障支持（袁航等，2018）。产业结构调整必须与当地资源结构、比较优势、开发能力相结合，此外，西部还应做好承接东部产业转移的准备。具体来看，提高市场化程度、完善市场机制是承接东部地区产业转移的重要基础（高煜等，2016）。

国家应该大力支持有关产业向西部地区转移，进一步提高西部地区的工业化水平。大力提升西部地区的产业层次和核心竞争力，建立国家能源、资源深加工、装备制造业和战略性新兴产业基地。适应国内外产业转移趋势，实现西部地区对产业转移的有序承接。按照市场导向、优势互补、生态环保、集中布局的原则，有序承接国内外产业转移。要把承接产业转移与优化调整自身产业结构、建立现代产业体系结合起来，形成东中西部地区合理的产业分工格局。

同时，支持东部地区企业通过多种方式与西部地区企业建立长期的合作关系。实行差别化的产业政策，在财税、金融、投资、土地等方面给予必要的政策支持，积极引导劳动密集型、资源加工型和资金技术密集型产业向西部地区有序转移。统筹规划产业园区建设，把产业园区作为承接产业转移的重要载体和平台，引导转移产业向园区集中，促进产业园区规范化、集约化、特色化发展。继续做好西部地区承接产业转移示范区建设。鼓励东西部地区共建产业园区，支持对口支援产业合作园区建设。支持西部地区资源型城市通过承接产业转移培育后续产业，实现转型发展。支持符合条件的产业园区适当扩区调位，支持符合条件的省级开发区申请升级为国家级开发区。

第四，培育增长中心。1955年，法国经济学家佩鲁在《略论发展极的概念》一书中最先提出极化理论。该理论认为国家乃至全球的经济就是由不同的经济空间组成，某一地区的创新能力强或具有优势的主导产业，便会优先形成企业集聚，形成"磁极"，它的扩散效应和吸引效应会进一步推动周边地区的发展，逐渐形成一个个经济网络。增长极理论是区域经济学发展中的一个突破，成为了很多国家的发展策略和经济政策的理论指导。西部大开发战略实施以来，从成渝两市被确定为"全国统筹城乡综合配套改革实验区"，到北部湾、关中—天水两大国家层面经济区发展规划的实施可以看出，西部地区的增长极已然成形。"西三角经济圈"概念的提出，标志着西部增长极的培育和开发得到进一步的发展。应进一步协同推动西部地区沿海、内陆、沿边开放，形成优势互补、分工协作、均衡协调的区域开放格局。抓紧研究推进沿边地区开发开放的政策措施，加快推进重点边境城镇、重点口岸、重点开发开放试验区建设，打造沿边对外开放桥头堡和经济增长极（杨可，2012）。

第五，坚持生态环境可持续发展。西部生态环境能否在较大程度上得到改善将决定西部大开发的成败。为此，生态环境建设要突出长效机制的完善，保证生态建设政策、投资的持续性，切实解决生态建设和农民生计问题（高新才，2009）。大多数学者认为西部大开发战略对西部地区的自然资源和环境的影响是正向的。

李国平等（2013）从宏观经济生产率、产业结构以及企业经济效益三个方面入手分析西部大开发战略的经济效应。研究结果发现，西部大开发战略在一定程度上促进了西部地区经济增长质量的提高，基本实现了"又好又快发展，突出提高经济增长的质量和效益"的目标。夏飞（2014）从政策实施的角度研究了西部大开发战略的政策因素对资源诅咒的影响，运用双重差分法考察西部大开发战略的资源诅咒现象。结果发现，在未实施西部大开发战略时，西部地区存在资源诅咒现象，而西部大开发战略缓解了这一现象。郑佳佳（2016）基于全国 30 个省份的面板数据，通过运用双重差分方法实证解析了西部大开发战略的实施对减轻我国东中西部地区碳排放的贡献程度。研究发现，西部大开发战略可以显著提高我国西部地区的碳生产效率，并且对作用机制进行了实证分析后发现，这一过程主要通过提高西部地区的市场化水平、增加西部地区的就业机会、改善西部地区的就业环境以及发展对外贸易等途径降低了碳排放量，提高西部地区碳的生产效率。西部大开发的 20 年来，在生态环境建设和"三废"污染防治方面均取得了显著效果（林建华等，2019）。但仍有一部分学者认为西部大开发战略实施以来并未缓解西部地区的环境污染问题。宋周莺等（2013）通过对西部大开发战略实施以来西部地区的产业结构优化程度进行测算发现，自西部大开发战略实施以来，产业发展水平明显提高，形成了一系列以矿产资源加工以及特色农产品加工为主的产业体系，但产业结构调整并没有取得实质性进展，产业结构偏向重工业，对自然资源的依赖性还很强。未来的西部地区的发展要鼓励技术创新，提高产品的附加值，完善能源开发补偿机制，进而在提高资源的利用效率的同时注重污染的防治。

第六，积极培育软资源。西部大开发要把人力资源开发与软资源的培育摆在更重要的位置。同时，应当重视西部地区文化建设，特别要重视保护和传承民族文化，提升西部地区软实力（陈栋生，2009）。21 世纪初，由于东部地区经济发展水平的提高以及对中低端劳动力的需求进一步扩大，西部地区开始出现大量劳动力外流现象，西部地区大量初级劳动力不断流向东部沿海地区的初级加工企业以及服务业等。随着西部地区经济发展，初级劳动力外流现象有所好转，但中高端的人才流失开始加重。这主要是由于东部发达地区对高水平人力资本的需求增加，就业机会、福利待遇明显高于西部地区，再加之西部地区的基础设施落后，生活水平相比于东部差距较大，因此，高水平人力资本开始向东部地区转移，西部地区的人才流失严重。樊士德（2014）从宏观、中观、微观三个层面分析了劳动力流动对中国区域经济增长的影响。从微观层面看，欠发达地区流出的劳动力呈现年轻化、高素质等特征，人力资本呈现外流状态。从中观层面看，劳动力外流使得流出地的产业呈现分布不平衡状态，从而加剧了地区之间的发展不平衡。

这主要因为发达地区的劳动力素质较高,加之流入的大多是落后地区的高水平劳动力,因此在产业布局上会倾向选择高端的产业。而欠发达地区由于缺乏高端人才则只能被迫选择低端产业。高水平劳动力流向东部地区,东西部地区间劳动力异质结构固化导致产业选择的地区固化,从而地区间差距扩大。因此,从宏观层面来看,劳动力外流使得欠发达地区陷入经济增长陷阱,而对发达地区具有促进作用。因此,西部地区的发展应依托市场的作用,在清晰界定政府职能的基础上,充分利用转移支付等价值杠杆,大力支持基础设施建设和提高公共服务能力,包括建设与完善交通运输网络,提高网络通信技术等,为吸引更多、更优质的人才和技术流入奠定良好的基础(张荐华等,2019)。

总体来看,自1999年以来,西部大开发走过了其历史上发展最快的岁月。在此期间,体制改革不断深入,重点经济区建设获得突破性进展,基础设施和生态建设卓有成效(何炼成,2009)。在即将进入第三个十年发展期之时,应当进一步深化体制改革,改善民营经济发展环境。重点地带开发则要完善产业配套,突出集成效应,并且应当统筹兼顾少数民族地区、资源枯竭矿区以及各类县域经济区的发展。

2. 东北老工业基地振兴

这一战略的构思和发展体系主要有以下五个方面:

第一,改造国有大中型企业。东北地区国有大中型企业受计划经济体制影响严重,应当通过体制创新对其进行改造(陈才,2003)。此外,发展民营经济、培育本土企业可为国有企业改革营造良好的外部环境,并促进经济的结构性转变(课题组,2004;李政,2005)。目前,东北老工业基地所面临的现实基础与主要矛盾均与2003年实施东北老工业基地振兴战略时存在巨大差异,因此,在新一轮的振兴战略中,政府应加强政策模式的转变,将政策实施重点转变到制度供给中,通过制度供给理顺政府与市场之间的关系,加强国有企业改革力度,从而更好地发挥国有企业对经济发展的带动作用(靳继东等,2016)。

第二,优化经济结构。东北地区的产业结构演进大致分为三个阶段:一是产业布局时期。新中国成立初期,东北地区被作为工业化发展的重要区域。从第一个五年计划开始,东北地区开始了产业布局工作,全国的重点项目建设将近40%集中在东北地区,资金、劳动力资源以及政策偏向为东北地区的产业布局打下了坚实的基础。到第二个五年计划时期,东北地区加快工业化建设,尤其是加快发展重工业,成为国内重要的重工业发展基地,在重工业的产品研发、技术创新等方面均处于全国领先水平。东北地区的居民可支配收入提高,东北地区的经济发展成为全国关注的焦点。但在此期间,由于对重工业发展的政策倾斜力度较大,使得东北地区重工业经济发展迅速,但农业经济、轻工业经济在一定程度上没有得到重视,导致整个区域的产业结构出现失衡,为后续的经济发展带来影响。二是产业结构全面调整时期。改革开放以来,市场经济体制日益完善,东北地区的农业、轻工业等开始逐步发展起来,资本、技术、劳动力资源开始逐步活跃起来,信息和产权交易开始出现,市场经济在资源配置中占主要地位,提高了东北地区的资源利用效率。对于重工业来说,在以往的经济体制下的重工业并没有因为市场经济的到来而得到快速改变。重工业成为区域经济发展的一大阻碍,严重制约了资源的优化配置。因此,东北地区开始进行产业结构调整,产业结构失衡的现象逐渐得到缓解。三是产业结构优化时期。20世纪90年代末,东北亚地区的经济合作程度加深,同时在国内改革开放的推动下,东北地区的外向型经济格局更加明显,与俄罗斯等周边国家的贸易往来日益活跃。但外向型经济要求区域产业具有强大的竞争力,能够在国际竞争中获得稳定的市场份额,这对东北地区的产业结构提出了新的要求。东北地区的产业结构层次化水平较低,产业结构失衡等问题都是对外经济交流中的短板,因此,东北地区大力推动高新技术产业和第三产业的发展,为产业结构优化提供了良好的环境,此后的第三产业获得了快速发展(魏羽彤,2018)。

目前,东北老工业基地的产业结构仍处于不断调整优化之中,重工业所占比重持续下降,第一产业和第三产业产值所占比重持续上升,但与全国较为发达地区相比,东北地区的第三产业产值占比上升缓慢。主要原因在于东北地区在传统的经济体制中,大力推动重工业发展,工业化进程较快,但忽视了第三产业的发展,导致第三产业发展所需的劳动力资源、技术资源、资金资源等并未得到足够的供给,尤其是东北地区的人才流失情况严重。东北地区的城市大多属于资源型城市,重工业发展使资源面临枯竭的危机,环境污染状况也比较严重。同时,第三产业的发展还与东部沿海地区具有一定的差距,技术创新资金投入力度不够,高端人力资本的工作待遇有待提高,一系列因素造成东北地区人才流失情况严重,这对于第三产业发展具有一定的影响。

现阶段,为了紧跟新一轮的全球科技革命和产业调整步伐,东北地区应加大技术创新力度,大力发展信息产业,以产业结构升级带动产业结构调整。通过技术创新和升级对传统重化工业进行改造,促进传统重化工业产业不断向产业价值链高端攀升，在新兴产业发展和传统产业转型中推进东北地区产业结构向中高端转变（赵儒煜等，2016）。

第三，推动资源型城市可持续发展。东北地区是我国资源型城市最为集中的区域。从产业调整看，资源型城市应当发展接续产业，实施多元化产业发展战略，缓解资源和就业的双重压力。从生态保护看，发展循环经济，是振兴老工业基地的必由之路（陆燕春等，2005）。随着东北老工业基地振兴进入关键阶段，传统的经济发展模式亟须转变。结合当前形势，传统的以自然资源为依托的发展方式已经开始严重制约资源型城市的发展（王佳文等，2014）。东北三省具有众多典型的资源型城市，应加快转变经济发展方式，树立绿色、低碳的发展理念，建设资源节约型和环境友好型城市，尤其是应该大力发展现代服务业等低碳产业，增强老工业城市的综合服务功能，使城市由传统的生产功能向消费功能和服务功能转变，逐步形成具有较强竞争力的区域性中心城市（任嘉敏等，2018）。

第四，促进区域经济整合。东北地区应整合区域资源，培育与发展具有竞争优势的制造业集群，并结合地缘优势深入推进东北亚区域合作，建立中日韩紧密型经济合作体，逐步打破东北地区封闭的内循环状态。近年来，"一带一路"倡议为东北老工业基地振兴提供了新机遇。"一带一路"倡议进一步明确了我国对外开放路径，将东北三省定位于中国向北开放的重要窗口，有利于东北老工业基地发挥地缘优势。

第五，减少人力资本流失。近年来，东北地区的人才流失严重，严重制约了东北地区的产业结构转型与经济快速发展。具体来看，东北地区的人力资本主要存在以下三点突出问题：一是人力资本积累速度较慢。2016 年，吉林省和黑龙江省研发人员全时当量均出现下降。吉林省较上年降低 2.1%，黑龙江省较上年降低 3.9%。同时，近年来东北地区低出生率和人口老龄化问题严重，人口自然增长率的降低一定程度上影响了人力资本的积累速度。20 世纪 90 年代以来，东北地区人口自然增长率一直呈下降趋势，且显著低于全国平均水平。2016 年，全国人口自然增长率为 5.86‰，较上年提高 0.9‰，而东北地区人口自然增长率下降为负值。持续下降的人口自然增长率也加重了东北地区人口老龄化趋势。东北地区的老年人口抚养比持续增加，辽宁省老年人口抚养比 1990 年以来一直高于全国平均水平，吉林省和黑龙江省的老年人口抚养比也由 20 世纪 90 年代开始低于全国平均水平，逐渐演变为接近或高于全国平均水平。人口自然增长率的下降与老龄人口的不断增加所造成的低出生率和高老龄化趋势的人口结构不利于人力资本的积累。高素质人力资本减少、人口结构不合理等问题直接影响东北地区人力资本的积累速度和发展水平,进而成为制约东北地区经济增长的重要因素。二是人力资本流失问题严峻。改革开放以来,东北地区经济发展水平与东部沿海地区仍有一定的差距,企业的发展环境、政府对人才的优惠政策等都与之存在一定的差距,大批优秀人力资本开始逐渐外流。根据全国第六次人口普查结果,吉林省、黑龙江省和辽宁省三省的劳动力总体上呈现净流出状态,而且流出的劳动力中高素质人力资本占据很大比重。一些具有较高文化素质以及专业技能的劳动力纷纷流向经济更加发达、发展前景更加广阔的城市。东北地区人力资本的持续流失已严重影响区域经济增长的人力资源基础(姜玉等,2016)。三是人力资本投资不足。财政支出中的教育支出是人力资本投资的主要来源。2016年,辽宁省的公共教育支出为632.8亿元,江苏省为1841.9亿元,广东省为2243.9亿元。可见,与发达地区相比,东北地区的教育支出明显不足。而人力资本投资不足会影响人力资本的开发,不仅会造成人力资本短缺,而且加剧了东北地区的人力资本流失,进而影响了经济增长。

在我国经济进入新常态以后,全国的经济增速明显放缓,东北各省份的GDP增速出现连年低于全国平均水平的现象。为了指导东北老工业基地走出经济困局,2015年,中共中央政治局审议通过了《关于全面振兴东北地区等老工业基地的若干意见》。这是继2003年和2009年中共中央、国务院就实施东北地区等老工业基地振兴战略的若干意见之后,新一届中央领导集体在经济新常态背景下推动东北地区等老工业基地全面振兴的又一重大决策,也是指导东北地区等老工业基地摆脱当前经济困局、谋求实现全面振兴的重要纲领性文件,再次传递出国家振兴东北的决心和宏伟蓝图。

3. 中部崛起

这一战略的构思和发展体系主要有以下三个方面:

第一,破解"三农"问题。"未来的30年至50年中,中部和传统农村地区的发展水平,将直接决定整个中国经济发展的道路和格局"(林毅夫,2003)。为此,不但要加强中部农业基础设施建设,提高农业抗灾能力,为农民增收创造条件(张杏梅,2008),而且要加快农业产业化步伐,推进农业结构升级(冯之浚,2005)。目前,中部崛起战略正值深入推进期,中原经济区、鄱阳湖生态经济区、洞庭湖生态经济区等应继续承担起保障粮食安全和发展现代农业的历史责任,加快建设一批现代农业示范区,稳定粮食播种面积,充分挖掘增产潜力,巩固中部地区粮食生产基地地位（喻新安等，2014）。

第二，培育优势产业集群。培育中部地区优势产业群是阻止要素持续流出的关键，具体来看，可以把培育和扶植专业化、规模化、区域化的现代化农业产业作为中部发展的主导力量之一（杨开忠，2004）。在此基础上，可形成和发展具有比较优势的六大产业群（周绍森等，2003）。立足中原经济区、武汉城市圈、皖江城市带承接产业转移示范区关于"先进制造业与高新技术产业基地"的战略定位，加快推动中原城市群、武汉城市群及皖江城市带发展先进制造业、高新技术产业，壮大中部地区现代装备制造及高技术产业基地实力。

第三，加快"三化"进程。中部地区工业化、城市化、市场化进程均滞后于东部及全国平均水平（刘友金，2006）。因此，一方面，可以通过培育优势产业群加快工业化进程（苏昌贵等，2006）；并依托武汉、郑州、长株潭及一些中小城市，逐步发展单核、多极、多层次城市群（胡树华，2005）。另一方面，中部市场化水平不高的主要原因是金融弱化，可通过完善金融市场来提高其市场化程度（杨胜刚等，2007）。此外，随着近年来技术创新越来越成为国民经济稳定增长的支柱力量，其水平的提高为我国经济增长方式由粗放型增长向集约型增长转变提供了重要动力。中部地区的经济发展较为落后，技术创新水平远低于东部发达地区，这可能是中部地区依托产业政策扶持，更加注重策略性创新行为，而忽略了创新质量，从而导致了技术创新的转化率较低。因此，应加大对中部地区的创新支持力度，重视技术创新质量，将技术创新打造成中部地区经济增长的核心动力（童中贤等，2017）。

目前来看，虽然加大了中央财政的支持力度，"中部崛起"依然任重道远。协调中部和东、西部之间区域经济合作的同时，加强中部自我发展能力，才能实现真正意义上的"中部崛起"。

综上可知，我国区域经济发展"四轮驱动"的总体发展格局已初步形成，局部率先优势突破，整体协调平稳推进。未来应当统筹规划各大区域的发展定位，完善和推进可靠的区域协调发展机制，以市场和政策的双动力最终实现区域的均衡统筹协调发展。

四、区域协调发展战略深化和创新阶段：2012 年至今

党的十八大指出，基本建成促进区域协调发展的体制机制是全面建成小康社会的重要目标。在继续深入实施区域发展总体战略的基础上，谋划布局并推动实施了"一带一路"倡议、京津冀协同发展战略、长江经济带发展战略,在此基础之上,党的十九大报告明确提出,要坚定实施区域协调发展战略,并将其作为决胜全面建成小康社会、开启全面建设社会主义现代化国家新征程的七大战略之一(范恒山,2017)。

1. "一带一路"倡议

2013年9月,习近平总书记在哈萨克斯坦纳扎尔巴耶夫大学发表演讲时提出建设"丝绸之路经济带"的重大倡议,同年10月,习总书记在印度尼西亚国会发表重要演讲,提出中国愿同东盟国家加强海上合作,共同建设21世纪"海上丝绸之路"的重要构想,随后,党的十八届三中全会通过了《关于全面深化改革若干重大问题的决定》,正式提出要加快同周边国家和区域基础设施互联互通建设,推进丝绸之路经济带、海上丝绸之路建设,形成全方位开放新格局,自此"一带一路"倡议正式进入国家战略层面。"一带一路"倡议是新时期我国外交的重要战略布局,其形成与发展具有深刻历史现实背景和明确的目标指向,对我国实现经济、政治、军事、外交等全方位的战略规划布局,实现可持续发展具有重要意义。

这一战略的构思和发展体系主要有以下五个方面:

第一,加强与沿线各国的政策沟通。"一带一路"建设是一项长期、复杂的系统工程,有效的政策沟通是"一带一路"倡议顺利实施的重要保障。推动建立各国间的宏观政策沟通交流机制可以促使各国就经济发展战略等进行充分的交流,提升双边各领域的合作效率,进而可以通过深化利益合作增强政治互信,形成各国优势互补、共同发展的有利局面(张祥建等,2017)。随着各国间的政策沟通持续推进,规则对接成为"一带一路"政策沟通的又一重点。规则对接指的是由沿线各国本着共商、共建、共享原则,围绕着"一带一路"倡议的"五通"内容和建设命运共同体而共同制定并遵守的国际经济合作契约体系。"一带一路"建设应推动政策沟通朝着加强规制建设的方向深化,努力将双边或多边的对接和共识转化为具有法律效应的并一起遵守的条例、章程,逐步构建和形成具有"一带一路"特点的国际规则体系,从而通过规则建设进一步消除合作建设中的障碍,为"一带一路"长远发展提供稳固的法律前提和制度保障(梁颖,2018)。

第二,加强基础设施建设。基础设施建设是"一带一路"建设的重心。在《推动共建丝绸之路经济带和21世纪海上丝绸之路的愿景与行动》中设施联通被作为"一带一路"沿线国家合作的重点之一。基础设施互联互通对"一带一路"建设具有重大的战略价值。基础设施是经济社会活动的基本载体，包括公路、铁路、桥梁、港口、机场、通信、水利等诸多内容，覆盖生产生活的各个方面，决定着经济生产和社会活动的广度、深度和效率。世界银行曾发布报告称，基础设施即使称不上经济增长的火车头，也至少是驱动其发展的车轮。李建军等（2018）认为，在基础设施建设方面，国家开发银行、中国进出口银行应充分发挥政策性机构优势，利用基建贷款来推动我国与沿线各国基础设施领域的合作。同时，这一过程中要不断创新基础设施建设资金的募集途径，充分引入市场机制，通过推广并采用 PPP 模式等一系列新兴融资模式，为进行基础设施建设提供充足的资金（姜安印，2015）。需要指出的是，"一带一路"的基础设施建设容易受到东道国政府的权力干预，面临政治风险的可能性较大（余莹，2015）。因此，在进行海外基础设施建设时要及时识别和把控政治风险。

第三，加大贸易投资力度，消除贸易壁垒。赵东波（2014）认为，"一带一路"倡议是以中国为轴心的灵活经济制度安排，它将在成员国之间产生"贸易创造效应"。"一带一路"倡议推进贸易投资的基础在于着力解决投资贸易便利化问题，一方面，要求加快物流业发展，构建国际大物流体系。在"一带一路"建设过程中，在基础设施互联互通的基础上，能够促进贸易的交流和生产之间的分工及协作，特别是在沿线沿路国家之间，形成更加紧密的经济联系，物流业将发挥重要的纽带作用（罗雨泽，2015）。另一方面，边境和通关管理也是解决贸易便利化的重要举措。安全的边境和一流的通关效率会极大促进贸易投资便利化，加强沿线各国之间的检疫交流与合作，制定统一安全标准，进行海关数据联网，搭建海关跨境合作平台和电子通关系统，互认海关监管数据，实现数据共享，提高通关效率（李丹等，2015）。

第四，加强金融合作。金融合作对"一带一路"建设意义重大。增强"一带一路"建设中的国际金融合作，需要借助如下途径：一是加快人民币国际化步伐，推动"一带一路"建设进程。目前，面对世界经济动荡的发展态势，世界主要货币的币值波动较大，汇率、大宗商品价格波动较大，这些都构成了全球金融市场的不确定因素。相较于动荡的全球市场，人民币币值近年来较为稳定，并逐步被世界各国认可。扩大人民币的使用范围，加快人民币国际化进程可以使"一带一路"沿线各国的贸易更加便利，降低交易成本，提高抵御金融风险的能力，并为"一带一路"建设提供充足的动力。二是建立多边金融合作机制，加强国际间金融协作。"一带一路"倡议涉及许多具有不同市场环境的国家,双边或多边金融合作无法依靠单方面的努力,因此,应该建立多边金融合作机制,重点是通过建立多边金融机构鼓励各种来源的资本协同合作,在"一带一路"建设中充分发挥金融支持作用(张伟伟等,2019)。

第五,加强民间交流与合作。民心相通是"一带一路"建设的根基,增进民心相通是"一带一路"建设长久发展的内在要求,也是构建人类命运共同体的客观要求(牟金玲,2017)。丝绸之路的友好合作精神需要通过广泛的文化交流、学术往来、媒体合作等方式进行传播,上述渠道为奠定双边或多边深化合作的民意基础提供了重要支持。具体措施有:开展"主题文化节"活动;以孔子学院为平台,形成有效的教育合作机制;广泛开展旅游合作,打开文化传播的有效渠道;以青年交流为主体,提升人文交流活动(陈万灵,2017)。

2. 京津冀协同发展

这一战略的构思和发展体系主要有以下四个方面:

第一,有序疏解北京非首都功能。北京作为国家首都具有强大的政治管理能力与资源调控的能力,这些能力为其成为经济增长中心奠定了坚实基础,国际性组织、企业总部以及创新创业平台纷纷落户北京。然而,长期无节制的发展会使北京的"大城市病"急剧恶化,主要表现为北京人口过度膨胀、交通严重拥堵、房价持续上涨、部分产业过度集中及与周边地区的协同发展能力较弱等。因此,要通过如下措施疏解非首都功能,一是要解决北京人口与产业功能整体上分布过度集中的问题;二是解决长期以来单中心发展导致的城市空间无序蔓延的问题;三是解决北京产业发展、交通顺畅、环境优良与周边地区协同的需求问题(杨龙等,2015)。

第二,优化产业结构与空间格局。京津冀地区城市产业结构相差悬殊。从产业结构角度来看,北京市的第三产业占比最大,已成为一个服务业为主的超级都市。天津市的发展主要是由第二产业和第三产业共同拉动,且第二产业比重略高于第三产业。而河北省的产业结构则是第二产业比较发达,第三产业发展较为滞后(柳天恩,2015)。为了促进京津冀地区的产业发展一体化,北京应充分发挥其在人才、技术、信息等方面的优势,发展高精尖产业,重点打造京津冀的创新源头;天津发挥港口和物流中心的优势,发挥辐射作用,发展成为创新产品的实验和制造基地;河北以资源优势和产业基础条件为依托,发展成为协同创新共同体的产业化基地(孙久文,2016)。

第三，促进基本公共服务均等化。基本公共服务一体化是京津冀协同发展的长期任务之一，是京津冀地区经济发展的必然要求，也是保障民生的重要手段（赵弘，2016）。根据《京津冀协同发展规划纲要》提出的总体目标，到2017年，实现京津冀公共服务规划和政策统筹衔接，在教育、医疗、文化等方面开展改革试点。到2020年，明显缩小京津冀地区的公共服务差距，初步建立公共服务共建共享机制。

基本公共服务均等化是指政府要根据区域经济发展水平，在公平的原则下，为区域内全体社会成员提供大致均等的公共产品和服务。主要包括：教育、医疗、就业、社会保险、养老服务等。促进基本公共服务均等化是京津冀协同发展的必然要求，其中实施的重点大致有以下四个方面：其一，劳动力就业。建立区域均衡、服务均等、共享的就业服务标准，使京津冀劳动者获得统一的就业登记资格和资格准入制度，进一步完善区域内的创新创业扶持政策。其二，公共教育。优化优质教育资源配置，促进优质教育资源的均衡分布，大力开展地区间教育合作与交流。其三，医疗卫生。促进基本医疗卫生服务以及养老服务，探索建立京津冀地区药品供应和安全保障体系。其四，社会保险。逐步推进城乡一体化的社会保险制度，制定符合京津冀地区经济发展水平的统一保险标准（孙久文，2016；毛汉英，2017）。

第四，加强生态环境保护。2014年以来，京津冀区域生态环境共治得到了各方面的高度重视，区域生态环境合作明显加速，信息共享机制逐步完善，一批重点领域污染治理工程开工建设。但是，由于该区域大气污染较严重、雾霾频发、生态压力较大、生态环境建设仍然存在一些障碍：京津冀生态环境综合治理规划欠缺，生态环境合作仍未形成有效的补偿机制；京津冀区域在环境政策执行方面存在差异，部分地区政策执行过于宽松，不利于整体的生态环境共建。北京市和天津市工业"三废"排放虽有所下降，但河北省的钢铁、水泥、电力等行业的二氧化硫、烟尘和工业粉尘等排放量仍逐年增加，京津冀污染物排放总量仍然很大，以雾霾为重点和突破口的生态环境治理必须三方协同开展。2013年环保部门公布的全国10大污染城市，7个集中于河北省。京津应对河北省压缩落后产能，促进产业升级，提供技术、设备等支持。此外，河北省是京津河流的上游区域和主要水源地，京津冀要在水资源的开发保护和水环境综合治理上形成共识，加强合作，积极承担相应的责任和义务（丛屹等，2014）。

推动京津冀生态环境保护与治理一体化，需要做好如下工作：一是完善体制机制。在目前已经建立的机构和制定的规划的基础上,推动生态环境整体综合规划的编制和生态补偿机制的实施。二是推动生态环境协同治理。通过建立覆盖三个行政区的管理机构,推行相同的生态环境污染控制指标、生态环境治理标准和生态环境监督办法。三是构建复合生态建设空间,优化生态空间布局,构建多层次生态屏障,扩大生态空间和区域环境容量。四是围绕治理雾霾、生态防护林建设、水资源保护、水环境治理、节能减排等重要领域,实施京津冀全区域的联防联治。因此,在京津冀协同发展中,应将生态环境保护置于优先地位,突出尊重自然、顺应自然、保护自然、发展和保护相统一、绿水青山就是金山银山的理念,加大环境整治力度,大力推进生态保护与恢复,推动绿色低碳发展和循环经济,落实生态补偿机制与政策,应继续深化大气污染联防联控协作机制,联合印发《京津冀大气污染防治强化措施(2016—2017)》,推进京津冀生态水源保护林、京津冀风沙源治理二期等重大项目建设。据统计,2016年上半年三省市PM2.5平均浓度比上年同期分别下降了17.9%、12.5%和20.3%。力争用10年或更多一点时间,使京津冀地区生态环境质量得到明显改善。

3. 长江经济带发展战略

2014年,国务院颁布了《关于依托黄金水道推动长江经济带发展的指导意见》,这是国家层面对长江经济带建设第一次系统提出的指导意见。新中国成立以来,长江流域的开发大致可分为三个阶段。一是岸线资源开发阶段。这一阶段大约从1970年开始,直到1980年左右结束。这一阶段重点强调岸线资源的合理利用及利用水运优势发展临港产业。二是沿江产业带开发阶段。这一阶段为1990年到2010年。这一阶段除了临港产业继续快速发展之外,开始更加注重沿江产业带开发,更加注重港口、产业、城市之间的协同发展。第一阶段和第二阶段的共同点在于注重发展水运,以效率为核心推进产业带发展。三是长江经济带的工业化优化发展阶段,这一阶段从2011年开始至今。其经济发展由沿江经济带拓展到长江经济带,地域范围由沿江地级市拓展到九省两市,从而为长江经济带地区社会要素与生态环境要素协同发展创造了条件,也为进一步的新型工业化发展提供了便捷条件(陆玉麒,2017)。

目前,长江经济带发展战略所要解决的关键问题是体制机制创新和生态环境保护。体制机制创新是中国改革发展的关键环节,更是长江经济带地区经济发展转型的重要动力。长江经济带地区在体制机制方面做了多年探索,其中江苏省跨界产业园区建设、新安江流域生态补偿制度的建立以及ETC省际联网等机制创新项目均成为值得借鉴的典范。然而，长江经济带地区的自然资源状况以及经济发展水平差异较大，流域内管理事务与发展要素之间的条块交叉矛盾突出，区域市场一体化发展仍处于探索阶段。即使部分地区进行了体制机制创新，但从总体上看，区域间发展仍很不均衡。因此，有必要对长江经济带发展的体制机制环境进行全面梳理，借鉴全国其他地区的先进经验，对资源加以整合，保障长江经济带发展科学、有序（段学军，2015）。

长江经济带作为我国经济发展的重要支撑，不仅具有巨大的经济价值，更有着巨大的生态价值，这要求我们在推动经济发展的同时更需要注重生态环境的保护。习近平总书记曾多次发表讲话，要求长江经济带的发展要走绿色、可持续发展之路，涉及长江的经济发展都不能破坏生态环境，要把长江经济带建设成为生态更加优美、经济更加协调、市场更加统一以及体制机制更加科学的黄金经济带（文丰安，2018）。2011～2016年，长江三角洲上游地区的排放量大于下游地区，值得一提的是，上海市和重庆市的"三废"排放相对较少。从各种污染物排放总量来看，废水排放量最大，且一直处于上升趋势，其他污染物排放基本处于波动下降状态（邓云君，2018）。为了避免长江经济带地区的水污染等更加严重，同时缓解人口增长带来的水资源短缺等问题，应大力发展绿色低碳农业（王若梅等，2019）。同时要提高技术创新水平，促进产业结构优化升级。环境污染问题已日益成为阻碍长江经济带城市高质量发展的一大障碍，为此，长江经济带地区城市应改革创新体制机制，不断加强对城市污染的治理和监管，从制度层面对污染治理进一步支持（卢丽文等，2016）。

4. 新型城镇化建设

改革开放以来，我国经济发展取得了举世瞩目的成就，综合国力不断增强，人民生活水平不断提高。但在经济迅速发展的同时，社会也正在经历一场深刻的变革。经济发展快于社会发展，使得社会结构成为阻碍经济发展的一大障碍。全面建成小康社会需要变革社会结构，也就是从推动新型城镇化入手，破除城乡二元结构以此进一步激发社会活力（岳文海，2013）。这主要是因为，城镇化是提高资源配置的重要战略平台。通过推进城镇化，可以促使部分农村剩余劳动力转变为工人，将农村分散的土地资源整合为规模化资源，便于机械化生产；同时，通过提高剩余劳动力收入也会带动社会消费的增加。

目前，我国新型城镇化发展面临着诸多挑战，主要有以下三点：

第一，新型城镇化发展面临着充分就业的挑战。一方面在于转移就业难度大，另一方面在于产业支撑能力有限，吸纳就业能力不足。针对上述挑战，李亦楠等（2014）认为，用工业化带动城镇化，完善配套政策以及用农业现代化支撑城镇化是扩大就业范围的重要途径。同时，消除户籍制度不平等以及加强农民教育培训等是解决农村剩余劳动力转移的有效途径（吕文静，2014）。

第二，新型城镇化发展面临着粮食安全的挑战。粮食安全是保证一个地区稳定和谐发展的必要条件。随着我国城镇化进程中土地利用率低、粮食生产兼业化以及重金属污染等不利因素的增多，城镇化与粮食安全显现出不可调和的矛盾（樊琦等，2014）。但新型城镇化发展不能以牺牲粮食安全为代价，在新型城镇化过程中要注意提高劳动者素质，加快农业现代化建设以及更好地发挥金融的服务作用（谢春凌，2015），进而为保障我国粮食安全提供支撑。

第三，新型城镇化面临着生态环境安全的挑战。新型城镇化不仅是"人口城镇化"，更是产业、空间、社会、人口四位一体的城镇化，新型城镇化发展应该坚持人口、资源与环境的协调发展（陆铭，2012；张占斌，2013）。需要指出的是，城镇化建设过程中的环境污染主要是由资源剥夺造成的（陆大道，2007）。也就是说一个地区的经济发展是以牺牲另一个地区的资源与环境为代价的。但是，可持续发展是建设新型城镇化的基本要求，因此，在新型城镇化建设过程中要注意树立绿色环保的生产理念，坚持转变落后的生产方式以及建立完善的生态环境保护制度等。

五、中国区域经济发展战略的体系结构

前文归纳和评述了改革开放以来我国区域经济发展的时序演变特征，借此构造了一个系统而完整的区域经济发展战略的体系架构。

改革开放以来，我国的区域经济经历了从非均衡到均衡、效率导向到公平导向的四个发展阶段，充分贯彻和实践了"两个大局"的战略构想。从发展空间看，宏观上实行梯度推移战略，结合中观、微观层面的增长极与点轴开发模式，基本形成了完整有效的区域开发网络。从发展时间看，短期内注重培育经济增长点，实行非均衡发展，中长期强调发挥辐射效应，区域协调均衡发展格局初现端倪。从发展阶段看，相对落后地区深入开发、"独善其身"，较发达区域发挥扩散效应、"兼济天下"。从发展目标看，初步实现了以效率促发展、以发展促公平、公平与效率共举的区域发展模式。

40年来，非均衡阶段大力推动东部地区迅速崛起，顺利实现了"第一个大局"。紧接着在非均衡协调战略的过渡下,中西部地区逐渐步入快速发展轨道,拉开了实践"第二个大局"的序幕。随之,我国顺利初步形成了东中西和东北地区"四轮驱动"的发展格局,平稳度过推进区域均衡协调发展的关键时期。截至目前,我国正在区域协调发展战略深化和创新阶段稳步前行。但是,近年来区域发展过程中表露的问题和面临的挑战值得深思,结合过去近40年来区域发展的经验,我们对未来区域发展战略的制定和实施提出如下几点建议:

第一,重视区域发展差距。2000年后,在区域均衡统筹协调发展战略的引导下,东、中、西和城、乡两个层面的发展差距扩大趋势虽有所减缓,但形势依旧严峻。这一问题将是我国安全、稳定、协调发展的主要"瓶颈"。在这方面,国家政策的调控在今后很长时间内还将是主要手段。但最为关键的是,中、西部和广大农村地区,在政策的扶持下,应积极借鉴外部先进经验,结合自身优势培育自我发展能力和机制,通过自身有效的经济增长来缩小发展差距。需要特别注意的是,近年来,各地区为缩小区域发展差距,多聚焦于经济增长数量的扩张,而疏于增长质量的改善,导致发展进程中的社会福利、生态环境、社会治安等方面的问题日益凸显,不仅有可能进一步拉大区域发展差距,而且将威胁到经济发展的整体形势,这警示我们应提高区域经济发展质量。在这方面,加强区域福利水平均等化意义重大;同时,资源与生态环境保护刻不容缓。

第二,优化区域发展战略。改革开放以来,从最初三大地带的划分,到如今多个综合经济区、城市群发展规划的出台,可以看出,我国区域发展战略的制定和实施均以行政区划为基础。这在快速提升相关区域的经济发展水平上成效显著,但对于深入统筹解决各区域相似问题上有所限制。因此,打破区域行政界限,统筹各区域发展规划,从行政区划导向向区域问题导向转变,是未来制定和实施区域发展战略的一大挑战。近期提出的主体功能区规划,按照资源承载力的不同,将国土空间划分为优化开发、重点开发、限制开发和禁止开发四大区域,分别实施不同的区域开发模式。这是打破行政壁垒,以区域资源有效配置为导向,制定区域发展战略的有益探索。今后可以在全国范围内从民族、文化、农业发展等区域问题着手,制定更有针对性的统筹协调发展战略。

第三,协调区域发展规划。区域发展规划的完善与否,是决定区域发展战略实施效果优劣的重要环节。在深入推进"第二个大局"的背景下,区域发展规划的调整和协调显得尤为重要。从中央来看,较改革开放初期的东部优先发展格局而言,目前全国的四轮驱动格局,对区域政策的公平性要求显著提高。因此,如何在全国范围内合理分配有限的政策优惠和资金支持是一大难题。从地方来看，欠发达区域不应盲目效仿经济较发达区域的发展路径，而应着眼于自身比较优势、发展环境以及文化背景，提出各具特色，但又与其他区域的发展相协调的、多样化的发展规划，从而有效减少重复建设和恶性竞争，提高资源利用效率，更好更快地实现区域经济的协调发展。

第四，借鉴区域突破经验。除区位优势和文化因素，完全具有中国特色的"区域突破"现象在很大程度上受惠于市场化改革。借鉴这些"已突破"的发展经验，现阶段中央政府可以通过加速不发达地区的市场化改革步伐，更多地引入市场竞争元素，逐步放开体制束缚，为中西部地区民营经济的自我发展创造良好的制度环境。具体而言，应在提供更多政策支持的同时，通过强化产权保护、中介组织发展和法律法规执行力度，来完善市场竞争机制。从而一方面改善中西部地区的投资环境，吸引国内外优质投资；另一方面推动和鼓励中小企业在竞争中优胜劣汰，形成大产业集群，最终提高这些地区的区域竞争力，促使资本、劳动力等生产要素回流。此外，逐步放松国有垄断行业的政府管制，不断提升区域市场竞争活力，这一点具有极为重要的区域创新意义。

第五，强化增长极建设。增长极建设直观体现为区域中心城市的迅速发展和都市圈的形成。就东部而言，非均衡发展阶段形成的沪、京、深、穗等增长极已发展成为超大城市，目前面临着城市承载力极限的巨大挑战。因此，加快其周边城市群的发展，不仅能使周边城市分享其发展成果，也能缓解其自身的发展压力。就中西部而言，增长极建设仍处于起步阶段，成都、西安、武汉、长沙等中心城市的现有发展水平不足以带动周边城市群的纵深发展。因此，结合中西部地域辽阔之特点，大幅度深化点轴开发战略，在推动现有增长极发展的同时，培育一批新的增长中心和增长带，使中、西部增长极的空间分布更为合理。

第六，实现产业有序转移。产业转移是实施区域经济"梯度推移"的关键环节。东部在新一轮国际产业转移中，应积极承接国际高端服务业的转移，从而为中西部地区腾出市场和增长空间。中西部则应综合考虑自身要素禀赋和周边区域的产业发展状况，实行合理的产业分工，在承接产业转移和自主发展特色优势产业的基础上，培育和推动具有区位优势的产业，向集聚化、高端化发展，从而形成高效、有序的现代产业链。值得注意的是，当前国内的产业转移在国际化进程中面临一些欠发达国家的竞争压力。若没有新的发展动力，或在承接东部地区产业转移期望落空后，资源型产业将在中西部地区爆炸式"增长"，这将严重阻碍我国的经济增长方式转型；同时，中西部资源枯竭型城市的转型发展难题又将进一步加剧；而资源、环境、人口与贫困形成的因果循环陷阱也将被逐步强化，这点需要引起政府的高度重视。

目前，从国务院连续批复的多项区域发展规划和发布的区域发展指导建议可以看出，均衡统筹协调发展战略正稳步推进，各区域经济呈现良好发展态势。东部地区正经历着率先以经济增长方式转型突破发展"瓶颈"，通过加速区域一体化进程参与国际竞争，并在国内持续发挥增长极扩散效应的新的区域发展阶段；东北和中部地区已迈入持续发展阶段，产业结构调整正稳步有序推进；西部地区历经十年大开发，社会经济发展水平显著提高，而"西部二次开发"战略，标志着西部大开发即将进入新的发展阶段。概言之，当前我国的区域经济发展正进入到一个全面而富有朝气和活力的全新阶段。

第三节　人力资本理论的回顾和评述

前文梳理了经济增长理论的演进，并展现了我国自改革开放以来区域发展战略和发展格局的演变。基于此，本书期望以人力资本为切入点，探讨中国区域经济增长和人力资本的关系，以期从人力资本的配置效率视角对我国的区域经济发展差异做出解释。实际上，正如前文所述，经济增长理论的核心——内生经济增长理论的两大基石之一——人力资本与经济增长，为我们的分析提供了基础性的研究框架与研究内容。因此，本节对人力资本理论展开细致的回顾和评述。

"人力资本"研究兴起于20世纪五六十年代，伴随"经济增长"理论不断突破而得以逐步发展与完善，然而其"最原始的形态"源于斯密"固定资本"范畴中所蕴含的"有用才能"的概念。但令人遗憾的是，着眼于论证资本主义优越性的斯密并没有完整系统地提出人力资本理论。尽管斯密的"人力资本"思想被大多数经济学家遗忘，但令人庆幸的是，在这之后仍有许多经济学家从不同的研究领域触及"人力资本"概念，比如，19世纪40年代德国经济学家List提出了"物质资本"与"精神资本"两个概念，认为通过教育投资可以使人掌握技艺，最终提高劳动生产率，获取更多的产出。Marshall（1890）曾分析了人力资本投资的长期性质和家庭从事这种投资的作用，并且认为对人的投资是所有资本投资中最有价值的部分。1906年，Fisher在《资本的性质和收入》一书中首次提出"人力资本概念"；1935年，美国经济学家Walsh在《人力资本观》一书中，对人力资本概念作了阐释，但这一概念并没有受到主流经济学的认同。总之，直到20世纪60年代以前，西方人力资本理论的研究仅处于滥觞阶段（杨明洪，2001）。

人力资本真正形成较为完整的理论始于20世纪60年代。Mincer（1958）首次对人力资本与个人收入之间的关系进行系统的研究，建立了人力资本投资的收益率模型，因此他被认为是"人力资本理论的创始人"；1960年，Schultz于美国经济学年会上发表了轰动经济学界的题为《人力资本投资》的演讲，从而被西方学术界誉为"人力资本之父"；Becker于1975年发表了代表作《人力资本》，奠定了人力资本理论的微观经济分析基础，被视为是"经济思想中人力资本投资革命"的起点。1962年Arrow发表了《干中学的经济含义》一文，提出了著名的"干中学"理论，该理论是对人力资本理论的重要拓展，并成为人力资本内生经济增长理论的发端。在上述众多经济学家的努力下，人力资本理论逐渐形成了完整的体系并成为一种学说。

实际上，寻求经济的持续、快速、健康发展一直是各界关注的焦点，而现代人力资本理论的产生和发展也正是源于对经济发展与增长理论的不断完善和扩展。尤其是"二战"之后经济学家对于经济增长之谜孜孜不倦的探究，意外地带来了人力资本理论的繁荣，而人力资本理论的发展也为经济增长理论的再次繁荣添加了浓重的一笔。Romer（1986，1987，1990）、Lucas（1988）的开创性研究，使得内生化经济增长模式获得广泛认同，随后以"知识创新"和"人力资本外溢"为基石的新经济增长理论开始兴起。

鉴于上述基本认识可以发现，人力资本理论依附于经济发展与增长理论而不断丰富，同时其也涉及更多领域，从而在不断演变中得以扩展和完善。对这一居于理论前沿的思想体系做出尽可能全面的总结与演绎，不但具有重要的学术价值，同时对以人力资本带动的经济持续、稳定增长具有较强的实践指导意义，而这一点对转型发展的中国至关重要。基于此，本节对既有研究文献进行梳理与评述，首先对人力资本的概念、分类进行系统论述；其次着重比较人力资本的核算方法；最后对人力资本的两类溢出问题、人力资本与经济增长的关系做出深入解析。

一、人力资本的概念及分类

1. 人力资本的概念

Schultz（1960）认为人力资本是凝聚在人身上的知识、技能和健康等，这些特性是通过教育、职业训练、医疗保健、迁移和干中学等人力投资而获得的。这一概念的提出突破了原有资本仅局限于物质资本的狭义范畴，是对资本概念的扩充。此后，各界在此基础上进行了深入的探讨。例如，OECD报告（2001）认为人力资本是个人拥有的能够创造个人、社会和经济福祉的知识、技能、能力和素质。20世纪80年代以来，我国学者也开始了人力资本理论的研究，并提出关于人力资本概念的理解。李建民（1999）、杨建芳等（2006）都认为，人力资本是具有经济价值的知识、技术、能力和健康等质量因素之和；姚树荣和张耀奇（1999）在此基础上进一步认为，人力资本具有异质性与边际收益递增等特性。然而，上述概念忽视了人力资本作为一种社会关系内在的、含有人文因素的属性，特别是道德伦理在人力资本中扮演着重要的角色，为此，章海山（2004）认为，人力资本是个人体质、智质、知识素质、技能以及品质的综合体，而品质正是道德伦理的表现。综上可知，人力资本的"知识""健康""技能""收益"以及"道德伦理"等特性受到广泛认可。不过大多数学者忽略了"激励性"，因为人才是人力资本的载体，离开了人，人力资本的价值也就荡然无存（周其仁，1996），只有在合理有效的制度激励下，人力资本才能够最大限度地发挥其作用。因此，本书把人力资本定义为：凝聚在人身上能够带来经济收益，并需要一定激励才能发挥出来的知识、技能、健康以及道德伦理等所构成的无形资产。

2. 人力资本的分类

根据Schultz对人力资本的定义，可以发现其将教育和健康看成是人力资本的重要组成部分。Barro（1996）、余长林（2006）、杨建芳（2006）、王弟海（2008）等国内外学者有关经济增长的研究都遵循了这一分类。此外，部分学者延伸了这一概念，主要代表性观点有：第一，从人力资本现有价值与未来价值角度，将人力资本分为初级人力资本和高级人力资本，前者指健康人的体力、经验、生产知识和技能，后者则是天赋、才能等潜能的集中体现（刘伟东等，2002；夏光等，2008）。在同时考量知识要素构成下，其又可以分别看成是显性人力资本与隐性人力资本（郭玉林，2002）。第二，从人类拥有的能力分层角度分类。例如李忠民（1999）根据舒尔茨的五种具有经济价值的人类能力将人力资本分解为一般型、技能型、管理型和专家型四种不同类型；郭志仪（2010）将人力资本分为技能型人力资本和企业家人力资本。前者指具备一定技能，具有将各类生产要素转化为产品的能力；后者指具有配置资源、发现机会、创新、管理协调、承担风险和识别风险等方面的能力。其中，技能按照不同职业的需求被进一步细分为处理数据的技能、处理人际关系的技能以及处理具体事务的技能；按照被计算机取代程度被细分为程序性的认知技能、非程序性的认知技能等（曹浩文等，2015）。第三，从人的心理需求层次角度分类，如陈浩（2007）、高远东（2012）在借鉴马斯洛需求模型的基础上将人力资本划分为基础人力资本、知识人力资本、技能人力资本以及制度人力资本四个由低到高不断演进的层次，由此来反映人力资本健康、教育、培训、迁移等投资需求。其中制度人力资本是指在满足了健康、教育、培训投资需求后，人力资本投资结构开始逐渐向迁移投资演进所形成的人力资本，并且该阶段人力资本具有适应和改造外部经济制度环境的能力，是人力资本投资结构的最高形式。此外，一些学者从人力资本的不同生产力形态角度，提出了具有边际报酬递减的同质型人力资本和具有边际报酬递增的异质型人力资本概念（丁栋虹等，1999）。

综观以上人力资本分类可知，众多学者从不同的角度对人力资本进行划分，以此来简化人力资本概念，缩小和精确人力资本的研究范围。因此，目前有关人力资本的划分未形成完全固定的模式，今后随着这一领域研究的深入及其与不同学科的相互渗透，人力资本将会出现更多不同的划分方法。

二、人力资本的核算

人力资本在经济增长理论的研究中受到青睐，然而由于核算的复杂性及其核算的数据要求与现有统计数据的差异性，使得人力资本核算始终是一个难题。但有关于此的努力与尝试一直在持续着，并取得了相当的进展。目前，基于生产率分解、教育回报、要素外溢等诸多研究的展开，许多学者大都从投入与产出的角度，运用教育收入、教育成本、教育年限、身体素质等一些重要变量尝试人力资本的核算。而从研究的结论看，这些核算方法具有一定的可行性，但也存在相当的片面性。

1. 教育回报法

教育回报法又称为教育收入法，其认为人力资本决定着人们的收入水平，故收入状况可以反映人力资本的高低。基于这一思想，两种核算方法被应用于实践。一是 Jorgenson 和 Fraumeni（1989，1992，1992b）提出的终身收入法，该方法以个人预期寿命的终身收入现值来衡量人力资本水平，强调人力资本水平并非由当年收入水平决定而是取决于个人整个生命周期内收入的现值。李海峥等（2010）用这一方法计算了 1985~2007 年中国人力资本年度总量及年人均人力资本量，结果表明，中国人力资本总量和人均量都保持了较快增长速度，但相对于国内生产总值以及物质资本来说，人力资本相对比重呈下降趋势。二是 Casey 和 Xavier（1995）提出了将教育与劳动力收入相结合的 LIHK 法，该方法以没有任何教育经历的劳动者所拥有的人力资本为单位，并以此将每个劳动者的收入水平与单位人力资本的工资水平相比较得出各劳动者的人力资本水平。朱平芳、徐大丰（2007）运用这一方法对 1990~2004 年中国各城市的人力资本进行了核算和比较。

2. 教育成本法

这一方法一般可被看作是对人力资本脑力素质的衡量。基本思路是以与人力资本积累相关的所有支出来表征人力资本，比如由各教育阶段教育经费支出加权平均的教育成本法。张帆（2000）、钱雪亚等（2004）应用该方法计算了中国的人力资本存量。郭志仪（2006）、逯进（2008，2013）也运用这一方法分别核算了西部及全国各省区的人力资本状况。此外，还可以运用孩子抚养费、医疗、健康以及劳动力流动等支出来核算人力资本（Kendrick，1976；Eisner，1978）。然而由于成本法技术处理的主观性以及数据处理量巨大等原因，这一方法并未被广泛采用。

除上述两类指标外，对受教育水平差异以及人口的劳动能力差异本身可能形成的人力资本差异的核算也受到了学界的普遍重视。其中最重要的两个方面是教育程度与人口的健康状况。前者可以定义为人力资本的脑力素质，后者则可以定义为身体素质（逯进，2008）。目前这两个方面已成为人力资本核算方法的重要拓展领域。

3. 教育年限法

这一方法由 Barro 和 Lee（1993）提出，同样也可被看作是对人力资本脑力素质的核算。反映指标主要有平均受教育年限、各级学校在校学生数、识字率（非文盲率）、全社会文盲率、技术（职称）等级、学历等。林毅夫和刘培林（2003）以我国 1982 年具有小学文化程度的人口占总人口的比例来核算人力资本存量；Wang 和 Yao（2003）根据各类受教育程度的毕业生人数，按永续盘存法核算了我国1952~1999年的人力资本存量;郭志仪(2006,2010)以平均受教育年限法衡量了西部地区各省的人力资本水平;陈斌开等(2016)采用高等教育人口占总人口的比值作为衡量人力资本的指标。阳立高等(2018)以人均受教育年限法衡量了我国不同地区的人力资本水平。此外,蔡昉(1999)、胡鞍钢(2002)、王金营(2005)等众多学者也使用这一方法核算了不同区域的人力资本水平。尽管这一方法忽视不同教育层次的知识等级以及知识吸收能力的差异,对教育年限内的边际人力资本差异没有做出区分,但由于其存在数据易得性和可比性的优点,因此综观最近国内外的研究成果,该法得到普遍采用。

4. 健康素质法

尽管该方法并不多见,但很显然,由健康所反映的身体素质与前述脑力素质一样,是一个不可忽略的人力资本指标。健康的指标主要有预期寿命、婴儿存活率、成年人的死亡率、人口自然增长率、营养状况、医院床位数等。Bloom (2004)以预期寿命为指标核算了美国的健康人力资本,并得出其产出贡献率为4%;逯进(2008,2013)则以预期寿命核算了全国31省份的人力资本身体素质;Fogel(1994,2004)及Strauss和Thomas(1998)以身高和体重作为健康人力资本的度量;Schultz和Tansel(1997)等则以生理特征、发病率和营养状况来度量健康指标。目前以预期寿命为指标的健康人力资本较为常用。

5. 其他指标

除上述方法外,还有一些综合性的核算方法被加以应用,如里斯本议事会(2006)运用人力资本禀赋、人力资本利用率、人力资本生产率、人口和就业四个部分构成的人力资本指数来核算欧洲人力资本;高远东等(2012)通过构建健康指标、教育指标、培训指标以及人口迁移指标的乘积来衡量中国的制度人力资本。李德煌等(2013)的研究发现,已有的有关人力资本的核算方法,诸如从教育人力资本、健康人力资本角度出发或从投入—产出角度出发等均具有一定的合理性,但若只分析其中一个方面可能会带来测量误差,从而导致研究结论不准确。随着经济持续发展,人力资本的影响因素变得更加复杂,因此,为了使衡量结果更加准确,作者从教育、劳动力再培训、劳动力身心健康和劳动力合理流动四个维度衡量中国人力资本。与此类似,还有一些研究从年龄、性别的角度来核算人力资本;郭志仪(2010)用每万就业人口中私营企业投资人数核算企业家人力资本,这是对行业人力资本核算的一个初步尝试。

从以上对人力资本核算方法的梳理可以看出,核算主要选择能够反映凝聚于微观个体身体上的智力、技能和健康水平高低的一系列投入和产出因素作为核算人力资本水平的指标。总体来看，这些方法和理论大都已获取学界的公认，但各方法都片面地将人力资本局限于一个较为单一的层面，并未充分体现人力资本的综合内涵，如未能将教育的收入回报、教育成本、教育年限、身体素质综合加以考虑。此外，需要引起格外注意的一点是，近年来心理学与经济学的结合冲破了新古典经济学赖以建立的理性人的基础假设，强调经济行为的研究必须建立在现实的心理特征基础上。由此自然引出了有关人力资本心理特性的考量，即心理素质。这一领域可以从理性与非理性两个方面对上述人力资本的核算产生重要影响。现代心理学研究表明，人的行为总是受其自身心理活动规律的支配，心理素质的高低或心理健康与否，直接关系到人力资本其他素质能否有效释放。从心理特征看，当事人往往是有限理性的，因此如能把人力资本心理素质、脑力素质与身体素质加以综合考虑，将会对人力资本的核算及其行为理论产生更贴近于实际的影响。但很遗憾，由于心理素质缺乏统一的衡量标准，从而无法对个体心理素质做出明确的指标计量，因此有关心理素质的实证研究并没有实质性的突破。

三、人力资本与经济增长

人力资本与经济增长的关系研究是人力资本理论得以持续展现生命力的主要动因。人力资本理论的经济增长效应研究始于 Mincer（1958）、Schultz（1960）和 Becker（1964，1975），而有关人力资本与经济增长关系的研究主要兴起于内生增长理论，其中 Uzawa（1965）最早提出了人力资本的内生增长模型。在人力资本对经济增长的内生作用机制方面，有两种公认的研究范式，一是 Lucas（1988）开创的人力资本积累与溢出理论，其表明 Schultz（1960）界定的由教育形成的人力资本所产生的"内部效应"与 Arrow（1962）和 Sheshinski（1967）的"干中学"形成的人力资本的"外溢效应"，从两方面导致了生产的收益递增。二是按照 Nelson 和 Phelps（1966）的研究结论，人力资本不是直接作用于经济增长，而是通过技术创新这一中介，间接地对经济增长产生作用，Romer（1986，1987，1990）的研究正是基于这一思路。随后 Aghion 和 Howitt（1998）综合了两种模式，形成了完整而规范的有关人力资本经济增长效应的分析框架。另外，在人力资本实际贡献率的测度方面，Mankiw 等（1993），Barro、Sala–I–Martin（1995）以及 Benhabib 和 Spiegel（1994）都做出了重要贡献。近十多年来该研究领域不断被拓宽，方法和结论更为丰富。

1. 人力资本的经济增长效应

相关研究大都认为人力资本对经济增长有显著的促进作用，Barra（2001）将受教育程度作为人力资本的衡量指标，采用模型构建方式对全球经济发展水平具有显著差异的国家分别进行分析后发现，一国中男性的中学和大学的受教育年限对该国的经济增长有显著相关性，但与该国男性小学受教育年限的联系并不显著，其认为，一国的人力资本水平的提高可以显著促进该国的经济增长。Farhad（2001）等认为区域内人力资本水平越高越能促进经济增长，这主要是因为人力资本水平的提高可以吸收更多的外商直接投资，从而更多的外商直接投资可以促进区域经济增长。进一步，外商直接投资的增加又可以反过来促进人力资本积累和提升人力资本水平，从而形成由人力资本—外商直接投资—经济增长—人力资本的良性循环过程。Alonsovillar（2002）采用一般均衡模型研究城市群的形成过程时发现，城市群的产生离不开人力资本的作用，区域人力资本水平的提高能够为更多企业的发展提供支持，并且可以从其他区域吸收更多企业入驻。人力资本的外部性可以通过提高区域中企业的整体水平进而促进区域经济发展。Brulhart等（2008）通过研究欧洲地区的经济发展与人力资本的关系时发现，随着经济的发展，人力资本所带来的集聚效应会使经济保持持续快速增长。Bala等（2009）利用人力资本积累的世代交叠模型对地区人力资本和经济增长的关系进行研究，研究发现，当一个地区的人力资本存量上升时，能有效促进该地区的经济增长。Pérez等（2014）对人力资本的就业状况分析时发现，人力资本的就业情况可以作为集聚经济的衡量指标，短期内，某地区的人力资本存量上升会对该地区的全要素生产率产生积极影响，从而促进该地区的经济增长。

然而，Vandenbussche（2006）的研究却表明，在OECD国家中拥有熟练技术的人力资本对经济增长具有很强的促进作用，而非熟练技术人力资本对经济的增长效应并不明显。此外，有关教育的产出贡献研究丰富了这一领域的内容。如Krueger和Lindahl（2001）以教育为指标衡量人力资本，并通过对34个国家的数据分析发现，在低教育水平国家，人力资本对经济增长的推动作用显著，但在高教育水平国家，人力资本对经济增长的推动并无明显的作用。Azari等（2015）通过分析劳动力与经济增长之间的关系时发现，劳动力越密集，劳动生产率越低，因此，得出结论认为劳动力的集中不利于经济增长。

国内众多学者在对经济增长因素的分析中明确分解出了人力资本的经济增长效应。王金营（2002）的研究发现，经济的快速增长需要转变经济增长方式，提高综合要素生产率,尤其是需要加快人力资本积累。专业化的人力资本积累可以满足各行业对人才的需求,促进产业结构升级,从而保证未来经济持续高速增长。刘海英等(2004)采用基尼系数量化了人力资本"均化"指标,通过实证研究发现人力资本积累是促进经济增长的重要因素。但我国仍存在人力资本分配严重不均的问题,城乡人力资本差距和东西部的人力资本差距是导致经济增长不平衡的关键,因此,国家应该大力发展高等教育,缩小城乡和东西部之间的教育资源分配不均的问题,通过普及教育促进人力资本积累,从而促进我国经济持续快速增长。代谦等(2006)的研究认为,人力资本作为一种重要的生产要素,具有很强的正外部性,可以显著提高产品研发能力,提高产品的研发效率,从而促进产业结构升级。因此,国家应更加重视人力资本积累,大力发展教育,提高教育资源的利用率,使人力资本可以更好地发挥对经济增长的促进作用。王小鲁等(2009)通过对卢卡斯模型进行扩展,对一系列影响经济发展的因素进行深入分析后发现,我国的经济发展方式仍主要以粗放式发展为主,在各类影响经济增长的要素中,人力资本的溢出效应对生产率的提高具有显著作用。李建民(2015)的研究认为,在我国进入经济新常态以来,经济发展增速放缓,同时人口也进入新常态,主要表现为人口增长率低下、劳动人口减少、老龄化程度加深以及人力资本存量增加等特征。其中,人力资本的积累对新常态下的经济发展有积极作用,人力资本是技术创新和技术扩散不可或缺的人力基础,也是决定国际竞争力的重要因素。李昕等(2017)将资本的利用率与人力资本的积累作为内生因素引入到RBC模型中,将总产出等一系列经济指标对资本利用率与人力资本积累因素进行脉冲响应分析,研究结果发现,人力资本积累对各项经济指标的冲击最为明显,人力资本积累是中国经济起飞以及前期高速增长的关键因素。刘智勇等(2018)采用动态面板模型对人力资本与经济增长的关系进行研究发现,人力资本的高级化能够促进技术创新和产业结构升级,从而显著促进经济增长。同时,人力资本高级化水平的差异可以更好地解释东西部地区的经济差异。

以上研究支撑了人力资本对我国经济增长的正向促进作用,但也有研究表明改革开放以来我国人力资本对经济发展的作用有限。如李秀敏(2007)通过计算人力资本存量和人力资本结构系数,利用面板数据实证分析了人力资本存量以及人力资本结构系数对经济增长的影响,结果发现,物质资本对经济发展具有显著的推动作用,人力资本存量以及人力资本结构系数对经济增长的推动只在极少数地区具有显著作用,总体看人力资本对经济增长并无明显促进作用。陈浩

(2007) 认为研究人力资本对经济增长的作用机制不仅应该考虑人力资本的存量，还应该将人力资本的结构因素考虑在内，其将人力资本结构划分为基础人力资本、知识人力资本、技能人力资本以及制度人力资本四大类用于研究人力资本投入对经济增长的影响，结果发现，人力资本投入对经济增长影响的作用机制并不明显，这主要与我国的人力资本存量低以及人力资本总体水平较低等因素有关。为了促进经济快速增长，应大力发展教育事业，增加人力资本存量，提高人力资本水平。王弟海（2008）通过构建一个具有 Arrow – Romer 生产函数和 Grossman (1972) 效用函数的模型考察物质资本积累以及健康人力资本投资对经济增长的影响，研究结果发现，健康人力资本存量通过影响物质资本进而影响经济增长。短期内，健康人力资本会促进经济增长，但当健康人力资本投资挤占物质资本积累时，过高的健康人力资本可能会抑制经济增长。此外，在 Grossman – Arrow – Romer 模型中，当初始的经济状态低于均衡点时，健康人力资本会使经济陷入低健康水平和低物质资本水平的贫困陷阱。朱承亮（2009）利用 C – D 生产函数的随机前沿模型实证分析了我国经济增长的效率以及影响因素，结果发现，人力资本这一因素对经济增长的贡献率较低，这主要是我国的人力资本水平低下造成的。高远东等（2012）利用面板数据对中国全域以及东西部地区的人力资本对经济增长的影响进行了固定效应的空间检验。结果发现，我国东部地区的人力资本水平以及空间外溢效应对经济增长的贡献为西部地区的两倍，但是我国全域以及东西部地区的人力资本水平对经济增长的贡献均不显著，这说明我们当下的人力资本水平尚未起到促进经济增长的作用。钞小静等（2014）利用含有二元经济结构特征的跨期模型考察城乡收入差距如何通过劳动力质量影响经济增长，结果发现，城乡收入差距过大会阻碍农村居民对人力资本进行投资，进而导致人力资本较多的停留在传统部门，现代部门的人力资本的缺失会影响经济的长期增长。由此可见，城乡收入差距通过影响劳动力质量阻碍了经济增长。张秀武等（2018）通过建立 OLG 模型分析人力资本结构对人力资本积累的作用，并利用面板数据实证分析了人力资本对经济增长的影响。研究发现健康人力资本投资会通过挤占教育支出阻碍人力资本积累，进而对经济增长产生阻碍作用。

此外，国外有关中国人力资本经济增长效应的研究也较为活跃，Dmurger (2001)、Fleisher (1997, 2010) 等的研究发现，人力资本对中国的经济发展以及地区差距的缩小具有重要的促进作用。

在区域经济研究领域，近十年来已逐步将人力资本理论引入对我国区域发展差异的解释中。例如，陈钊（2004）、郭志仪（2006）、郭庆旺（2009）、逯进（2013）等。这些研究表明，一方面，中、西部地区人力资本的投资强度与存量处于双弱态势，且不同区域人力资本的产出贡献差异较大；另一方面，没有研究表明我国存在明显的区域经济发展趋同。此外，部分研究表明，经济发展水平低，人力资本的作用反而较强（逯进，2008；张原，2011），这在一定程度上解释了经济发展的后发优势。

2. 人力资本的外溢效应

（1）生产外溢理论。Lucas（1988）将内生的人力资本单独引入生产函数，提出了人力资本溢出的内生经济增长模型。这一模型的核心思想是人力资本首先作用于创新和知识外溢，再间接影响经济增长，但在他的原文中并未涉及人力资本的核算问题。随后由其引发的研究热潮，从理论和实证两个方面取得了重大进展。

国内学者对人力资本的生产外溢理论提出了不同的见解。侯风云等（2004）认为 Lucas 的人力资本外溢模型仅考虑了地区内部的人力资本外溢效应，并没有顾及由地域差异而引致的外溢效应的差异。因此，其提出了人力资本溢出效应的城乡两区域模型。该模型将人力资本溢出分为区域内溢与区域外溢两种效应。侯风云（2007）、朱长存（2009）证明，中国的农村人力资本具有区域外溢效应，城市人力资本具有区域内溢效应。而赵文艳（2006）认为 Lucas 的人力资本溢出模型忽略了部门内部的人力资本溢出，因而提出了同时考虑部门内部与部门间溢出的人力资本溢出模型，并且强调人力资本的部门内溢效应对于实现经济持续增长是不可或缺的。除了上述研究视角，还有文献从城乡经济发展差异入手，研究了人力资本的生产外溢效应。霍丽等（2008）在研究城乡人力资本的溢出效应时发现，人力资本的外溢效应对城乡的影响存在差异，其中，在城市中，人力资本的溢出效益主要以内溢为主，即人力资本在城市之间的溢出效应；而在农村中，人力资本的溢出效益主要以外溢为主，即当人力资本在某区域内的溢出效应低于在其他地区的溢出效应时，人力资本会向区域外流动，形成人力资本效应外溢。朱长存等（2009）在研究城乡收入差距时发现，人力资本外溢是造成城乡收入差距的主要原因之一，为了减少城乡收入差距，政府应当制定相应的政策和措施减少农村劳动力转移过程中的人力资本的外溢性问题。王俐秀（2013）通过对农村人力资本外溢对农业发展的影响进行研究时发现，我国的农村人力资本外溢现象严重，虽然农村人力资本外溢可以促进城市经济发展，提高劳动力收入，但长期看会阻碍农业发展。

总体而言，尽管学者们对人力资本溢出的理解各异，但 Lucas 人力资本溢出模型作为这一领域内的奠基之作，其思路受到最广泛的认可，因此成为新经济增长理论中最重要的基石，由此推动了经济增长理论的第二次繁荣。

（2）空间外溢理论。纵观经济学发展的演化过程，一个重要特征是，一直以来主流观点都简单地将区域看成相互独立的个体，从而忽略区域间的空间联系性。但显而易见，几乎所有的空间数据都具有空间依赖性或空间相关性特征（任英华等，2010），区域间的联系随着距离的增加而逐渐衰减（Tobler，1970）。因此，忽视变量的空间溢出效应，独立分割的区域分析会造成实证结果的偏差（Abreu 等，2005）。而空间经济学的产生与发展使得主流经济学的研究范式突破了原有经济事物均质性及无关联假定的局限（逯进等，2012），使得近期以来主流经济学在不同经典学派喋喋不休的争论中另辟蹊径，从而得以在这个方面蓬勃发展。而这一领域在新贸易理论与新经济地理两个主要方面的进展，无疑从思想体系和研究方法上实现了经济学研究的创新突破。而随之发展起来的空间计量经济学，也使得传统的实证方法得到了极大的拓展。空间计量领域主要运用空间滞后模型（SLM）、空间误差模型（SEM）、地理加权回归模型（GWR）以及空间面板计量模型（SPDM）等来分析经济问题的空间特性。

前述有关人力资本经济增长效应的研究，为制定合理的经济增长政策提供了有益的借鉴，但因这一理论源于正统的经济学框架，因此亦长期忽略了空间因素的影响。只是从近十多年以来，有关这方面的研究才开始逐渐崭露头角。基于上述空间计量方法，国内外学者一直尝试着对人力资本的空间溢出效应展开研究，从而获得与传统内生增长理论的 Lucas 模式完全不同的研究视角与观点。Ertur 和 Koch（2006）、Fischer（2009）在假设经济区域对技术存在依赖性的基础之上，证实了人力资本空间溢出效应的存在。近些年来，我国学者也开始尝试运用空间计量方法从空间特性上来审视人力资本的经济增长效应，并得出了丰富而有意义的结论。例如，肖志勇（2010）基于中国 29 个省份 1990~2006 年的面板数据的实证，发现我国人力资本和经济增长表现出鲜明的空间相关性，且作为知识和技术进步的载体，人力资本对区域经济增长具有较强的空间溢出效应。高远东等（2010）通过建立空间 Benhabib – Spiegel 模型，证实了由人力资本引致的自主创新能力和对先进技术的吸收能力都显著地推动了经济增长。与此同时，魏下海（2010）实证分析表明，我国中小学教育人力资本对全要素生产力增长具有正向空间溢出效应,而高等教育人力资本则表现出负的空间溢出效应。另外,高远东等(2012)通过构建卢卡斯作用机制、尼尔森—菲尔普斯作用机制及其联合作用机制下的空间增长模型证实了人力资本具有明显的空间依赖性,对相邻区域的经济增长表现出显著的空间溢出效应。陈得文等(2012)研究认为人力资本具有明显的空间集聚特征和空间相关性,为了避免因多重共线性导致的模型设定偏误,对人力资本空间相关性进行过滤处理。在控制了人力资本的空间相关性后分析了人力资本集聚对我国不同区域经济增长的影响以及人力资本对经济增长的空间溢出效应,结果发现,人力资本集聚对东中部地区的经济增长作用明显,但对西部地区作用不显著,而人力资本的空间溢出效应则在东中西部地区均比较显著。

虽然现有文献运用空间计量方法较好地考查了人力资本的空间溢出效应,但仍然存在一些不足。例如,这些文献主要强调教育人力资本的空间溢出效应,鲜有文献论述健康人力资本以及同时考虑教育与健康两因素的综合人力资本的空间溢出效应;且在进行空间相关性检验时,多数文献仅考虑区域间某一相同属性的单变量空间自相关性,尚未有文献从区域间不同属性的角度检验"人力资本—经济增长"双变量空间相关性。此外,有关邻近标准的空间加权矩阵的设定,多数文献利用的是低阶空间加权矩阵,这有可能缩小人力资本空间溢出效应的空间幅度。

回顾和思考既有研究,笔者深切地感受到,如能将传统的 Lucas 要素产出外溢理论与空间溢出理论相结合,研究人力资本的生产与空间两类溢出的关联性,可能会对人力资本的产出贡献率分析产生有意义的研究扩展,并能借此进一步增强区域经济差异的解释能力。

四、人力资本理论评述

前文基于既有研究文献,从分类、核算、外溢及其与经济增长的关系等几个方面对人力资本理论的研究脉络与最新进展做出了回顾、梳理与评述。总体看,人力资本理论研究自 20 世纪 60 年代兴起后,一直处于较为活跃的研究状态,从微观的要素市场理论到宏观的内生增长理论两个方面,为要素最优配置、个体效用最大化及长期有效的经济增长模式提供了有效的拓展。但到目前为止,在上述几个方面仍未形成公认的系统性分析框架与实证方法,仍存在众多需要进一步讨论的问题,这有待今后展开进一步讨论。

第一,正如上一节所言,从人力资本的分类与核算看,现有研究并没有超越新古典经济学理性人的假设范畴,从而忽略了人力资本的心理特性以及对人力资本综合素质的核算。因此,有关人力资本心理素质以及能够综合反映人力资本脑力素质、身体素质、心理素质的综合素质的核算亟待进行深入的研究。

第二,人力资本的重要性已经得到了学界的广泛共识,然而其对经济增长的贡献度以及对区域经济发展差异的影响程度目前并未形成完全一致的观点。这主要源于计算模型的庞杂和数据的单调,特别是后者在我国的统计数据中并未得到足够的重视,从而导致在人力资本变量选择方面的巨大差异与数据的不完备,而这一点严重制约了实证分析的全面性和有效性。

第三,空间计量技术的引入为人力资本理论注入了新的活力,使得人力资本理论逐渐融入空间关联性分析的广阔领域中。这一突破提醒研究人员,今后在学科内容与方法的交叉方面做出更多的尝试,可以实现人力资本研究在更广阔领域内持续拓展。例如,将生产外溢理论与空间溢出理论相结合来研究人力资本时、空两个层面的特性及交互关系,可能将极大地增强其对经济增长、要素的空间集聚以及区域经济差异的解释能力。

第四,新制度经济学的兴起与产权制度重要性的发现,使得人力资本积累与发挥的机制设计问题成为今后研究的一个重要领域。基本的思维范式为:在产权明晰的条件下,人力资本始终掌握在所有者手里,并可借此提高所有者的收益,从而实现所有者与外部环境的共赢。因此,一个好的制度安排能够极大限度地激励个人积累与发挥其人力资本,从而产生个人收益的递增与正的外部性。因而从制度对经济增长的促进机制看,有效的人力资本产权制度具有重要的作用。在这方面,研究才初步展开,鲜见系统化的理论与实证分析。但很明显,这一领域具有广阔的应用价值与前景。

第四节　本章小结

本章是本项目研究的基础性章节。对既有研究的整体思路、研究框架以及研究结论的全面总结与讨论,笔者首先着眼于理论演化与实践表现两个方面的归纳与评论,从而为后续研究提供了一个清晰而完整的研究背景支撑。其次,经济增长、区域发展与人力资本具有明显的必然联系,其恰好可以从宏观、中观、微观三个层面形成有机的研究整体。此外，这三个层面恰好对应我国当前面临的"宏观经济发展新常态、区域经济发展差异、人口发展方式转型"三大论题。而以此聚焦于实现国家持续、稳定与高质量发展为主题的"中国梦"的战略走向，从三大论题的综合考量入手，不断深入探究三者之间的既有联系，并从中寻求我国以人力资本推进经济持续增长条件下的区域发展差异问题的特征解析与政策定位，将具有重要的理论与现实意义。

第三章 研究指标与数据说明

第一节 人力资本水平测算

根据 Schultz 对人力资本的定义可以发现,其将教育和健康看成是人力资本的重要组成部分。以此为依据,本书将采用逯进(2008)对人力资本的划分方法,将人力资本划分为以下三种类型。

一、人力资本脑力素质

人力资本的测度方法目前还没有很统一的口径,不过通常采用的有"教育年限法"(Barro,1991,1995)、"教育成本法"(Eisner,1978;Kendrick,1976)以及"未来收益法"(Dublin 和 Lotka,1930)等。这些方法各有利弊,但从理论的合理性和数据的可获得性方面看,教育年限法和教育成本法更具实证价值,目前,国内的研究主要采用了教育年限法。但为了获得更具说服力的结果,本章将通过教育年限法和教育成本法的对比分析,对人力资本水平进行测度和比较。

教育年限法的基本原理为:在承认接受不同等级教育的就业人口具备不同人力资本水平的前提下,按接受教育的年限将就业人口进行分类。按照相关统计资料及文献的一般做法,人力资本积累如果仅考虑受教育年限的影响,则可划分为五类,分别为文盲或半文盲、小学文化程度、初中文化程度(包括技校)、高中文化程度(包括中专、高职)、大专及以上文化程度(包括本科和研究生);受教育年限可分别设定为:文盲为3年、小学毕业为6年、初中毕业为9年、高中毕业为 12 年、大专及以上毕业为 16 年。受教育年数实际上就是不同人力资本水平的权重（逯进，2008）。

以"教育成本法"进行衡量，主要是从成本和收益的视角来考查人力资本水平的高低。有关研究发现（边雅静，2004），我国各级学校生均教育经费支出大致遵循一定的比例，即如果将文盲和半文盲就业人口的教育支出设定为 1，则上述各层次受教育人口的教育支出比例大致为：文盲：小学：初中：高中：大专及以上 =1：2：3.4：8：44。因此，又可以教育支出来代替受教育年数，从而成为不同人力资本水平的权重。

考虑到数据的可得性，并参照前期研究思路（逯进，2007，2008）以及其他学者的方法（Barro，1991，1995；Eisner，1978；Kendrick，1976），本章采用下式计算劳均人力资本水平：

教育年限法：$h = 3 \times h_1 + 6 \times h_2 + 9 \times h_3 + 12 \times h_4 + 16 \times h_5$ （3-1）

教育成本法：$h' = 1 \times h_1 + 2 \times h_2 + 3.4 \times h_3 + 8 \times h_4 + 44 \times h_5$ （3-2）

上两式中 h 和 h' 为劳均人力资本水平，h_1 至 h_5 分别为文盲半文盲、小学、初中、高中、大专及以上五类接受不同教育层次的就业人数占总就业人数的比重。

上述两式可分别以受教育年限和受教育成本核算出劳均人力资本脑力素质水平，这样，在已知劳动力总量的情况下，总人力资本可表示为：

$N_1 = Lh$ 或 $N_1 = Lh'$ （3-3）

其中，L 为实际就业的劳动力总量。

二、人力资本身体素质

如果仅考虑人力资本的身体素质，则总人力资本可以定义为：

$N_2 = LA$ （3-4）

其中，L 的含义同上，而 N_2 为以身体素质衡量的人力资本总量。这里引入劳动力的身体素质，可以人均预期寿命 A 代表。

三、人力资本综合素质

在上述求得人力资本的脑力素质和身体素质后，就可进一步将二者合并，求得人力资本的综合素质，以此来体现两种素质对人力资本的共同促进与制约作用。为此，可构建如下人力资本综合素质核算如式（3-5）所示。

$$h_3 = h'_1 \times h'_2 \tag{3-5}$$

其中，h'_1、h'_2 分别为脑力素质系数与身体素质系数，两者为脑力素质（h_1）与身体素质（h_2）标准化值。这样处理的目的在于消除不同指标数据的量纲。这里运用极差标准化法进行标准化处理，计算方法为：

$$h_{ij}' = \frac{h_{ij} - \min h_{ij}}{\max h_{ij} - \min h_{ij}} \tag{3-6}$$

第二节 其他变量说明

一、物质资本投资

本书以永续盘存法核算的固定资本投资总额代表物质资本投资，计算公式为：

$$K_{Git} = K'_{Git}(1-D) + K_{Iit} \tag{3-7}$$

其中，K_{Git} 为固定资本投资总额；K_{Iit} 为新增固定资本投资量；K'_{Git} 为上年末未扣除折旧的固定资本总量；D 为折旧率，本章选取5%为标准。另外，郭志仪等（2006）认为1978年为中国改革开放的起点，国民经济处于较强的计划体制的调控下，全国各地区的资本—产出比差别不大，因此可以用如式（3-8）所示核算1978年各省区固定资本投资存量：

$$K_{Gi1978} = \frac{Y_{i1978}}{Y_n} \times K_{Gn1978} \tag{3-8}$$

其中，Y_n 为1978年全国总产出水平；Y_{i1978} 为各省份1978年的国内生产总值。$K_{Gn1978} = 10842.3$ 亿元人民币，该数据为Chow（1993）计算的1978年全国固定资本投资存量，具有一定的权威性。

二、人力资本与经济增长综合指标

以上述指标和数据完成以脑力素质、身体素质以及综合素质核算的人力资本后，可展开有关人力资本产出贡献率、产业的溢出效应以及空间溢出效应的实证研究。这一系列分析的出发点在于考查以人力资本为解释变量、经济增长为被解释变量的因果关系解析。进一步，为从一个综合化的系统视角分析人力资本与经济增长的关系,还需建立二者相互作用的综合指标集。而以此指标集,就可以为后续系统耦合协调性分析以及系统动力学分析做出数据准备。在综合考量众多学者研究成果的基础上,以数据可得性为指针,分别对人力资本与经济增长的概念进行外拓与界定,确定从脑力素质与身体素质两个方面将人力资本予以指标分解与特征细化。具体来看,从教育规模、创新能力以及文化环境角度考量脑力素质,并从生活质量和医疗保健角度衡量身体素质,从而较为全面地展现人力资本的综合内涵。此外,本书还从增长水平、开放程度、产业结构、市场化率四个方面将经济增长予以内涵的扩充和特征综合。具体指标体系见表3-1。

表3-1 人力资本与经济增长综合指标集

指数		指 标
人力资本 (X)	教育规模 (X_1)	文盲从业人口占比 (x_{11})、小学教育水平从业人口占比 (x_{12})、初中教育水平从业人口占比 (x_{13})、高中教育水平从业人口占比 (x_{14})、高等教育水平从业人口占比 (x_{15})
	创新能力 (X_2)	专利申请受理量 (x_{21})、技术市场成交额 (x_{22})、R&D 经费支出 (x_{23})
	文化环境 (X_3)	公共图书馆与博物馆总数 (x_{31})、报纸出版总印数 (x_{32})、电视人口覆盖率 (x_{33})
	生活质量 (X_4)	人口自然增长率 (-) (x_{41})、人口预期寿命 (x_{42})
	医疗保健 (X_5)	每万人卫生机构技术人员数 (x_{51})、每万人拥有床位数 (x_{52})
经济增长 (Y)	增长水平 (Y_1)	人均 GDP (y_{11})、GDP 增长率 (y_{12})、固定资本投资总额 (y_{13})、居民消费水平 (y_{14})
	开放程度 (Y_2)	进出口总额 (y_{21})、实际利用外资额 (y_{22})
	产业结构 (Y_3)	第一产业增加值比重 (-) (y_{31})、第二产业增加值比重 (y_{32})、第三产业增加值比重 (y_{33})
	市场化率 (Y_4)	私营企业从业人员占比 (y_{41})、个体从业人员占比 (y_{42})

注:"-"表示本指标为负指标,数值越小对系统越有利;其余指标为正指标,数值越大对系统越有利。

第三节 数据来源说明

本书确定实证分析的时序为1982~2017年,并据此构建了除香港、澳门特别行政区和台湾省之外的中国 31 个省份的面板数据,该时期横跨了中国改革开放以来所有重要的时段。这一时期我国的经济在波动中保持了高速增长,各地区的人力资本水平有了显著提高,区域间经济发展质量与速度出现了显著的变化,同时区域间发展差异也日益明显。另外,这一时期的数据较为完整,因此具有较强的实证研究价值。数据来源于历年《中国统计年鉴》《新中国六十年统计资料汇编》《中国劳动统计年鉴》《中国人口统计年鉴》《中国科技统计年鉴》,第三、第四和第五次全国及分省人口普查资料,WIND 数据库,中经网数据库,中国统计数据应用支持系统,历年分省统计年鉴,《中国人口》《跨世纪的中国人口》和《世纪之交的中国人口》三套丛书的各省分册。部分缺失数据经趋势内插法和外推法而得。

此外,为提高实证分析的可行性、准确性及政策的指导意义,笔者对部分指标进行了如下处理:

第一,考虑价格变化因素,将各省相应年份环比居民消费价格指数(CPI)换算成以 1982 年为基期的居民消费价格指数,并通过该指数将所有含有价格因素的指标名义值平减为以 1982 年为基期的实际值。

第二,除考虑省域间差异的描述,进一步,本章还将按照目前有关区域划分的通行标准(逯进,2008),将全国 31 个省份划分为东部、中部、西部以及东北四大区域,并由此得到有关从东至西更为宏观化的大区域层面的分析结论。具体看,东部地区包括北京、天津、河北、山东、江苏、上海、浙江、福建、广东、海南 10 个省份;中部包括山西、河南、湖北、湖南、江西、安徽 6 个省份;西部包括四川、重庆、贵州、云南、西藏、广西、陕西、甘肃、青海、宁夏、新疆、内蒙古 12 个省份;东北包括辽宁、吉林、黑龙江 3 个省份。

第三,考虑青海与西藏具有较为相似的社会、经济、文化与宗教环境,因此在对西藏缺失数据处理时,参考了青海的数据变化规律;而重庆市 1982~1996 年的缺失数据,则参考了四川省相应数据的变动规律。

第四章　人力资本的产出溢出效应与区域差异

改革开放以来，中国经济取得巨大发展。现代市场体系不断健全，社会各领域在稳步推进中不断前行，综合国力持续增强。但时至今日，"摸着石头过河"的前行之路开始集中面临众多发展"瓶颈"。因此，以转方式、调结构为指针，加快推进创新型国家建设，优先实施以"科教兴国"为基石的人力资本强国战略，力促我国由人力资源大国转变为人才强国，是今后突破发展"瓶颈"的主要动力。据此，深入探究既往人力资本与经济增长之间的关系，考量人力资本对经济增长的作用，明确发展进程中人力资本存在的不足，就显得尤为重要，而这对于纠正既有发展模式的偏差、保障经济持续健康发展、推进经济结构战略性调整的成功实现，具有重要的实践意义。

一方面，已有研究文献对人力资本的核算不尽全面，大都以教育年限（彭冲，2019）或教育成本（张军，2018）代表人力资本；另一方面，鲜有对我国31个省份人力资本的产出效应的长时序分析，特别是对人力资本产出溢出效应的分析。鉴于此，本章将在这两个方面展开研究。首先，本章将人力资本界定为脑力素质（教育）、身体素质（健康）以及综合素质三个方面，并借此对我国31个省份的人力资本进行全面核算。其次，构建我国31个省份1982年至2017年近40年人力资本与经济增长的面板数据，全面分析我国各省份人力资本对经济增长的外溢效应及其更为全面的贡献率，并依据实证结果，对区域之间的差异特征做出评述。

第一节 模型选择

一、卢卡斯人力资本溢出模型

本章采用卢卡斯（Lucas，1988）人力资本溢出模型核算人力资本的内生增长作用，其标准形式为：

$$Y(t) = AK(t)^{\beta} N(t)^{1-\beta} h(t)^{\gamma} \tag{4-1}$$

其中，Y 为当期的总产出，A 为不变的技术水平，K 为资本投入，N 为总人力资本水平，h 为劳均人力资本水平。

二、有效劳动模型

在（4-1）式的基础上，本章还将借助如下有效劳动模型核算人力资本对经济增长的贡献率。

$$Y(t) = AK(t)^{\alpha} N(t)^{\beta} \tag{4-2}$$

式（4-2）各变量的意义与式（4-1）相同。

在上述分析结果支撑的基础上，本章具体采用式（4-3）核算各要素的产出贡献率。

$$R_{ci} = \frac{R_i \cdot E_i}{R_G} \cdot 100\% \quad i = 1, 2, 3, 4 \tag{4-3}$$

其中，R_{ci} 为要素贡献率，R_i 为要素增长率，E_i 为要素产出弹性，R_G 为产出（GDP）增长率，$i = 1, 2, 3, 4$ 分别代表资本 K、总人力资本 N、劳均人力资本 h 和劳动力总量 L。

第四章 人力资本的产出溢出效应与区域差异

第二节 实证分析

一、人力资本产出弹性系数的估计

首先对式（4-1）两边取对数并整理，可得：

$$\ln Y(t) - \ln N(t) = \ln A + \beta [\ln K(t) - \ln N(t)] + \gamma \ln h(t) \qquad (4-4)$$

而后通过第三章式（3-1）~式（3-6）核算各类人力资本水平，并运用 SPSS18.0 对上式进行参数估计。

人力资本脑力素质、身体素质以及综合素质三类核算方法估计结果的 Adj-R^2 的平均值均大于 0.9，且 F 值在 1% 置信水平下是显著的，说明人力资本溢出模型的拟合程度较好，适用于本章实证分析。回归结果见表 4-1。限于篇幅，F、Adj-R^2 及 t 值未列出。各核算方法下，海南均未通过检验，故表中未列，后续也不再讨论该省。由表 4-1 结果可知：

表 4-1　1982~2017 年各省份人力资本溢出模型的系数估计结果

省份	脑力素质		身体素质		综合素质	
	$\ln K - \ln N$	$\ln h$	$\ln K - \ln N$	$\ln h$	$\ln K - \ln N$	$\ln h$
北京	0.82***	0.17***	0.91***	0.09	0.85***	0.15***
天津	0.83***	0.16***	0.82***	0.18***	0.80***	0.21***
河北	0.53***	0.46***	0.46***	0.56***	0.54***	0.47***
山西	0.77***	0.21***	0.72***	0.29***	0.74***	0.28***
内蒙古	0.79***	0.19***	0.95***	0.04	0.85***	0.16***
辽宁	0.60***	0.43***	0.79***	0.20*	0.59***	0.42***
吉林	0.79***	0.22***	0.78***	0.22***	0.70***	0.31***
黑龙江	0.51***	0.46***	0.33***	0.69***	0.43***	0.60***
上海	0.81***	0.16	0.72***	0.23***	0.82***	0.18*
江苏	0.76***	0.22***	0.73***	0.28***	0.76***	0.26***
浙江	0.43***	0.61***	0.39***	0.62***	0.24***	0.79***

续表

省份	脑力素质		身体素质		综合素质	
	ln$K$−ln$N$	ln$h$	ln$K$−ln$N$	ln$h$	ln$K$−ln$N$	ln$h$
安徽	0.76***	0.21***	0.71***	0.28**	0.77***	0.24***
福建	0.36***	0.63***	0.26*	0.75**	0.29***	0.72***
江西	0.65***	0.36***	0.43***	0.56***	0.54***	0.49***
山东	0.71***	0.27***	0.70***	0.30***	0.77***	0.23***
河南	0.82***	0.17***	0.68***	0.31***	0.76***	0.29***
湖北	0.93***	0.06	0.86***	0.18*	0.98***	−0.02
湖南	0.56***	0.41***	0.62***	0.39***	0.59***	0.43***
广东	0.39***	0.60***	0.79***	0.28**	0.35***	0.66***
广西	0.43***	0.55***	1.11***	−0.15	0.38***	0.62***
重庆	1.02***	−0.36***	0.57***	0.46***	0.98***	−0.39***
四川	0.79***	0.20***	0.69***	0.33***	0.74***	0.28***
贵州	0.76***	0.22	0.73***	0.28***	0.83***	0.16*
云南	1.23***	−0.33***	0.46***	0.51***	1.14***	−0.21
西藏	0.93***	0.08	0.75***	0.31***	0.80***	0.19**
陕西	0.71***	0.33***	0.72***	0.29***	0.68***	0.34***
甘肃	0.65***	0.36***	0.67***	0.35***	0.70***	0.36***
青海	0.66***	0.39***	0.78***	0.22**	0.69***	0.33***
宁夏	0.63***	0.35***	0.87***	0.15**	0.89***	0.13**
新疆	0.77***	0.25**	0.73***	0.26**	0.75***	0.24**

注：***、**和*分别表示在1%、5%和10%的显著性水平下拒绝原假设。后表同。

第一，以脑力素质核算，浙江、福建、广东、广西四省份的资本产出弹性系数比劳均人力资本产出弹性系数小，差额分别为−0.18、−0.27、−0.21、−0.12，除广西外，其他三省份差额较大。其余26个省份的资本产出弹性系数都比劳均人力资本产出弹性系数大。此外，浙江、福建、广东、广西四省份劳均人力资本水平的弹性系数远远大于其他省份。因此综合上述可知，这四个省份人力资本对经济增长的影响较强，而其余省份资本的影响较强。同时，以身体素质核算，除河北、黑龙江、浙江、福建、江西、云南六个省份外，其余省份资本产出弹性系数均大于劳均人力资本产出弹性系数。以上规律基本符合我国现状，即各省份经济增长对资本变化的反映更敏感，粗放式经济增长特征明显。

第二,从综合素质看,黑龙江、浙江、福建、广东、广西五省份的资本产出弹性系数比劳均人力资本产出弹性系数要小。这与仅以脑力素质和仅以身体素质核算的人力资本对经济增长的影响大致相似,都反映了物质资本投资是经济增长的主要因素,进一步表明了我国资本推动型的经济增长特征。

第三,北京、上海的经济发展水平很高,但人力资本产出弹性系数却相对较低,说明其人力资本并未得以有效利用;与此形成鲜明对比的是,同处东部的浙江、广东两省经济发达,人力资本产出弹性系数较高,说明其人力资本利用率较高,经济发展模式优于北京与上海。

第四,总体看,由上述人力资本脑力素质、身体素质以及综合素质得出的劳均人力资本产出弹性系数表明,浙江、福建、广东三省劳均人力资本对经济增长的影响较为明显,其他省份影响有限。由于人力资本溢出模型中劳均人力资本产出弹性系数代表了外溢效应的大小,因此可知上述三省的人力资本溢出效应较明显。

二、要素贡献率的估计

上述弹性系数已大致描述了有关资本与人力资本对产出的影响程度。如下可以进一步通过各要素对经济增长贡献率的核算,对要素的产出作用做出深化解析。由式(4-3)可计算出全国各省份要素投入对经济增长的贡献率,限于篇幅,仅列出资本及劳动力对经济增长的贡献率 R_{c1} 和 R_{c4},如表4-2所示。

表4-2 1982~2017年各省区要素投入对经济增长的贡献率(人力资本溢出模型)

单位:%

地区	省份	脑力素质		身体素质		综合素质	
		Rc_1	Rc_4	Rc_1	Rc_4	Rc_1	Rc_4
东部	北京	77.6	2.6	—	—	79.6	3.3
	天津	83.2	3.1	83.9	3	81.4	3.4
	河北	56.8	5.9	49	7	53.7	6.3
	上海	—	—	69.1	2.2	78.2	1.5
	江苏	78.5	3.1	75	3.6	77.7	3.2
	浙江	45.4	10	29.5	12.7	25.4	13.4
	福建	41.8	12.8	41.1	13	30.2	15.2

续表

地区	省份	脑力素质 Rc_1	脑力素质 Rc_4	身体素质 Rc_1	身体素质 Rc_4	综合素质 Rc_1	综合素质 Rc_4
东部	山东	82.5	4.5	74.2	6.1	80.9	4.8
	广东	34.4	15.1	76.2	4.9	33.5	15.3
东北	辽宁	65	4.6	83.5	2.5	61.9	5
	吉林	85	3.9	90	3.2	80.7	4.4
	黑龙江	54.5	9.5	40	12.5	42.6	12
中部	山西	79.5	4.5	77.1	4.9	79.1	4.5
	安徽	82.8	5.2	75.3	7	81.3	5.6
	江西	59.1	7.4	46.6	9.8	51.7	8.8
	河南	84.6	4.2	72.6	6.4	81.1	4.8
	湖北	—	—	84.5	3.7	—	—
	湖南	57	7.5	63.8	6.3	60.1	6.9
西部	内蒙古	92.7	2	—	—	92.6	2
	广西	54.8	9.7			42.8	11.7
	重庆	—	—	57.1	6.8	—	—
	四川	75.1	5.2	68.2	6.7	73.2	5.6
	贵州	—	—	75	3.9	85.3	2.5
	云南			37.5	14.6	—	—
	西藏	—	—	87.8	6.4	94.2	5.1
	陕西	67.3	5.3	72.6	4.5	68.3	5.1
	甘肃	63.7	6.2	60.1	7.1	62.7	6.5
	青海	60.5	8.5	76.2	4.9	67.3	7
	宁夏	89.4	5.8	88.4	6.3	90.9	5.1
	新疆	82.7	3.2	76.9	4	79.2	3.7

注：Rc_1 代表资本对经济增长的贡献率，Rc_4 代表劳动力对经济增长的贡献率。"—"表示未通过检验。

第一，各方法核算结果表明，1982~2017年，全国各省区资本的贡献率基本都在50%以上。这说明，目前我国仍处于粗放型的经济发展阶段，对人力资本的利用率处于较低水平。

第二，由脑力素质核算得到的贡献率可知，只有东部的浙江、福建、广东三省份资本贡献率低于 50%；身体素质核算结果为浙江、福建、黑龙江、江西、云南小于 50%；综合素质为浙江、福建、广东、黑龙江、广西低于 50%。这不仅说明各省份存在区域差异性，也与上文对要素产出弹性的分析结果相对应，即这几个省份的资本产出弹性都低于劳均人力资本产出弹性。

三、人力资本总贡献率的分析

前文对各生产要素的贡献率做出了单独核算，以此为基础，可以对人力资本的产出贡献做出全面衡量（逯进，2017）。

首先核算净人力资本存量贡献率：总人力资本存量 N 的贡献率 – 劳动力数量 L 的贡献率。

其次核算人力资本对经济增长的直接贡献率：净人力资本存量贡献率 + 劳均人力资本的贡献率。

最后核算人力资本外溢效应的间接贡献率：以式（4-1）去除人力资本因素后，以其他生产要素贡献率之和减去式（4-2）去除人力资本因素后各生产要素贡献率之和。

对式（4-2）有效劳动模型两边取对数，可得：

$$\ln Y(t) = \ln A + \alpha \ln K(t) + \beta \ln N(t) \qquad (4-5)$$

对式（4-5）进行回归估计，并计算出物质资本 K、劳动力数量 L 的产出贡献率，结果见表 4-3、表 4-4。

表 4-3　1982~2017 年各省份有效劳动模型的系数估计结果

省份	脑力素质		身体素质		综合素质	
	$\ln K - \ln N$	$\ln h$	$\ln K - \ln N$	$\ln h$	$\ln K - \ln N$	$\ln h$
北京	0.83***	0.17***	0.87***	0.14***	0.82***	0.19***
天津	0.86***	0.14**	0.95***	0.05	0.83***	0.17***
河北	0.86***	0.17***	0.91***	0.13***	0.84***	0.19***
山西	0.74***	0.28***	0.77***	0.25***	0.73***	0.29***
内蒙古	0.84***	0.18***	0.84***	0.18***	0.82***	0.19***
辽宁	0.58***	0.43***	0.56***	0.45***	0.53***	0.48***
吉林	0.82***	0.23***	0.81***	0.23***	0.77***	0.27***
黑龙江	0.51***	0.52***	0.42***	0.60***	0.43***	0.59***

续表

省份	脑力素质		身体素质		综合素质	
	$\ln K - \ln N$	$\ln h$	$\ln K - \ln N$	$\ln h$	$\ln K - \ln N$	$\ln h$
上海	0.93***	0.08*	0.92***	0.09***	0.89***	0.12**
江苏	0.79***	0.23***	0.83***	0.20***	0.78***	0.24***
浙江	0.11*	0.89***	0.17*	0.82***	0.12**	0.88***
安徽	0.72***	0.30***	0.77***	0.25***	0.70***	0.31***
福建	0.35***	0.66***	0.24***	0.76***	0.22***	0.79***
江西	0.56***	0.47***	0.54***	0.49***	0.51***	0.51***
山东	0.69***	0.32***	0.69***	0.32***	0.68***	0.32***
河南	0.68***	0.34***	0.60***	0.41***	0.66***	0.36***
湖北	0.90***	0.14***	0.80***	0.22***	0.89***	0.15***
湖南	0.61***	0.42***	0.66***	0.38***	0.59***	0.44***
广东	0.20***	0.80***	0.25***	0.75***	0.20***	0.80***
海南	0.50***	0.52***	0.48***	0.54***	0.45***	0.57***
广西	0.67***	0.33***	0.67***	0.34***	0.67***	0.33***
重庆	0.92***	0.05	0.76***	0.29***	0.88***	0.1
四川	0.87***	0.18***	0.90***	0.16***	0.84***	0.21***
贵州	0.78***	0.23***	0.80***	0.21***	0.76***	0.25***
云南	-0.07	1.06***	0.31***	0.70***	-0.05	1.04***
西藏	0.74***	0.25*	0.52***	0.49***	0.67***	0.33***
陕西	0.68***	0.34***	0.73***	0.30***	0.67***	0.34***
甘肃	0.73***	0.35***	0.78***	0.31***	0.71***	0.36***
青海	0.66***	0.36***	0.72***	0.31***	0.64***	0.38***
宁夏	0.85***	0.17***	0.88***	0.15***	0.84***	0.18***
新疆	0.69***	0.31***	0.83***	0.17	0.67***	0.33***

表4-4 各省份要素投入对经济增长的贡献率（有效劳动模型） 单位：%

地区	省份	脑力素质		身体素质		综合素质	
		Rc_1	Rc_4	Rc_1	Rc_4	Rc_1	Rc_4
东部	北京	78.8	4.2	81.9	3.4	77.6	4.5
	天津	88	2.3	—	—	84.9	2.8
	河北	84.7	2.3	89.8	1.7	82.6	2.6

续表

地区	省份	脑力素质		身体素质		综合素质	
		Rc_1	Rc_4	Rc_1	Rc_4	Rc_1	Rc_4
东部	上海	88.9	0.6	88.4	0.7	85	0.9
	江苏	80.9	3.1	84.8	2.6	79.6	3.2
	浙江	11.9	15.7	18.2	14.5	12.8	15.6
	福建	37	14	25	16.3	22.6	16.8
	山东	72.6	6.6	72.4	6.7	72.1	6.7
	广东	19.2	18.8	24.5	17.5	19.5	18.8
	海南	74.3	7.2	74.2	7.3	74.7	7.1
东北	辽宁	61.7	5.2	59.5	5.4	56.4	5.7
	吉林	93.8	3.4	93.1	3.5	88.2	4
	黑龙江	50.5	10.9	41.4	12.6	42.4	12.4
中部	山西	78.9	4.9	82.5	4.3	77.6	5
	安徽	76	7.2	80.9	6.1	74.1	7.6
	江西	53.8	8.9	51.8	9.3	49.3	9.7
	河南	72.6	6.8	64.3	8.2	70.7	7.2
	湖北	93.5	2.8	83.2	4.4	92.3	2.9
	湖南	62.4	7	67.2	6.3	60.4	7.3
西部	内蒙古	91.2	2.4	91.2	2.4	89.6	2.6
	广西	56.5	9.8	53.6	10.2	50.2	10.7
	重庆	—	—	76.7	4.6	—	—
	四川	86.1	3.9	89.1	3.4	82.8	4.5
	贵州	80.7	3.3	82.7	3	78.2	3.6
	云南	—	—	33.8	15.6	—	—
	西藏	87.3	6.3	60.9	12.3	78.5	8.4
	陕西	68.6	5.4	72.9	4.8	67.7	5.5
	甘肃	65.5	7.4	70.6	6.7	63.6	7.6
	青海	64.6	8.1	70.2	6.9	63.1	8.4
	宁夏	86.8	8.2	89.8	7	85.9	8.6
	新疆	72.5	4.6	—	—	70.3	4.9

通过对上文相关数据的分析与计算可得到全国各省份人力资本的直接、间接

及总贡献率。结果见表4-5。

表4-5 各省份人力资本对经济增长的总贡献率　　　　单位:%

地区	省份	脑力素质			身体素质			综合素质		
		d	i	t	d	i	t	d	i	t
东部	北京	3.8	1.2	5	—	—	—	5	2.2	7.2
	天津	3.2	-4.1	-1	—	—	—	5	-2.9	2
	河北	8.4	-24.4	-16	3	-35.5	-32.6	11.7	-25.2	-13.5
	上海	—	—	—	2.1	-17.8	-15.7	3	-6.3	-3.3
	江苏	6.5	-2.3	4.2	1.6	-8.8	-7.2	8.2	-1.9	6.3
	浙江	15	27.8	42.8	5	9.6	14.6	24.5	10.3	34.9
	福建	13.4	3.7	17.1	3.4	12.8	16.2	19.9	6	25.9
	山东	5.2	7.8	13	1.9	1.3	3.1	7	7	14
	广东	13.2	11.5	24.6	1	39.1	40.1	16	10.6	26.6
东北	辽宁	6.2	2.7	8.9	1.2	21.1	22.3	9.1	4.7	13.8
	吉林	3.5	-8.4	-4.9	1.6	-3.4	-1.7	6.2	-7	-0.8
	黑龙江	8.3	2.6	10.9	5.4	-1.5	3.9	15.6	-0.2	15.3
中部	山西	6.2	0.2	6.4	2.1	-4.9	-2.8	8.3	1	9.3
	安徽	7.3	4.8	12.2	1.7	-4.7	-3.1	9.1	5.2	14.3
	江西	8.8	3.8	12.6	4.3	-4.7	-0.4	14.4	1.5	16
	河南	5.2	9.3	14.5	1.3	6.5	7.9	7	8.1	15
	湖北	—	—	—	1.7	0.6	2.3	—	—	—
	湖南	11.2	-5	6.1	3.8	-3.4	0.4	14.6	-0.7	14
西部	内蒙古	3.2	1.1	4.3	—	—	—	4.1	2.5	6.6
	广西	10.5	-1.8	8.7	—	—	—	15.7	-6.4	9.2
	重庆	—	—	—	4.3	-17.4	-13.1	—	—	—
	四川	6.6	-9.8	-3.2	3.6	-17.6	-14.1	10.1	-8.4	1.7
	贵州	—	—	—	3.1	-6.9	-3.7	7.1	6	13.1
	云南	—	—	—	5.9	2.7	8.5	—	—	—
	西藏	—	—	—	5.7	21.1	26.8	13.2	12.3	25.5
	陕西	7.6	-1.3	6.3	2.6	-0.6	2	10.5	0.2	10.7
	甘肃	10.7	-2.9	7.8	2.6	-10.1	-7.5	13.7	-2.1	11.6
	青海	12	-3.6	8.3	2.4	4.1	6.4	13.2	2.8	16.1

第四章　人力资本的产出溢出效应与区域差异

续表

地区	省份	脑力素质			身体素质			综合素质		
		d	i	t	d	i	t	d	i	t
东部	宁夏	3.8	0.2	4.1	1.1	-2.1	-1.1	4.3	1.5	5.8
	新疆	5.7	8.8	14.5	—		—	9.7	7.7	17.4

注：d 表示直接贡献率，i 表示间接贡献率，t 表示总贡献率，且 $t = d + i$；$d = Rc_2 - Rc_4 + Rc_3$；i 等于人力资本溢出模型 Rc_1 与模型 Rc_4 的和减去有效劳动模型 Rc_1 与模型 Rc_4 的和。

第一，由核算结果可知，人力资本对经济增长的总贡献率在不同地区存在差别，差异最高的省份都分布在东部地区。从脑力素质看，浙江（42.8%）、广东（24.6%）、福建（17.1%）位列前三；从身体素质看，广东（40.1%）、福建（16.2%）、浙江（14.6%）位列第一、四、五；从综合素质看，浙江（34.9%）、广东（26.6%）、福建（25.9%）位列前三。上述结果说明，东部地区更为重视教育和人口素质的提升，进而提高了人力资本水平，并有力地促进了经济发展。同时，这一结果与前文结果相一致，即广东、福建、浙江等省份的经济增长对人力资本变化比对资本变化更敏感。另外，东北地区的辽宁省三类总贡献率亦较高，如果参考多数文献的做法，将辽宁省列入东部，则亦表明了沿海省份人力资本对经济增长的高贡献率特征。

第二，从全国四大区域看，东部的广东省、东北的黑龙江省、中部的河南省及西部的广西壮族自治区的人力资本的总贡献率在各自区域较为明显，是人力资本优势区域。这四个省份人力资本水平较高，就业人口素质较高，对经济发展的促进作用也比较明显。

第三，观察脑力素质和综合素质核算结果发现，当人力资本通过教育指标进行衡量时，教育对经济增长的作用在教育水平较高的省份反而不如教育水平相对较低的省区显著。例如，东部地区的北京、上海就不如浙江、广东的总贡献率高。

第四，以身体素质核算的人力资本对经济增长的间接贡献率都较低，其中东部地区出现负值的省份约占40%，而东北、中部和西部也有超过50%的省份为负，这是一个很有趣的现象。对此可以解释为，健康投资可能会占用较高的人力资本投资量，但其在短时间内无法展现出应有的人口素质提升表现，同时会压缩资本、劳动的贡献份额，从而抑制了经济的增长。由此可知，过多的健康投资在短期内可能会对经济增长产生副作用。

第五，通常认为人力资本水平越高，对经济增长的影响越大。然而，上述分析结果却并未完全表现出这一特征，如北京、上海的人力资本贡献率并不太强。对此可解释为，在初始的低人力资本水平阶段，存在着边际报酬递增，因此人力资本的产出贡献较高，而当其达到一定数量时，会陷入边际报酬递减陷阱，人力资本的边际产出反而可能会比较低。这一实证结果也进一步证明了卢卡斯模型的一个重要结论：随着时间推移，人力资本的外溢效应将逐渐减弱。

第三节 本章小结

本章以改革开放后中国 31 个省份的数据为基础，解析并比较了各省份间人力资本对经济增长影响的差异，所得结论为：

第一，相对于教育、健康投资，资本投资是影响我国经济增长的最主要因素，我国仍处于资本推动型的粗放式经济发展阶段。

第二，总人口人力资本水平对经济增长的贡献率存在区域性差异，东部地区对人力资本的利用率较高，经济发展受人力资本的影响较为显著。

第三，身体素质对经济增长的影响明显低于脑力素质，因此对人力资本身体素质的投资可能会削弱人力资本脑力素质的提升。但考虑到身体素质投资可能不具备明显的短期产出增长效应，其在长期内可能更具经济增长动力，因此从长期看，克服人力资本外溢效应递减困境时，有效加强人力资本身体素质的提升可能会产生明显的经济增长效应。

第五章 人力资本的空间溢出效应与区域差异

第四章研究了省域人力资本对经济增长的影响强度与贡献率，结果显示人力资本的产出溢出效应存在较大的区域差异。以此为基础进一步考虑，值得注意的一个现象是，改革开放后随着经济发达地区人才培养能力以及对外部人才吸引力的持续增强，加之户籍管理制度的逐渐松动，人力资本开始出现较为明显的空间集聚特征，进而使得人力资本分布的空间差异逐步显现。由此产生的一个显著特征是人力资本优势对地区经济发展的带动作用有较大差异，这是导致我国区域间经济发展差距不断拉大的重要因素。

基于第四章的研究思路，考虑人力资本的空间因素，可形成如下分析逻辑：改革开放以来，中国的生产要素活力被极大地激发出来，高储蓄、高投资、海量劳动力投入带动了经济的高速发展，同时制度的逐步变迁带动了人口，以至于人力资本的空间流动与聚集，受此影响，区域间社会经济发展的差异日益明显。而至目前，这一切都开始显现困境，从而表现出宏观经济发展所面临的"瓶颈"。如何突破这一"瓶颈"呢？近期已经有众多学者开始从突破"中等收入陷阱"的角度对此问题做出了全方位的审视，大量有益的观点相伴于进一步"摸着石头过河"的发展思路，开始考虑将中国的经济推向一个更高水平的发展轨迹。在这其中，继续从内生经济增长理论做出合理的解释与目标的设定无疑是可选之举，特别是不断刺激比如技术、人力资本等要素的外溢影响就显得尤为重要。以此为契机，统筹考虑宏观全局与区域的关系，自然就形成了对区域间要素相互外溢作用的考量，这一点从理论与实践看，都具有崭新的意义。而这也正是对第四章有关区域内人力资本产出外溢的一个有益拓展。

鉴于此，本章将对我国省域间人力资本的空间溢出效应做出衡量。本章后续内容安排为：首先，在简要陈述空间探索性数据分析方法（ESDA）的基础上，构建空间 Lucas 模型，从原理上说明人力资本的空间溢出效应；其次，通过 ES-DA 分析，初步探讨我国区域间经济增长与人力资本的空间相关性，并运用空间 Lucas 模型的系数估计，进一步讨论我国区域间人力资本的空间溢出效应；最后，进一步计算人力资本空间溢出作用对经济增长的贡献率。

第一节 研究方法与模型设定

从第二章有关人力资本空间外溢理论的文献综述看，现有文献运用空间计量方法较好地考查了人力资本的空间溢出效应，但仍然存在一些不足。例如，这些文献主要强调教育人力资本的空间溢出效应，鲜有文献论述健康人力资本以及同时考虑教育与健康两因素的综合人力资本的空间溢出效应；且在进行空间相关性检验时，多数文献仅考虑区域间某一相同属性的单变量空间自相关性，尚未有文献从区域间不同属性的角度检验"人力资本—经济增长"双变量空间相关性。此外，有关邻近标准的空间加权矩阵的设定，多数文献利用的是低阶空间加权矩阵，这有可能缩小人力资本空间溢出效应的空间幅度。据此本章拟从如下方面做出拓展：第一，运用空间探索性数据分析方法中的双变量 Moran's I 来探索其他区域人力资本与某一区域经济增长之间的双变量空间相关关系，从而初步揭示二者空间分布的关联特性；第二，运用空间加权矩阵构建空间 Lucas 模型，并以省域面板数据分别从教育、健康以及同时含有教育与健康两因素的综合素质三个层面实证分析和比较 31 个省份间人力资本的脑力素质、身体素质以及综合素质对经济增长的空间溢出效应。此外，本章还将运用高阶空间邻接标准来设定空间权重矩阵，从而有效扩展人力资本空间溢出效应的空间幅度。

一、探索性空间数据分析方法介绍

研究区域差异的传统方法忽略了空间地理因素，"地理学第一定律"的存在使得有关区域关系的研究开始广泛关注区域间的空间相关性（生延超，2018；王超，2019）。在这方面，空间计量方法提供了切实有效的实证路径。

探索性空间数据分析，是空间统计分析技术的核心内容之一，其将统计与现代图形技术相结合来直观地识别区域间相似属性以及非相似属性之间的空间相关性。本章将尝试运用ESDA中的全域与局域相关性分析工具来探讨区域非相似属性值（经济增长—人力资本）之间的双变量空间相关关系。

1. 全域空间相关性

空间相关性是指邻近空间分布对象的属性值之间的统计相关性，若属性值有集聚倾向，则为空间正相关；反之，为空间负相关。空间相关性是指邻近空间分布对象的属性值之间的统计相关性，若属性值有集聚倾向，则为空间正相关；反之，为空间负相关。本章利用全域Moran's I（Moran，1950）描述整个系统的空间相关性（李晨，2018；王德怀，2019），初步探讨省域间经济增长与人力资本之间的空间相关性：

$$\text{Moran's I} = \frac{\sum_{i=1}^{n}\sum_{j=1}^{n}\omega_{ij}(X_i - \bar{X})(X_j - \bar{X})}{s^2 \sum_{i=1}^{n}\sum_{j=1}^{n}\omega_{ij}}$$

其中，$s^2 = \frac{1}{n}\sum_{i=1}^{n}(X_i - \bar{X})^2$，$\bar{X} = \frac{1}{n}\sum_{i=1}^{n}X_i$，$X_i$表示第$i$省域的观测值，$n = 31$为省域总数，$-1 \leq \text{Moran's I} \leq 1$。在给定显著性水平时，若Moran's I > 0，则空间模式在整体上显示空间正相关性（集聚），且其值越趋近于1，正相关性越强，总体空间差异越小；反之则相反；若Moran's I = 0，则属性值的分布相互独立，此时符合传统计量经济学的假定条件。

W_{ij}为基于邻近概念的二进制空间权重矩阵，借以描述空间对象的邻近关系。目前一阶0-1空间权重矩阵被广泛使用，根据公共边界原则，W_{ij}定义如下：

$$W_{ij} = \begin{cases} 1 & \text{区域i和j相邻;} \\ 0 & \text{区域i和j不相邻。} \end{cases}$$

其中，$i = 1, 2, \cdots, n$；$j = 1, 2, \cdots, m$；$m = n$或$m \neq n$。

为进一步显示邻近省域的相邻省域的空间信息，本章采用空间滞后的二阶邻近矩阵（the Second Order Contiguity Matrix）。某省域的初始效应不仅会影响其邻近省域，而且会随着时间推移产生空间溢出效应，继而影响其邻近省域的相邻省域。基于此，相邻省域的邻近省域权重值也取1。

可观测正态统计量Z的p值对Moran's I的结果进行检验，若p < 0.05，说明通过检验。

$$Z = \frac{\text{Moran's I} - E(\text{Moran's I})}{\sqrt{VAR(\text{Moran's I})}}$$

2. 局域空间相关性

全域空间相关统计量从总体上衡量区域间的空间关联性，因此其容易忽略区域分布存在的异质性特征，而空间关联局域指标可以有效地揭示局域空间的非典型特征（倪印锋，2018；任毅，2019），Local Moran's I 是用来测度局域空间相关性的常用指标：

$$I_i = (x_i - \bar{x})\sum_{j=1}^{n} w_{ij}(y_j - \bar{y})$$

其统计检验与 Global Moran's I 相同。若 I_i 为正且显著，表明 i 区域属性值 x 与相邻区域 j 属性 y 的观测值存在空间集聚特征，若 I_i 为负且显著，则为空间离散特征。本节运用 Moran 散点图将 Local Moran's I 核算出的局域特征值直观地划分为四类区域空间的异质性、空间分布的非典型特征。

第Ⅰ类（HH）：该省域经济水平与其邻近省域人力资本水平均较高，二者空间差异小；

第Ⅱ类（LH）：该省域经济水平较低，邻近省域人力资本水平较高，二者空间差异大；

第Ⅲ类（LL）：该省域经济水平与其邻近省域人力资本水平均较低，二者空间差异小；

第Ⅳ类（HL）：该省域经济水平较高，邻近省域人力资本水平较低，二者空间差异大。

集聚区包括 HH（热点区）和 LL（萧条区），离散区包括 HL（孤岛区）和 LH（空心区）。

进一步利用时空跃迁测度法（Space – time Transitions）可以深度刻画 Moran 散点图的时空演化（刘贤赵，2018；张凡凡，2019），具体可分为四种时空跃迁类型。类型Ⅰ：仅仅是省域相对位移的跃迁，包括 $HH_t \to LH_{t+1}$、$HL_t \to LL_{t+1}$、$LH_t \to HH_{t+1}$ 和 $LL_t \to HL_{t+1}$；类型Ⅱ：仅仅是邻近省域相对位移的跃迁，包括 $HH_t \to HL_{t+1}$、$HL_t \to HH_{t+1}$、$LH_t \to LL_{t+1}$ 和 $LL_t \to LH_{t+1}$；类型Ⅲ：某省域及其邻近省域均跃迁到其他不同省域：$HH_t \to LL_{t+1}$、$HL_t \to LH_{t+1}$、$LH_t \to HL_{t+1}$ 和 $LL_t \to HH_{t+1}$；类型Ⅳ：某省域及其邻近省域相对位移不变，保持相同水平：$HH_t \to HH_{t+1}$、$HL_t \to HL_{t+1}$、$LH_t \to LH_{t+1}$ 和 $LL_t \to LL_{t+1}$。

此外，本章还将进一步运用 LISA 集群图与显著性水平图更加清晰直观地展现空间分布模式，有助于进一步分析空间观测值的异质性特征。

二、空间 Lucas 模型

鉴于本章分析的目的在于探讨人力资本对经济增长的空间溢出效应，因此本节将对经典 Lucas 人力资本溢出模型中的 h 项进行空间计量改造。首先，根据式（4-1）可得 Lucas 模型的一般化形式：

$$Y_{it} = AK_{it}^{\beta}N_{it}^{1-\beta}ha_{it}^{\gamma}e^{u} \tag{5-1}$$

其中，γ 表示相邻省区劳均人力资本的产出弹性系数，反映相邻省区人力资本对本省经济增长的空间溢出效应。Y_{it}、K_{it}、N_{it}、ha_{it} 分别为 i 省第 t 期的总产出、物质资本、总人力资本以及人均人力资本，A 为不变的技术水平，β、$1-\beta$ 分别为物质资本与总人力资本的产出弹性。对式（5-1）两边取对数得到：

$$\ln Y_{it} = \ln A + \beta \ln K_{it} + (1-\beta)\ln N_{it} + \gamma \ln ha_{it} + u \tag{5-2}$$

式（5-2）两边同时减去 $\ln H_{it}$，整理得到：

$$\ln Y_{it} - \ln N_{it} = \ln A + \beta(\ln K_{it} - \ln N_{it}) + \gamma \ln ha_{it} + u \tag{5-3}$$

考虑到本章分析的是人力资本的空间溢出效应，因此可以运用空间计量模型中的空间权重矩阵 W_{ij} 对式（5-3）中产出溢出项 $\ln ha_{it}$ 进行空间计量改造，可以得到下式：

$$\ln Y_{it} - \ln N_{it} = \ln A + \beta(\ln K_{it} - \ln N_{it}) + \theta \ln hb_{it} + u \tag{5-4}$$

其中，$hb_{it} = \sum_{j}^{n} W_{ij}h_{jt}$ 表示人力资本的空间溢出项，W_{ij} 为前文所言的空间权重矩阵，其可以对一般回归模型进行合理修正，表示 i 地区人力资本是相邻区域人力资本的地理加权平均；θ 为人力资本的空间溢出效应，表示相邻区域人力资本对本区域经济增长的空间溢出效应。此外，考虑到 1993 年是中国改革开放第三阶段的起点（贺东航，2018），至此中国经济逐渐摆脱意识形态的束缚开始全面向市场化迈进，因此在式（5-4）中加入年度虚拟变量 D，以此来控制无法观察到的时点因素的影响，进而提高模型的精度。据此可得最终的 Lucas 人力资本空间外溢模型的实证模型为：

$$\ln Y_{it} - \ln N_{it} = \ln A + \beta(\ln K_{it} - \ln N_{it}) + \theta \ln hb_{it} + \varphi D \tag{5-5}$$

其中，$t \leq 1992$ 时，$D=0$；$t > 1992$ 时，$D=1$。

第二节 实证分析

一、区域差异的基本特征

改革开放以来,全国31个省份GDP与人力资本的空间分布情况见表5-1。通过比较可以发现,各省份经济增长与人力资本在空间上的非均衡分布特征非常明显,总体上呈现显著的集聚态势。经济增长与人力资本的空间分布大致相似,31个省份分布于四个不同等级,东部、东北各省份多位于第三、第四两级,而中部、西部基本处于前两级。

表5-1 1982~2017年全国31个省份"经济增长—人力资本"的空间分布

		第一级	第二级	第三级	第四级
GDP		藏甘贵新青宁琼	赣云陕晋渝桂津吉	黑京皖鄂湘闽沪蒙	粤辽冀鲁豫苏浙川
脑力素质	年限法	藏甘贵云渝青皖	赣湘川宁贵闽浙鲁	琼陕晋新冀豫苏蒙	粤黑吉京津沪鄂
	成本法	藏甘贵云皖川	赣湘青桂闽鲁冀豫	琼陕晋宁鄂浙粤苏	新蒙黑吉辽京津沪
身体素质		藏甘贵云新青蒙	赣湘川宁陕晋渝鄂	琼吉冀鲁豫皖闽桂	粤黑辽京津沪苏浙
综合素质	年限法	藏甘贵云渝新青	赣湘川宁陕桂皖蒙	琼晋冀鲁豫鄂浙闽	粤黑吉辽京津沪苏
	成本法	藏甘贵云渝青川	赣湘新宁桂皖冀豫	琼陕鲁鄂苏闽蒙	粤黑吉辽京津沪浙

注:GDP与人力资本为近40年各省份的均值。

二、"经济增长—人力资本"全域空间相关性检验

全域Moran's I能够识别跨越区域界限的集群模式,为某省域与其邻近省域的观测值在空间上的排列提供更多信息。如下以1982~2017年各省域GDP及劳均人力资本水平作为衡量指标,采用全域Moran's I进行显著性检验,解析"经济增长—人力资本"双变量是否存在省域间的空间相关性,结果见表5-2。

表5-2 全国31个省份"经济增长—人力资本"的Moran's I统计值

年份	脑力素质				身体素质		综合素质			
	年限法		成本法				年限法		成本法	
	Moran's I	p-value	Moran's I	p-value	Moran's I	p-value	Moran's I	p-value	Moran's I	p-value
1982	0.108	0.044	0.094	0.054	0.213	0.001	0.165	0.003	0.126	0.019
1983	0.120	0.026	0.103	0.043	0.211	0.001	0.071	0.001	0.132	0.015
1984	0.126	0.016	0.109	0.027	0.211	0.001	0.174	0.006	0.137	0.008
1985	0.123	0.023	0.107	0.041	0.207	0.001	0.170	0.002	0.135	0.011
1986	0.127	0.019	0.106	0.043	0.201	0.001	0.167	0.004	0.132	0.018
1987	0.122	0.024	0.103	0.032	0.195	0.001	0.164	0.005	0.129	0.016
1988	0.125	0.018	0.104	0.045	0.188	0.001	0.162	0.005	0.127	0.013
1989	0.126	0.015	0.103	0.034	0.183	0.002	0.160	0.002	0.125	0.024
1990	0.115	0.031	0.089	0.074	0.166	0.005	0.144	0.007	0.110	0.032
1991	0.116	0.031	0.087	0.083	0.161	0.004	0.143	0.010	0.108	0.052
1992	0.124	0.019	0.089	0.082	0.170	0.002	0.153	0.008	0.111	0.028
1993	0.137	0.013	0.096	0.059	0.181	0.001	0.166	0.004	0.119	0.029
1994	0.145	0.003	0.098	0.048	0.187	0.002	0.175	0.001	0.122	0.018
1995	0.153	0.006	0.100	0.045	0.195	0.001	0.184	0.002	0.126	0.020
1996	0.161	0.008	0.105	0.040	0.203	0.001	0.194	0.001	0.131	0.017
1997	0.165	0.007	0.106	0.033	0.210	0.001	0.200	0.001	0.133	0.017
1998	0.168	0.005	0.106	0.030	0.214	0.001	0.204	0.001	0.135	0.012
1999	0.170	0.002	0.108	0.033	0.217	0.001	0.207	0.001	0.136	0.210
2000	0.142	0.011	0.092	0.055	0.215	0.001	0.185	0.001	0.124	0.027
2001	0.132	0.022	0.092	0.065	0.215	0.001	0.179	0.002	0.125	0.019
2002	0.120	0.035	0.085	0.078	0.217	0.001	0.172	0.001	0.124	0.019
2003	0.149	0.009	0.113	0.024	0.217	0.001	0.185	0.001	0.141	0.013
2004	0.142	0.015	0.107	0.028	0.218	0.001	0.182	0.004	0.136	0.011
2005	0.124	0.016	0.077	0.119	0.216	0.001	0.168	0.008	0.111	0.031
2006	0.136	0.009	0.109	0.031	0.214	0.001	0.172	0.003	0.128	0.014
2007	0.135	0.014	0.108	0.029	0.214	0.001	0.171	0.003	0.127	0.024
2008	0.143	0.009	0.114	0.027	0.215	0.001	0.176	0.002	0.132	0.011
2009	0.164	0.002	0.129	0.009	0.214	0.002	0.188	0.001	0.143	0.012
2010	0.148	0.011	0.095	0.050	0.214	0.001	0.181	0.001	0.124	0.017
2011	0.123	0.026	0.084	0.096	0.210	0.001	0.177	0.003	0.122	0.019
2012	0.126	0.031	0.079	0.073	0.231	0.001	0.196	0.001	0.116	0.026
2013	0.121	0.039	0.077	0.062	0.187	0.002	0.126	0.002	0.111	0.031
2014	0.133	0.016	0.056	0.007	0.117	0.001	0.143	0.001	0.102	0.019
2015	0.113	0.015	0.0	0.083	0.057	0.004	0.176	0.001	0.139	0.034
2016	0.138	0.007	0.087	0.083	0.105	0.001	0.101	0.003	0.110	0.016
2017	0.117	0.002	0.087	0.083	0.121	0.002	0.116	0.001	0.126	0.011

表 5-2 列出了全域 Moran's I 的估计值及其显著性,各 "经济增长—人力资本"双变量在 5% 的显著性水平下显示了强烈的空间正相关性:全域 Moran's I(在 0.07~0.25 波动)均大于 0,且 p 值小于 0.05。说明 "经济增长—人力资本"在空间上随机分布的假设被拒绝,具有相似 "经济增长—人力资本"水平的省域在空间上邻近,从而呈现鲜明的空间集聚倾向:经济发展水平较高的省域倾向于和人力资本水平较高的省域邻近(HH);经济发展水平较低的省域倾向于和人力资本水平较低的省域邻近(LL)。说明经济发展水平与其邻近省域人力资本水平的空间差异较小。此外,这种集聚结果一方面有助于获得相对丰富而又廉价的劳动力资源,另一方面也可能获得具有高学历的高素质人才。

三、"经济增长—人力资本"局域空间相关性检验

上述全域 Moran's I 测度了全域范围内省域间经济增长与人力资本各素质间的双变量正空间相关性。然而目前较为全面的观点认为,全域的相关性分析可能掩盖局域可能出现的 "非典型"特征,局域分布可能出现与全域相异的空间相关关系。为此,表 5-3 列出的起止年份全国 31 个省份 "经济增长—人力资本"的局域空间分布特征,则是在利用 Moran 散点图局域分析技术的基础上,全面展现了 "经济增长—人力资本"局域空间分布的非典型特征。

表 5-3　全国 31 个省份 "经济增长—人力资本"的局域空间分布特征

方法	年份		I(HH集聚区)	II(LH空心区)	III(LL萧条区)	IV(HL孤岛区)	I、IV	II、III	III、IV
脑力素质	年限	1982	鲁辽苏冀浙黑	京津晋蒙琼吉闽	陕渝桂云贵新甘藏青赣	粤川鄂湘沪	豫皖	宁	
		2017	鲁辽苏冀浙豫闽	京津晋蒙皖	陕渝桂云贵新甘藏青琼宁沪	粤川鄂		黑赣吉	湘
	年限	1982	鲁辽苏冀浙皖	京津闽	陕渝桂云贵新甘藏青赣琼宁	粤川鄂湘沪豫	黑	晋吉蒙	
		2017	鲁辽冀豫	津晋蒙	陕渝桂云贵新甘藏青赣琼宁沪黑吉	粤川鄂苏	浙闽	京皖	湘

续表

方法	年份	I（HH集聚区）	II（LH空心区）	III（LL萧条区）	IV（HL孤岛区）	I、IV	II、III	III、IV
身体素质	1982	鲁辽苏冀浙豫黑沪鄂皖	京津晋赣琼闽吉	陕渝桂云贵新甘藏青宁	粤川湘		蒙	
身体素质	2017	鲁辽苏冀浙豫闽	京津晋蒙赣琼皖沪	陕渝桂云贵新甘藏青宁黑吉	粤川	鄂		湘
综合素质 年限	1982	鲁辽苏冀浙豫黑皖	京津晋蒙赣琼吉闽	陕渝桂云贵新甘藏青宁	粤川鄂湘	沪		
综合素质 年限	2017	鲁辽苏冀浙豫闽	京津晋蒙赣琼皖沪	陕渝桂云贵新甘藏青宁黑吉	粤川鄂			湘
综合素质 成本	1982	鲁辽苏冀浙皖	京津晋赣琼闽	陕渝桂云贵新甘藏青宁	粤川鄂沪湘	黑豫	吉蒙	
综合素质 成本	2017	鲁辽苏冀浙豫闽	京津晋蒙皖	陕渝桂云贵新甘藏青宁赣沪黑吉琼	粤川鄂			湘

由表 5-3 可知，东部大部分省份与东北的辽宁省主要表现出集聚区与孤岛区特征，西部则表现出较强的萧条区分布特征，而中部具有较大的分异特性。同时，通过时空跃迁测度法计算①发现：近 40 年来，类型Ⅳ时空跃迁最为普遍，分别占 75.8%（脑力素质年限）、71.0%（脑力素质成本）、79.0%（身体素质）、82.3%（综合素质年限）和 74.2%（综合素质成本）。类型Ⅲ的时空跃迁在整个时期最不普遍，分别占 3.2%、4.8%、3.2%、4.8% 和 1.6%。这说明整个考查时期内的空间集群结构中，我国绝大部分省区及其邻近省份在空间上存在高度稳定性，只有极少数省份及其邻近省份存在显著的相对位移。因此，各省份"经济增长—人力资本"存在明显的空间和路径依赖性，很难脱离原有集群。

---

① 以脑力素质年限法为例（考虑跨象限省域），计算百分比时分母是 31 个省份，4 种跃迁类型所占百分比之和为 1，跨象限省域记为半个，新的权值如下，类型 I：（1/2 黑 + 1/2 皖）+（1/2 湘 + 1/2 沪）+ 闽 + 0 = 3.5；类型 II：0 + 1/2 豫 +（琼 + 1/2 吉 + 1/2 宁）+ 1/2 赣 = 3；类型 III：1/2 黑 + 1/2 皖 + 0 + 0 = 1；类型Ⅳ：21 + 1/2 吉 + 1/2 湘 + 1/2 豫 + 1/2 宁 + 1/2 赣 = 23.5。四个权值之和正好等于 31。

通过对近四十年我国"经济增长—人力资本"的局域空间自相关的显著性水平检验发现，五种核算方法均一致表明，浙江、江西、安徽、四川、青海、西藏、新疆、上海、山东、江苏、福建、湖北、甘肃13省份通过5%显著性水平的检验，约占全国的50%；其中浙江、江西、安徽、四川、青海、西藏、新疆七个省份在1%置信水平下是显著的。可见我国省域"经济增长—人力资本"空间相互作用较为显著。值得注意的是，东北三省都没有通过局域空间自相关检验。

四、人力资本的空间溢出效应分析

通过前文分析可知，我国人力资本呈现显著的空间集聚分布特征。已有研究表明，人力资本集聚来源于两个方面：一种是基于人力资本投资的"内生型"路径（赵斌，2019），另一种是基于人力资本迁入的"外生型"路径（高春亮，2019）。由于人力资本具有外部性作用，因此人力资本集聚必然会对经济增长产生影响。为此以式（5-5）对这一影响做出核算。

利用SPSS18.0对式（5-5）展开回归分析，估计结果的F值在1%置信水平下显著，$Adj-R^2$的平均值均大于0.9，说明K、N、hb能很好地解释Y，空间因素的确对经济增长发生了作用。限于篇幅，F值、$Adj-R^2$不再列出。

观察表5-4、表5-5回归结果，比较物质资本和人力资本水平对经济增长的产出弹性系数可以发现：脑力素质年限法、脑力素质成本法、身体素质、综合素质年限法、综合素质成本法分别只有16.1%、12.9%、35.5%、22.6%、6.5%的省域物质资本产出弹性系数β大于人力资本水平产出弹性系数θ，绝大部分省域经济增长对物质资本的反应更为灵敏。说明物质资本投资在我国经济增长中发挥着至关重要的作用，我国尚处于粗放型经济增长阶段，在经济增长模式由"粗放型"向"集约型"转变过程中，仍然更依赖于物质资本的推动。这与第四章经典Lucas模型的回归结果是相似的。

具体到各省份，观察系数θ，发现相邻省域人力资本对本省份经济增长的空间溢出效应表现出明显的区域差异性：

第一，东部地区人力资本空间溢出效应均为正值，说明作为知识积累和技术进步的载体，相邻省域人力资本对本省份经济增长具有明显的正向溢出。其中，浙江、广东、福建（除综合素质成本法）三省的人力资本空间溢出效应均大于其他省份，且空间溢出效应平均值分别为0.78、0.68、0.72。而以五种方法核算

第五章 人力资本的空间溢出效应与区域差异

表5-4 1982~2017年东部—东北13省份Lucas空间溢出模型的系数估计结果

区域	省域	脑力素质 年限法 β	脑力素质 年限法 θ	脑力素质 成本法 β	脑力素质 成本法 θ	身体素质 β	身体素质 θ	综合素质 年限法 β	综合素质 年限法 θ	综合素质 成本法 β	综合素质 成本法 θ
东部	京	0.90**** (21.63)	0.10*** (2.40)	0.90**** (20.00)	0.11*** (2.53)	0.76**** (16.02)	0.24**** (5.01)	0.85**** (25.53)	0.16**** (4.95)	0.92**** (22.36)	0.10*** (2.57)
东部	津	0.84**** (18.37)	0.17*** (3.61)	0.84**** (16.39)	0.17*** (3.33)	0.67**** (12.51)	0.33**** (6.21)	0.77**** (14.76)	0.23**** (4.45)	0.86**** (14.41)	0.15*** (2.45)
东部	冀	0.58**** (11.38)	0.45**** (8.83)	0.52**** (5.87)	0.48**** (5.45)	0.30**** (10.79)	0.71**** (25.43)	0.47**** (7.87)	0.54**** (9.01)	0.79**** (7.10)	0.18* (1.62)
东部	沪	0.71**** (11.46)	0.30**** (4.76)	0.56**** (6.32)	0.44**** (4.96)	0.62**** (11.23)	0.39**** (7.03)	0.52**** (6.09)	0.49**** (5.74)	0.79**** (8.19)	0.19** (2.01)
东部	苏	0.81**** (18.56)	0.21**** (4.86)	0.69**** (8.36)	0.31**** (3.83)	0.62**** (9.87)	0.39**** (6.23)	0.70**** (12.10)	0.32**** (5.49)	0.82**** (11.37)	0.18*** (2.58)
东部	浙	0.39**** (9.41)	0.66**** (15.82)	0.12* (1.46)	0.88**** (10.82)	0.17**** (6.26)	0.85**** (31.25)	0.16*** (2.78)	0.85**** (14.37)	0.23 (1.61)	0.67**** (4.75)
东部	闽	0.45**** (8.47)	0.56**** (10.42)	0.28** (1.66)	0.69**** (4.10)	0.12* (1.97)	0.88**** (14.82)	0.24*** (3.09)	0.76**** (9.74)	0.63**** (3.64)	0.29* (1.68)
东部	鲁	0.72**** (12.97)	0.29**** (5.26)	0.77**** (7.77)	0.22** (2.20)	0.48**** (7.94)	0.53**** (8.86)	0.74**** (6.47)	0.25** (2.20)	1.01**** (10.01)	-0.11 (-1.11)
东部	粤	0.34**** (3.76)	0.66**** (7.20)	0.36**** (3.69)	0.64**** (6.62)	0.15**** (4.06)	0.85**** (23.22)	0.32**** (7.08)	0.69**** (15.26)	0.47**** (6.79)	0.55**** (7.97)

续表

区域	省域	脑力素质				身体素质		综合素质			
		年限法		成本法				年限法		成本法	
		β	θ	β	θ	β	θ	β	θ	β	θ
东部	琼	0.82**** (6.304)	0.17* (1.35)	0.97**** (8.15)	0.01 (0.05)	0.63**** (10.98)	0.38**** (6.59)	0.74**** (4.40)	0.24* (1.41)	1.04**** (6.77)	−0.15 (−0.99)
东北	辽	0.64**** (12.90)	0.38**** (7.57)	0.68**** (11.88)	0.34**** (6.03)	0.54**** (13.19)	0.47**** (11.41)	0.43**** (6.00)	0.58**** (8.12)	0.71**** (8.95)	0.29**** (3.66)
	吉	0.71**** (19.45)	0.31**** (8.47)	0.79**** (18.97)	0.24**** (5.71)	0.69**** (24.58)	0.33**** (11.54)	0.68**** (15.14)	0.34**** (7.64)	0.88**** (17.11)	0.13**** (2.60)
	黑	0.44**** (8.53)	0.58**** (11.22)	0.55**** (11.53)	0.49**** (10.50)	0.42**** (11.07)	0.61**** (16.23)	0.64**** (17.39)	0.44**** (11.95)	0.79**** (18.49)	0.32**** (7.40)

注：****、***、**、*分别表示1%、5%、10%和20%显著，后表同。

第五章 人力资本的空间溢出效应与区域差异

表 5-5 1982~2017 年中部—西部 18 省份 Lucas 空间溢出模型的系数估计结果

区域	省域	脑力素质 年限法 β	脑力素质 年限法 θ	脑力素质 成本法 β	脑力素质 成本法 θ	身体素质 β	身体素质 θ	综合素质 年限法 β	综合素质 年限法 θ	综合素质 成本法 β	综合素质 成本法 θ
中部	晋	0.74**** (15.03)	0.28**** (5.74)	0.77**** (12.11)	0.25**** (4.02)	0.68**** (12.81)	0.33**** (6.26)	0.71**** (10.70)	0.31**** (4.68)	0.83**** (10.46)	0.16** (2.04)
中部	皖	0.72**** (10.30)	0.29**** (4.19)	0.80**** (7.96)	0.18* (1.83)	0.63**** (8.94)	0.37**** (5.25)	0.78**** (8.75)	0.22** (2.50)	1.01**** (9.71)	-0.13 (-1.29)
中部	赣	0.55**** (12.31)	0.48**** (10.88)	0.51**** (6.92)	0.51**** (7.06)	0.48**** (13.46)	0.54**** (15.18)	0.49**** (8.30)	0.54**** (9.26)	0.76**** (7.73)	0.23**** (2.39)
中部	豫	0.61**** (10.46)	0.41**** (6.93)	0.66**** (9.06)	0.35**** (4.80)	0.43**** (8.35)	0.58**** (11.15)	0.70**** (12.99)	0.33**** (6.03)	0.83**** (11.09)	0.18** (2.41)
中部	鄂	0.93**** (13.72)	0.06 (0.88)	0.96**** (12.16)	0.01 (0.03)	0.73**** (8.91)	0.28**** (3.41)	0.97**** (20.87)	-0.12**** (-2.66)	0.98**** (14.14)	-0.25**** (-3.67)
中部	湘	0.63**** (11.26)	0.39**** (7.11)	0.64**** (7.33)	0.37**** (4.24)	0.58**** (12.50)	0.45**** (9.66)	0.71**** (10.90)	0.32**** (4.95)	0.93**** (8.84)	-0.05 (-0.43)
西部	蒙	0.84**** (23.83)	0.17**** (4.89)	0.89**** (22.78)	0.12**** (3.04)	0.78**** (26.25)	0.24**** (7.97)	0.80**** (11.40)	0.20**** (2.84)	0.98**** (19.54)	0.01 (0.07)
西部	桂	0.45**** (6.02)	0.56**** (7.46)	0.52**** (5.24)	0.48**** (4.82)	0.43**** (8.13)	0.59**** (11.10)	0.16* (1.71)	0.84**** (9.17)	0.62**** (4.88)	0.35**** (2.81)
西部	渝	0.60**** (3.80)	0.27** (1.70)	0.63**** (3.62)	-0.13 (-0.77)	0.52**** 19.33	0.51**** (18.85)	1.03**** (6.60)	-0.46**** (-2.95)	0.99**** (5.72)	-0.11 (-0.61)

续表

区域	省域	脑力素质				身体素质		综合素质			
		年限法		成本法				年限法		成本法	
		β	θ	β	θ	β	θ	β	θ	β	θ
中部	川	0.66**** (11.80)	0.36**** (6.49)	0.74**** (9.97)	0.28**** (3.80)	0.66**** (12.72)	0.37**** (7.08)	0.78**** (12.37)	0.25**** (3.91)	0.93**** (11.53)	0.01 (0.10)
	贵	0.74**** (8.48)	0.26*** (2.93)	0.87**** (7.37)	0.07 (0.63)	0.76**** (10.61)	0.25*** (3.55)	0.94**** (9.85)	-0.020 (-0.21)	0.93**** (10.32)	-0.43**** (-4.77)
	云	0.13 (0.73)	0.84**** (4.52)	0.43** (2.36)	0.51*** (2.80)	0.26**** (5.887)	0.75**** (16.71)	-0.22* (-1.34)	1.16**** (7.16)	0.61*** (2.97)	0.06 (0.27)
	藏	0.61**** (5.96)	0.39**** (3.79)	0.91**** (10.31)	0.04 (0.45)	0.65**** (10.36)	0.38**** (5.96)	0.88**** (8.95)	0.05 (0.53)	0.98**** (14.01)	-0.12** (-1.74)
	陕	0.73**** (13.23)	0.28**** (5.07)	0.75**** (10.52)	0.26**** (3.60)	0.68**** (15.97)	0.33**** (7.80)	0.73**** (17.44)	0.31**** (7.36)	0.86**** (11.90)	0.14** (2.02)
	甘	0.67**** (17.23)	0.39**** (10.08)	0.72**** (12.40)	0.35**** (5.93)	0.63**** (26.26)	0.43**** (17.99)	0.76**** (17.75)	0.33**** (7.58)	0.88**** (12.45)	0.12* (1.75)
	青	0.64**** (6.92)	0.36**** (3.95)	0.76**** (7.81)	0.23** (2.35)	0.69**** (11.28)	0.33**** (5.39)	0.93**** (13.92)	0.04 (0.66)	0.90**** (12.83)	-0.29**** (-4.17)
	宁	0.88**** (23.00)	0.15**** (3.90)	0.95**** (19.97)	0.04 (0.85)	0.86**** (22.72)	0.17**** (4.43)	0.95**** (22.60)	0.04 (1.06)	0.99**** (23.04)	-0.15*** (-3.38)
	新	0.77**** (7.05)	0.22** (2.00)	0.89**** (6.73)	0.06 (0.46)	0.48**** (5.283)	0.52**** (5.68)	0.87**** (4.81)	0.05 (0.27)	0.78**** (9.34)	-0.65**** (-7.77)

的北京市人力资本空间溢出效应在东部10个省域中均处于最低水平,说明其经济发展受相邻省域人力资本的影响较小。此外,以脑力素质成本法核算的海南和以综合素质成本法核算的山东、海南都没通过检验。

第二,东北地区三个省域均达到1%的显著性水平,且人力资本空间溢出效应均为正值。其中,黑龙江省(除综合素质年限法)人力资本空间溢出效应居于东北三省首位,说明其相邻省域人力资本水平对本省经济增长具有明显的正向促进作用。吉林省人力资本空间溢出效应虽为东北三省最低,但仍居于全国中游水平。

第三,中部地区人力资本空间溢出效应最高的为江西省(除身体素质)、河南省(身体素质)。而湖北省人力资本三种素质差异明显:脑力素质均未通过检验;身体素质空间溢出效应均为正值,但在中部六省份中处于最低水平;综合素质空间溢出效应均为负值。说明湖北省相邻省域人力资本身体素质对本省份经济增长起到了较小的正向促进作用,而脑力素质和身体素质的综合影响却对本省份经济发展起到负向抑制作用。此外,以综合素质成本法核算的安徽、河南两省未通过检验。

第四,西部地区的广西壮族自治区(脑力素质和综合素质)人力资本空间溢出效应为西部12省份最高水平。值得注意的是,西部各省域身体素质均通过1%显著性水平的检验,空间溢出效应均为正值,且云南省人力资本空间溢出效应最高(0.75)。而贵州、西藏、青海、宁夏、新疆五省份综合素质(成本)空间溢出均为负值且贵州、西藏、宁夏、新疆四省份脑力素质(成本)和综合素质(年限)均未通过检验。

五、人力资本空间溢出对经济增长的贡献率

上述分析判断了人力资本对经济增长空间溢出效应的大小,据此可以进一步核算前者对后者的贡献率。为此,需引入空间Lucas模型的差分形式:

$$\frac{\Delta Y}{Y} = \frac{\Delta A}{A} + \beta \frac{\Delta K}{K} + (1-\beta)\frac{\Delta N}{N} + \theta \frac{\Delta hb}{hb} \qquad (5-6)$$

其中,$\frac{\Delta hb}{hb}$ 表示劳均人力资本增长率,以 $\beta \frac{\Delta K}{K}$、$(1-\beta)\frac{\Delta N}{N}$、$\theta \frac{\Delta hb}{hb}$ 分别除以 $\frac{\Delta Y}{Y}$ 即得各自对经济增长的贡献率。限于篇幅,GDP及各要素的增长率未列出,各要素对经济增长的贡献率见表5-6。

表5-6 1982~2017年全国31省份各要素对经济增长的贡献率　　单位:%

地区		脑力素质				身体素质		综合素质			
		年限法		成本法				年限法		成本法	
		K	hb_1	K	hb_2	K	hb_3	K	hb_4	K	hb_5
东部	京	85.6	1.3	85.0	4.3	72.4	0.8	80.4	6.2	86.9	6.0
	津	86.6	2.1	86.4	6.3	69.1	1.0	79.7	6.8	88.5	8.1
	冀	57.9	5.3	52.5	16.4	30.3	2.3	47.7	14.4	79.3	9.4
	沪	69.0	5.9	54.5	22.7	60.1	1.7	50.1	28.8	77.0	15.7
	苏	83.0	2.6	70.9	9.7	63.6	1.2	71.7	8.2	84.3	8.7
	浙	45.6	8.0	13.5	26.5	19.6	2.5	18.9	21.4	26.4	31.2
	闽	48.5	6.1	29.6	19.5	12.4	2.5	25.6	18.1	67.0	12.6
	鲁	76.7	3.3	81.9	7.0	50.5	1.7	78.3	6.6	—	—
	粤	33.5	8.5	35.0	20.5	14.6	2.8	31.4	25.0	46.1	29.5
	琼	90.4	2.1	—	—	69.6	1.0	82.1	5.9		
东北	辽	68.3	5.2	72.1	13.8	58.0	1.8	45.6	18.5	76.2	18.1
	吉	83.0	3.7	91.8	8.0	81.4	1.1	79.1	9.8	102.4	7.2
	黑	44.9	9.3	55.8	22.1	42.3	2.8	64.8	17.8	80.7	22.6
中部	晋	78.8	4.0	81.7	9.8	72.6	1.3	75.3	9.7	88.8	9.8
	皖	75.8	4.4	84.8	7.0	67.1	1.4	81.9	7.4	—	—
	赣	54.3	7.2	50.1	19.0	47.7	1.9	48.2	17.6	74.9	12.8
	豫	66.3	5.4	71.8	12.4	46.9	2.0	76.4	9.5	89.6	9.9
	鄂	—	—	—	—	76.3	1.1	101.8	-4.5	103.2	-16.7
	湘	66.4	6.6	67.4	15.1	61.0	1.8	74.6	12.0	—	—
西部	蒙	92.8	2.0	98.5	3.7	85.9	0.8	88.4	5.4		
	桂	52.2	9.8	60.3	19.7	49.7	2.7	18.0	36.1	71.4	24.5
	渝	62.6	4.3	—	—	54.0	2.1	106.4	-97.8	—	—
	川	66.3	6.7	73.9	12.4	66.1	1.7	78.4	10.4	—	—
	贵	78.0	4.9	—	—	79.4	1.2	—	—	97.4	-31.4
	云	—	—	47.4	23.1	28.9	3.7	-23.9	56.7	—	—
	藏	72.1	7.6	—	—	77.4	2.0	—	—	116.0	-10.1
	陕	74.8	3.9	76.7	9.0	69.7	1.3	74.0	10.1	87.2	8.3
	甘	62.2	6.7	67.0	15.0	58.1	2.1	70.8	13.5	82.5	9.1
	青	63.6	7.5	75.7	10.9	69.3	1.8	—	—	90.3	-25.0

续表

地区		脑力素质				身体素质		综合素质			
		年限法		成本法				年限法		成本法	
		K	hb_1	K	hb_2	K	hb_3	K	hb_4	K	hb_5
东部	宁	91.1	1.9	—	—	88.7	0.6	—	—	103.4	-8.1
	新	80.9	3.9	—	—	50.4	2.4	—	—	81.9	-46.5

观察表 5-6，总体来看，改革开放以来，各省份物质资本对经济增长的贡献率占绝对优势，同时，人力资本空间集聚与经济增长之间存在正相关关系，对经济增长具有明显的积极促进作用。但其对经济增长的贡献率偏低。具体看：

第一，东部地区，以五种方法核算的人力资本空间溢出对经济增长的贡献率均为正值，居于前几位的有浙江、广东、福建、上海、河北，其中，浙江（综合素质成本法）贡献率最高，达到 31.2%。此外，北京（除综合素质年限法）均处于最低水平。这与上述对人力资本空间溢出效应大小的分析相一致。

第二，东北地区，人力资本空间溢出的贡献率同样均为正值，且黑龙江省（除综合素质年限法）均处于东北三省最高水平。一方面可能由于该省的相邻省域人力资本对经济增长的空间溢出效应大，另一方面可能是由于该省对相邻省域人力资本的利用率较高。

第三，中部地区，江西省（除身体素质）人力资本空间溢出效应对经济增长的贡献率最高。此外，湖北省脑力素质没有通过检验，且身体素质贡献率很低，仅为 1.1%，综合素质均为负值 -4.5%、-16.7%。

第四，西部地区，相对于其他省域，广西、云南贡献率较高；云南省（综合素质年限法）高达 56.7%，居于西部乃至全国首位。但综合素质成本法核算结果表明，有接近 50% 的省域贡献率为负。

第三节　本章小结

基于我国 31 个省份 1982~2017 年的面板数据，本章首先介绍了我国"经济增长—人力资本"的空间分布特征；然后进一步利用 ESDA 方法，实证检验了

"经济增长—人力资本"的全域及局域空间相关性；最后构建空间 Lucas 模型，核算了相邻省份人力资本对本省经济增长的空间溢出效应大小及贡献率。研究结果表明：

第一，我国省域经济增长和人力资本总体上趋于明显的空间集聚态势，呈现鲜明的核心—边缘分布。以上海为中心的东部沿海各省份是经济增长及人力资本水平最高的区域，而新疆有望成为西部相对落后地区的增长极。

第二，全域空间相关性分析表明，我国省域人力资本与经济增长之间存在显著的空间正相关性。总体上看，各省区基本位于 HH 类型区和 LL 类型区，呈现明显的"经济增长—人力资本"空间集聚格局，即高（低）经济发展省域与高（低）人力资本省域邻近。从而，人力资本倾向于由经济发展落后的省域向经济发达省域集聚。这种结果进一步加快了人力资本流入区——东部沿海发达省域的经济发展。

第三，我国省域总体空间差异小，并不意味着各省份经济增长与邻近省份人力资本会协调健康发展。局域空间相关性分析表明，东部、东北、中部和西部四个区域内部空间差异小，但区域间空间差异仍然较大。由此可知，全域空间相关性分析掩盖了局域特征。

第四，作为知识积累和技术进步的载体，相邻省份人力资本对本省份经济增长存在明显的空间溢出效应。人力资本在地理空间的集中不仅会进一步吸引具有更高人力资本水平的劳动力向该省域集中，还会通过人力资本集聚的空间溢出效应影响其经济增长。

从上述结果可知，依据经济发展中的累积因果论，在区域经济发展中，扩散效应和极化效应同时起作用。前者使生产由高梯度区域向周围的低梯度区域展开，以发达区域为增长极，带动欠发达区域的发展；后者使生产进一步向高梯度省域集中，导致发达区域越来越富有，贫困区域越来越贫穷，增加了二者的差距。在两种效应的共同作用下，为缩小区域间经济发展的差距，促进本区域经济的快速增长，绝不可忽视空间溢出效应的重要力量。由此可知，从政策的导向看，今后，除了加大本省份人力资本投入，还需不断提高对人力资本的高效利用，逐步消除省域间人力资本溢出壁垒，为省域之间人才的交流、合作与互动提供便捷的平台，继而借此不断推进我国经济的全面、协调、可持续发展。

第六章　人力资本与经济增长的系统耦合特征

前述章节对人力资本的经济增长贡献率、人力资本的产出溢出效应以及空间溢出效应做了全面分析。虽然现有研究结论存在差异，但与主流观点类似，从全国 31 个省份看，本研究的实证结论不仅支撑了人力资本对经济增长的正向促进作用，而且还对不同区域人力资本的作用差异做出明确的量化解析。基于这一研究基础，笔者认为，鉴于上述研究的出发点局限于传统的人力资本对经济增长作用机制的解析，从而未能很好地解释经济增长对人力资本的反向作用，特别是无法了解二者之间可能存在的相互作用关系。因此，进一步探寻两个方面的答案，则不仅会对前述研究做出拓展分析，而且可以更好地全面了解经济增长演化过程中二者相互作用关系的变动规律，从而为以经济增长带动人口素质的提升，提供一个更为有效的观察途径和政策创新的解读空间。

实际上，既有的主要研究大都将人力资本界定为由教育或者健康两因素共同作用的结果，并未综合考量人力资本的内涵及外延，如教育人力资本和健康人力资本的主要决定因素是什么？这些决定因素与经济增长的关系又是什么？同时，在实证考查人力资本与经济增长的关系时，着眼点主要以经典回归方法为主，探讨人力资本对经济增长的作用，鲜有对二者内在相互作用机制的论述。基于此，本章意欲从如下两个方面做出拓展研究：首先，在第三章第二节已构造的全面而系统的人力资本与经济增长指标体系（详见表 3 - 1）的基础上，核算能够综合反映人力资本脑力素质和身体素质的人力资本综合指数以及经济增长综合指数，随后通过建立人力资本与经济增长的系统耦合关系模型，从理论和实证两个方面深入探讨二者内在的协调演进发展机制。

第一节 建模与理论解析

耦合是系统科学和物理学中的核心概念，表征多个系统之间相互作用、相互依赖的关系。而由其衍生出的实证思路不同于传统实证方法，其能够以系统论的思想综合而全面分析不同变量之间的协同变动，而不用考虑变量间的因果关系。近年来一些学者将其引入到社会经济系统的研究中，展开了初步的应用，所得结果很新颖（吴跃明等，1996；廖重斌，1999；吴文恒等，2006；逯进，2016）。

耦合涵盖发展与协调两个方面。发展体现为系统从低级到高级，从简单到复杂的演进；而协调则强调系统之间以及系统内部各要素之间相互配合，和谐发展的程度。因此，由发展与协调两者综合构成的系统之间的耦合关系，蕴含着发展的"量扩"和协调的"质升"两个不可或缺的部分。从本章的研究目标看，如果超越因果关系的束缚，可以大胆地假想：在"人力资本—经济增长"系统中，人力资本与经济增长两子系统存在相互渗透、相互影响的耦合关系，实际情况会是这样吗？

一、基本模型

1. 系统发展模型

本章假定系统的发展函数具有严格的拟凹性，且函数具有规模报酬不变的性质。

设 $f(x) = \sum a_i x_i$ 为人力资本子系统的发展水平，其中，x_i、a_i 分别为人力资本指标及其相应的权重；$g(y) = \sum b_i y_i$ 为经济增长子系统的发展水平，其中，y_i、b_i 分别为经济增长指标及其相应权重；T 为两子系统组合所形成的总系统的发展水平，即为系统发展度（简称"发展度"）。本章假定发展度函数遵循 Cobb – Douglas 形式：

$$T = \lambda f(x)^\theta g(y)^{1-\theta} \qquad (6-1)$$

其中，λ 为外生参量，θ、$1-\theta$ 分别表示人力资本与经济增长子系统的产出弹性，反映二者相对于总系统的重要性。

观察式（6-1）可以发现，其可以定义为 $f(x)$ 与 $g(y)$ 所构成的二维平面坐标中的等发展线，见图 6-1。其中，T_1、T_2、T_3…分别代表由低水平向高水平不断提高的系统发展水平，每一条等发展线意味着系统在保持同等发展水平时，人力资本与经济增长存在替代关系。

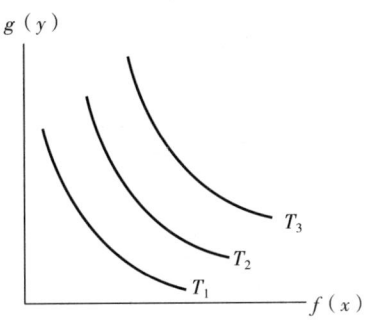

图 6-1 发展度图形解析

2. 系统协调模型

本章应用的协调模型主要源于廖重斌（1999）的研究成果，其在近年有关耦合理论的研究中受到青睐（吴文恒，2009），但我们对其做出了改进。据其表述，协调度是用来度量系统之间协调状况好坏的定量指标，可以用偏离差系数①表示为：

$$Cv = \frac{\sqrt{\frac{(f(x)-g(y))^2}{2}}}{\frac{1}{2}[f(x)+g(y)]} \tag{6-2}$$

其中，Cv 代表人力资本与经济增长两子系统的平均偏离程度，其值越小则表明二者的偏差越小，整个"人力资本—经济增长"综合系统的协调性越强。特别是当 $Cv=0$ 时，$f(x)=g(y)$，此时两系统的坐标点数列恰好处于由原点发出的45°射线上 OO'，如图 6-2（a）所示。该射线上方为 $f(x)<g(y)$ 坐标点的集合，表明相对于人力资本子系统，经济增长子系统存在较大的偏离，射

---

① 偏离差系数：表征了两个变量之间的平均偏离值，可以用来衡量两个变量总体偏离45°射线的程度，偏离系数越小，表明二者偏差越小，是反映不同水平样本变量数列离散趋势的重要统计量。

线下方为 $f(x) > g(y)$，表明相对于经济增长子系统，人力资本子系统存在较大的偏离。具体看，如图6-2（a）中点 D，其偏离差系数为0，可知该点协调度最优，C 点表明相对于人力资本子系统，经济增长存在偏离，其偏离度可用线段 CD 表示，同理，E 点表明相对于经济增长子系统，人力资本存在偏离，其偏离度可用线段 DE 表示。

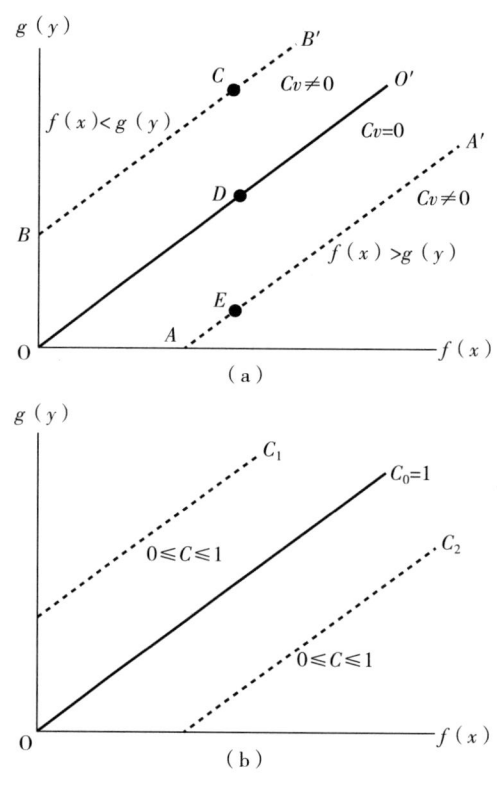

图6-2 协调度图形解析

为使不同研究主体的"人力资本—经济增长"综合系统具有可比性，且可以更好地展现系统协调度特征，可将式（6-2）转化为式（6-3）：

$$Cv = \sqrt{2(1-C)} \quad (6-3)$$

其中，

$$C = \frac{4f(x)g(y)}{[f(x)+g(y)]^2} \quad (6-4)$$

式（6-3）、式（6-4）中 C 一般被定义为系统的协调度。观察式（6-3）可知，Cv 越小越好等价于 C 越大越好。

如图 6-2（b）所示，斜率为 1 的三条射线代表不同的协调度，同一条射线上的点具有相同的协调度，而过原点的射线为最优协调线，其协调度 $C=1$。此外，任意两条关于最优协调线对称的射线具有相同的协调度，如图 6-2（b）中 $C_1 = C_2$。

3. 耦合模型

由上述分析可知，耦合表征了系统间协调与发展的综合态势。一方面，仅强调发展的耦合可能会带来系统协调性的低下。如图 6-3 坐标系内任意一点人力资本与经济增长组合都位于特定的协调线与等发展线上，其中的 H、G 两点，尽管二者具有相同的发展水平，然而 H 点的协调度低于 G 点，也即 H 点的人力资本与经济增长子系统存在一定程度的偏离，两系统配合缺乏效率。另一方面，仅注重协调的耦合可能会造成"低发展陷阱"的虚假协调。如图 6-3 中的 F、G 两点拥有相同的协调度，然而 F 点发展度远低于 G 点，在缺乏外力助推下，F 点表示两系统陷于"低发展陷阱"，无法体现耦合"量扩"的演进内涵。

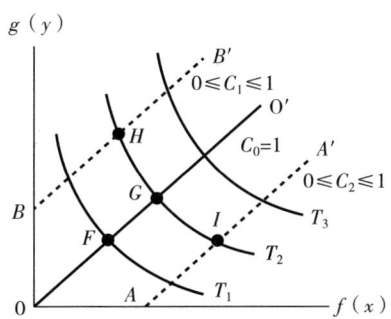

图 6-3 耦合度图形解析

由此可见，协调线与等发展线的交点形象描绘了系统的耦合水平，由上述分析可知，G 点的耦合水平高于 F 点以及 H 点。同理，G 点的耦合水平同样高于 I 点。因此，系统耦合度的衡量必然是对系统"发展"与"协调"两个维度的综合考量，据此本章界定的耦合度计算公式为（廖重斌，1999）：

$$D = \sqrt{C \cdot T} \qquad (6-5)$$

其中，D 为耦合度，其判别标准如表 6-1 所示（吴文恒等，2006）。发展度 T 与协调度 C 如前文中式（6-1）、式（6-4）所示。

表 6-1 耦合度的判别标准及划分类型

负向耦合（失调发展）		正向耦合（协调发展）	
D 值	类型	D 值	类型
0.00~0.09	极度失调衰退	0.50~0.59	勉强协调发展
0.10~0.19	严重失调衰退	0.60~0.69	初级协调发展
0.20~029	中度失调衰退	0.70~0.79	中级协调发展
0.30~0.39	轻度失调衰退	0.80~0.89	良好协调发展
0.40~0.49	濒临失调衰退	0.90~1.00	优质协调发展

二、适宜性解析

前述对耦合的内在机理进行了初步探讨，并通过图 6-4 对各点的耦合度进行了静态比较。然而，处于低水平的耦合点（如 F 点）如何才能向更加优质的耦合点（如 G 点）跃迁呢？如下将借鉴适宜性理论对此进行解析。

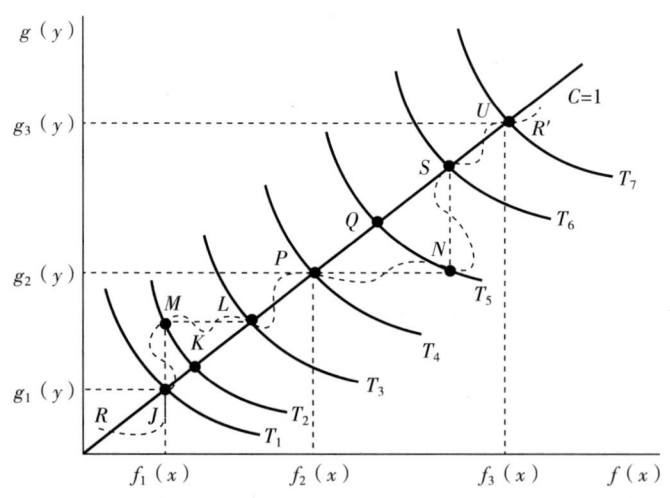

图 6-4 适宜性耦合跃迁模式解析图

第六章 人力资本与经济增长的系统耦合特征

近年来许多学者在研究发展中国家经济赶超战略时发现,发展中国家并未通过技术引进与模仿所带来的"技术后发优势"实现与发达国家相似的增长收敛。相反,发展中国家与发达国家之间的经济差距却存在着难以逾越的鸿沟。为此,众多学者从适宜性技术角度对此进行了深入的剖析,并认为发展中国家与发达国家具有不同的要素禀赋优势,只有当经济体所引进的技术与其要素禀赋相适宜时,经济体才能够保持有效的技术效应水平(Basu 和 Weil, 1998;Acemoglu 和 Zilibotti, 2001;邹微等, 2003;林毅夫等, 2006;唐未兵等, 2014)。

将上述思路拓展至本章可以发现,系统要摆脱低水平耦合陷阱、实现耦合的协调演进,需选择与子系统组合相适宜的耦合跃迁模式。但如何做出选择?

观察图6-4可知,协调度相同的 J、L、P、S、U 遵循发展度逐渐上升趋势,从而系统耦合度也依次上升,这代表了系统协调发展模式的演化路径。但演化进程并非是一蹴而就的,具体来看:

首先,假设某欠发达地区初始的耦合点为 J,而后其开始实施经济倍增计划,一段时间后耦合点由 J 点跃迁至 M 点,表明这一地区的经济增长较为明显。

其次,经济增长提供了人力资本水平提升的物质基础,本地区通过调整教育发展战略、加大社会医疗保障投入等措施,提高了劳动者的脑力与身体素质,全社会人力资本水平有所提升,这样 M 点可移至 L 点。紧接着,人力资本的提高使得劳动者对先进技术的吸收模仿能力增强,人力资本的产出能力获得提升,从而使得经济获得内生动力实现新一轮的增长,并同时进一步带动人力资本的提升,二者实现协调演进的耦合态势,由 L 点移动至 P 点。

最后,到达 P 点后,假设此时该地区的制度红利以及人口红利已然殆尽,前期人力资本的吸收模仿能力所引致的经济增长动力也已发挥极致,经济增长必须寻找新的支撑点。此时,该地区若加大科技创新的投入力度,注重发展高新科技产业,培育并提升具有创新能力的高端科技人力资本,则使得由 P 点跃迁至 N 点。而后大量积累的具有创新能力的高科技人力资本将成为经济增长的又一新的动力,促进经济持续飞跃增长,由 N 点移至 S 点,并最终再一次实现人力资本与经济增长向更加优质的耦合水平演进的态势,由 S 点移至 U 点。从长远看,上述过程如能不断得以持续,就会保证人力资本与经济增长在互促过程中实现良性耦合发展。

综上,将点 J、M、L、P、N、S、U 用虚线 RR' 连接起来,可以发现在耦合点的跃迁过程中,整个系统的协调度可能呈现动态波动,但从长期趋势看,其总体上仍旧沿着最优协调曲线跃迁上移,整个系统处于协调发展演进的态势。此外,由上述分析可以把整个耦合点的跃迁过程分为 $f_1(x):f_2(x)$ 与 $f_2(x):f_3(x)$ 两个阶段①,并由此演绎了两种不同的耦合跃迁模式:前者是以经济增长子系统为主导的欠发达阶段,该阶段人力资本强调对发达地区技术的吸收模仿能力;而后者为人力资本子系统主导的发达阶段,该阶段人力资本强调自主创新能力,其中 L、S 两点分别为人力资本的吸收模仿能力、创新能力的"门槛点",而 P 点是耦合跃迁由欠发达进入发达阶段的"门槛点"。

第二节 指标体系与数据处理

由于耦合分析涉及系统关系的衡量,而系统论中一般将"系统"定义为一个复杂而多结构的综合体系,因此,本章以前述既有人力资本与经济增长指标为基础,以系统观审视人力资本与经济增长的关系时,设定了较为复杂的结构性指标体系,具体内容见表 3-1。

一、指标权重确定

本章运用李新运等(1998)提出的三标度层次分析方法(IAHP)确定指标权重,具体分为构造主观判断矩阵、建立感觉判断矩阵、计算客观判断矩阵、归一化确定指标权重四个步骤,限于篇幅各矩阵与权重值不再列出。

二、数据标准化

为消除数据量纲,并降低量级,本章运用极差标准化法对各指标原始数据进行标准化处理,正向、负向指标数据的标准化处理方式分别如式(6-6)和式(6-7)所示:

$$x'_{ij} = \frac{x_{ij} - \min X_{ij}}{\max X_{ij} - \min X_{ij}} \tag{6-6}$$

---

① 两阶段内部可能会有更多的波动阶段,然而为分析方便,本章对此简化处理为欠发达与发达两个阶段。

$$x'_{ij} = \frac{\max X_{ij} - x_{ij}}{\max X_{ij} - \min X_{ij}} \tag{6-7}$$

三、综合指数的核算

对经过标准化后的数据及其相应权重进行逐级加权求和，可得 31 个省份人力资本与经济增长两系统的发展水平，并分别用人力资本指数和经济增长指数表示。限于篇幅各省份原始计算结果不再列出，但表 6-2 给出了四大区域及全国人力资本与经济增长指数历年均值。

第三节 实证分析

依据前述指标体系，本章构建了 31 个省份 1982~2017 年的面板数据。这一数据始自第三次人口普查，涵盖了 40 年的改革开放时期，数据较为完整，具有较强的实证研究基础和价值。另外，本章从空间和时间两个层面展开了实证的分层化讨论。首先，空间分析划分为两个层次：一方面对全国整体的分析以分省模式展开；另一方面对东、中、西及东北四大区域做出比较分析。其次，时间分析亦划分为两个层次：一方面考查近 40 年连续时序的变动特征；另一方面为揭示系统的波动性特征。依据前文有关区域发展阶段的讨论，本章将区域发展历程划分为三个阶段：1982~1992 年为非均衡发展阶段（阶段一）；1993~1999 年为非均衡协调发展阶段（阶段二）；2000~2017 年为均衡统筹协调发展阶段（阶段三）。① 文中数据源于相关年份《中国统计年鉴》《中国劳动统计年鉴》《中国人口统计年鉴》《中国科技统计年鉴》《新中国六十年统计资料汇编》、相关年份分省统计年鉴、中经网数据库以及中国资讯行等，为保证分析的科学性和规范性，对相关数据实施如下处理：

由于西藏自治区缺失数据较多，考虑到青海与西藏具有较为相似的社会、经济、文化与宗教环境，因此参照了青海省相应数据的变化规律对西藏自治区数据进行处理；同理，对于重庆市 1982~1996 年的缺失数据进行处理时，参照了四

---

① 基于实证分析连续性和样本容量所需，这里将 2000 年以后统一划分为一个阶段。

川省相应数据的变动规律。

一、综合指数核算

对经过标准化处理后的数据配以相应的权重逐级加权求和，可得各省人力资本与经济增长两系统的两类综合指数。依据这两类指数，可以对两系统的综合发展水平做出基本判断。限于篇幅，表6-2仅给出了四大区域及全国两类指数的历年均值，分省份的值未列出。

表6-2 人力资本与经济增长综合指数的区域均值

年份	人力资本					经济增长				
	东部	东北	中部	西部	全国	东部	东北	中部	西部	全国
1982	0.22	0.20	0.19	0.16	0.19	0.13	0.12	0.13	0.12	0.13
1983	0.23	0.22	0.19	0.17	0.20	0.14	0.13	0.13	0.12	0.13
1984	0.24	0.23	0.20	0.17	0.21	0.15	0.13	0.14	0.13	0.14
1985	0.25	0.23	0.21	0.18	0.21	0.14	0.13	0.14	0.13	0.13
1986	0.25	0.24	0.22	0.19	0.22	0.14	0.13	0.14	0.13	0.13
1987	0.26	0.24	0.22	0.19	0.23	0.15	0.14	0.14	0.12	0.14
1988	0.26	0.25	0.23	0.19	0.23	0.15	0.13	0.13	0.12	0.13
1989	0.27	0.25	0.22	0.20	0.23	0.14	0.13	0.13	0.12	0.13
1990	0.27	0.26	0.23	0.20	0.24	0.15	0.14	0.14	0.13	0.14
1991	0.29	0.27	0.24	0.21	0.25	0.15	0.14	0.14	0.13	0.14
1992	0.29	0.27	0.25	0.22	0.25	0.17	0.15	0.15	0.13	0.15
1993	0.30	0.28	0.25	0.22	0.26	0.18	0.16	0.16	0.13	0.15
1994	0.31	0.28	0.25	0.22	0.26	0.18	0.16	0.16	0.13	0.15
1995	0.31	0.29	0.26	0.23	0.27	0.19	0.16	0.17	0.13	0.16
1996	0.32	0.30	0.26	0.24	0.27	0.19	0.17	0.17	0.14	0.17
1997	0.33	0.31	0.27	0.24	0.28	0.20	0.17	0.17	0.14	0.17
1998	0.33	0.30	0.27	0.24	0.28	0.21	0.18	0.18	0.15	0.17
1999	0.34	0.31	0.28	0.25	0.29	0.21	0.19	0.17	0.15	0.18
2000	0.35	0.33	0.29	0.26	0.30	0.22	0.19	0.17	0.15	0.18
2001	0.36	0.33	0.29	0.27	0.31	0.23	0.19	0.18	0.15	0.19
2002	0.37	0.33	0.30	0.27	0.32	0.25	0.20	0.19	0.16	0.20

续表

年份	人力资本					经济增长				
	东部	东北	中部	西部	全国	东部	东北	中部	西部	全国
2003	0.39	0.35	0.31	0.28	0.33	0.27	0.20	0.20	0.16	0.21
2004	0.40	0.36	0.31	0.29	0.33	0.29	0.21	0.20	0.17	0.22
2005	0.42	0.38	0.33	0.30	0.35	0.31	0.22	0.21	0.17	0.23
2006	0.43	0.39	0.33	0.30	0.36	0.33	0.23	0.22	0.18	0.24
2007	0.45	0.40	0.35	0.31	0.37	0.38	0.24	0.24	0.19	0.26
2008	0.47	0.42	0.36	0.32	0.39	0.37	0.25	0.25	0.19	0.27
2009	0.50	0.45	0.39	0.35	0.42	0.38	0.27	0.25	0.20	0.28
2010	0.52	0.45	0.41	0.37	0.43	0.42	0.29	0.28	0.21	0.30
2011	0.54	0.45	0.41	0.37	0.44	0.45	0.30	0.30	0.23	0.32
2012	0.55	0.43	0.43	0.39	0.45	0.46	0.29	0.31	0.23	0.32
2013	0.57	0.46	0.44	0.41	0.47	0.45	0.31	0.32	0.25	0.33
2014	0.59	0.46	0.46	0.42	0.48	0.49	0.35	0.33	0.29	0.37
2015	0.56	0.45	0.46	0.43	0.48	0.51	0.36	0.35	0.30	0.38
2016	0.62	0.49	0.48	0.47	0.52	0.52	0.38	0.36	0.32	0.40
2017	0.65	0.51	0.53	0.49	0.55	0.53	0.39	0.36	0.33	0.40

二、综合指数分析

第一，由表6-2两综合指数的全国均值可知，近四十年来全国人力资本指数呈现稳步上升态势，增幅达189.5%；经济增长指数也存在相似规律，虽然阶段一有波动，但整体亦稳步上升，增幅达207.7%。此外，对三个阶段分别求解两指数的年均增长率，可得人力资本指数的年均增长率分别为：3.2%、1.9%、4.9%；经济增长指数的年均增长率分别为：1.5%、3.3%、7.2%。由此可知，随着改革开放的不断深入，尤其21世纪以来，我国的人力资本积累与经济增长都出现了加速递增的态势。同时还可以发现，在阶段一，人力资本指数增幅高于经济增长指数增幅，两者差距达1.7%；在阶段二，两指数增长率有所缩小；而至阶段三，经济增长指数则高于人力资本指数，差距达2.3%。这一"U"型变动过程可能源于改革开放初期的体制变动，使得更多人口获得了教育机会，进而促进了整体人力资本在阶段一的超高速增长,而伴随着1992年邓小平南方谈话后经济领域改革的全面深化,经济在随后的时段里实现了递增的高速发展。整体而言,我国经济的扩张速度要快于人力资本的积累速度。

第二,对四大区域两指数分时段求年均增长率,结果见表6-3。可以发现,与上述规律大体一致,近40年来各区域两指数均存在大幅增长,且不同时段表现各异。在阶段一波动性增长的基础上,阶段二"摸着石头过河"式的改革深化与外部经济冲击所致的双重压力致使人力资本指数的增速放缓,而到2000年以后的阶段三则呈现加速增长态势。总体来看,东部、东北两大区域两指数近40年的年均增长率均表现为经济增长高于人力资本,只在分时段的数据中存在差异性。

表6-3 四大区域分时段人力资本与经济增长指数年均增长率　　　　单位:%

区域	指数	时段			
		1982~1992年	1993~1999年	2000~2017年	1982~2017年
东部	人力资本	2.9	1.9	4.8	5.4
	经济增长	2.8	2.4	7.8	8.5
东北	人力资本	3.2	1.5	3.0	4.3
	经济增长	2.3	2.7	5.9	6.3
中部	人力资本	2.9	1.7	4.6	5.0
	经济增长	1.4	0.9	6.2	4.9
西部	人力资本	3.4	2.0	4.9	5.7
	经济增长	0.8	2.2	6.7	4.9
全国	人力资本	2.9	1.7	4.6	5.3
	经济增长	1.4	2.9	6.8	5.8

第三,对于中部和西部地区,尤其是西部地区,其近40年的人力资本年均增长率更高,但自2000年后,在中部和西部地区的人力资本综合指数增长率保持高速增长的同时,两大区域的经济增长综合指数增长率开始大幅提升。这意味着,未来西部地区以人力资本为支撑的经济跨越式发展,具有潜在的人力资本后发优势。

综上初步表明,从时空两个层面看,一方面,考察时序内我国的经济发展水平快于人口素质的提升；另一方面，经济发展水平高低与人力资本的提升存在空间的逆向变动，即经济发展水平越低，区域人力资本的提升速度反而相对越快。这两点结论意味着我国的人力资本与经济增长并未保持较好的协同发展关系。那么，二者之间非协同的具体程度及其特征是什么呢？

三、耦合分析

前文以综合指数对我国人力资本与经济增长两子系统的发展基本特征做出了初步解析，在此基础上进一步计算了两系统的耦合度 D，部分年度值见表 6-4，结合表 6-1 可得：

第一，从全国时序均值看，全国耦合度均值从 0.36 上升至 0.71，增幅为 97%，耦合状态从轻度失调衰退转变为中级协调发展，表明两系统的耦合发展程度还相对较低，协同发展较为缓慢。

第二，从四大区域时序均值看，东部、东北、中部及西部分别从 0.37、0.36、0.37、0.35 上升至 0.81、0.67、0.70、0.65，增幅分别为 117.6%、86.1%、88.3%、85.7%。根据表 6-1 的标准进行判断可知，1982 年四大区域均为轻度失调衰退类型，1992 年左右，东部、中部及东北三大区域进入濒临失调阶段，而西部直到 2000 年前后才实现这一转变。1993 年以后，各区域间差距明显增大，东部于 2002 年和 2007 年分别进入勉强协调发展类型和初级协调发展类型，中部和东北部分别于 2007 年和 2008 年进入勉强协调发展类型，较东部落后 5 年，而西部至 2012 年才进入勉强协调发展类型。这表明，四大区域间发展的不平衡性从人力资本与经济增长相互作用的机制上显现得非常突出，且这种差异并未随时间变动而得以改善。

第三，从省域层面看，各省间耦合度差异亦非常突出，呈现由东至西耦合递减态势。东部地区的海南为初级协调发展状态，山东、江苏、浙江、广东、上海为良好协调发展状态，其余四个省份均为中级协调发展状态；东北和中部地区各省份多数处于中级协调发展状态；对于西部地区而言，四川、重庆处于中级协调发展阶段，西藏、新疆处于勉强协调发展阶段，其余各省份均处于初级协调发展状态。整体看，东部省份耦合优势明显。

综上所述，一方面，我国区域间、省域间耦合发展水平差异未有缩小态势；另一方面，我国以人力资本推动的经济增长仍有很大拓展空间。

表6-4 人力资本与经济增长耦合度的各省份历年均值

地区	省份	1982	1985	1992	1999	2001	2005	2011	2012	2013	2014	2015	2016	2017
东部	北京	0.35	0.36	0.31	0.34	0.36	0.53	0.63	0.62	0.68	0.71	0.75	0.76	0.79
	天津	0.33	0.33	0.32	0.41	0.42	0.49	0.58	0.59	0.63	0.65	0.69	0.70	0.71
	上海	0.35	0.35	0.36	0.46	0.50	0.62	0.69	0.73	0.75	0.76	0.79	0.82	0.83
	河北	0.38	0.40	0.42	0.50	0.49	0.53	0.62	0.63	0.65	0.67	0.70	0.71	0.76
	山东	0.39	0.40	0.45	0.51	0.52	0.62	0.74	0.77	0.79	0.80	0.83	0.82	0.86
	江苏	0.40	0.43	0.47	0.53	0.55	0.65	0.80	0.81	0.82	0.85	0.86	0.88	0.89
	浙江	0.40	0.42	0.45	0.50	0.54	0.61	0.73	0.75	0.79	0.81	0.82	0.85	0.86
	福建	0.36	0.38	0.42	0.46	0.46	0.51	0.61	0.62	0.65	0.69	0.71	0.76	0.79
	广东	0.40	0.41	0.49	0.55	0.58	0.65	0.80	0.81	0.83	0.86	0.87	0.89	0.88
	海南	0.37	0.34	0.41	0.39	0.39	0.40	0.45	0.46	0.51	0.55	0.61	0.62	0.68
	均值	0.37	0.38	0.41	0.46	0.48	0.56	0.67	0.68	0.71	0.74	0.76	0.78	0.81
东北	辽宁	0.39	0.40	0.42	0.47	0.50	0.53	0.66	0.65	0.67	0.68	0.70	0.71	0.72
	吉林	0.34	0.35	0.38	0.42	0.40	0.43	0.52	0.50	0.52	0.55	0.56	0.57	0.59
	黑龙江	0.36	0.35	0.38	0.46	0.44	0.47	0.51	0.50	0.53	0.55	0.56	0.58	0.70
	均值	0.36	0.37	0.39	0.45	0.45	0.48	0.56	0.55	0.57	0.59	0.61	0.62	0.67
中部	河南	0.36	0.39	0.41	0.45	0.45	0.52	0.64	0.65	0.66	0.68	0.72	0.73	0.75
	山西	0.39	0.38	0.40	0.39	0.40	0.44	0.51	0.50	0.53	0.55	0.56	0.57	0.61
	湖南	0.37	0.38	0.39	0.44	0.43	0.57	0.60	0.62	0.65	0.66	0.67	0.71	
	湖北	0.37	0.38	0.40	0.45	0.45	0.48	0.57	0.58	0.61	0.62	0.65	0.67	0.69
	安徽	0.37	0.39	0.40	0.43	0.44	0.47	0.58	0.61	0.62	0.65	0.67	0.71	0.72
	江西	0.36	0.38	0.40	0.42	0.43	0.48	0.56	0.57	0.59	0.60	0.63	0.67	0.70
	均值	0.37	0.38	0.40	0.43	0.43	0.57	0.59	0.61	0.63	0.65	0.67	0.70	
西部	四川	0.37	0.39	0.39	0.43	0.44	0.48	0.61	0.62	0.65	0.67	0.70	0.73	0.73
	重庆	0.38	0.39	0.39	0.40	0.40	0.45	0.56	0.59	0.62	0.65	0.67	0.71	0.75
	贵州	0.36	0.37	0.37	0.38	0.37	0.40	0.48	0.51	0.55	0.56	0.62	0.66	0.67
	云南	0.37	0.37	0.37	0.38	0.39	0.41	0.47	0.50	0.52	0.56	0.57	0.62	0.65
	广西	0.37	0.37	0.39	0.40	0.41	0.43	0.49	0.49	0.51	0.56	0.57	0.58	0.66
	西藏	0.34	0.36	0.36	0.38	0.39	0.39	0.43	0.44	0.46	0.49	0.50	0.53	0.56
	陕西	0.36	0.38	0.37	0.42	0.43	0.46	0.51	0.52	0.56	0.59	0.60	0.62	0.65
	甘肃	0.35	0.37	0.37	0.40	0.38	0.40	0.44	0.46	0.50	0.51	0.56	0.57	0.60
	青海	0.35	0.35	0.36	0.38	0.39	0.42	0.43	0.46	0.49	0.56	0.59	0.61	0.65

续表

地区	省份	1982	1985	1992	1999	2001	2005	2011	2012	2013	2014	2015	2016	2017
西部	宁夏	0.30	0.36	0.35	0.38	0.38	0.40	0.46	0.51	0.53	0.56	0.57	0.59	0.62
	新疆	0.34	0.36	0.35	0.37	0.38	0.43	0.46	0.49	0.50	0.51	0.55	0.56	0.57
	内蒙古	0.35	0.37	0.37	0.41	0.43	0.45	0.53	0.56	0.57	0.62	0.65	0.67	0.69
	均值	0.35	0.37	0.37	0.40	0.40	0.42	0.49	0.51	0.54	0.57	0.60	0.62	0.65
总体均值		0.36	0.38	0.39	0.43	0.44	0.48	0.57	0.58	0.61	0.64	0.66	0.68	0.71

第四节 本章小结

第一，1982~2017年，我国人力资本与经济增长两指数及系统耦合度从状态和增速两个方面均表现出由东至西依次递减态势，且省份间差异较为明显。这意味着我国区域间发展差异将长期存在，而通过人力资本的空间优化分布缩小经济发展差异将是可选之举。

第二，今后如果要实现以人口发展方式转型推动经济增长，从而获取人力资本红利对经济增长的促动，则实现与经济增长方式转型相适应的教育与人才培养与使用模式就显得至关重要，这方面西部各省份尤其需要加以重视。本章研究结论中一个有意义的现象是，经济最不发达的西部地区，其人力资本增长率高于其经济增长的增长率，人力资本水平相对于其经济发展水平具有绝对优势。因此，可以认为，西部拥有潜在的经济增长动力及后发优势。而要发挥这一优势，考虑到西部二者的耦合度较低，则有效释放西部相对于经济发展水平而言较高的人力资本效能，就可有效提升其耦合程度。

第三，整体上我国的"人力资本—经济增长"系统耦合度处于较低水平，同时四大区域及各省份间的耦合差异并未出现趋同趋势，反而存在进一步扩大的可能。因此，以提高二者耦合度为目标的制度创新需要设计精确而有效的制度体制与环境，各省份可以依据自身特点，以人力资本与经济增长的适宜性发展为基础，构建二者的协调发展模式，同时各省份应积极探索与发达地区、邻近省份的多渠道合作，形成互促共进的发展模式。

第七章 人力资本与经济增长耦合的再解析

第六章以耦合方法对我国省域人力资本与经济增长关系展开了全面的探讨，虽属初步尝试，但所得结论有一定的新颖性和实际意义。由于这一领域尚未见到相关分析，加之人力资本、经济增长与区域发展差异三者之间本身就存在复杂的相互影响关系，因此还需进一步对这一领域展开深入分析。基于这一思路，如下将就人力资本与经济增长的耦合关系展开深入的拓展分析，以期获得更为细致而新颖的研究结论。

当前，随着我国人口结构的重大转变，我国已进入以人力资本红利代替人口红利的发展新阶段。为此，如何激发人力资本红利，从而对以技术创新为基础的供给侧改革做出有效回应，并最终对经济增长做出强力支撑，是当前急需讨论的重要论题。为此，本章将在上一章研究思路的基础上，从经验性研究视角出发，设计了一个多系统交互作用研究体系，将人力资本划分为智力素质、身体素质两大系统，并将二者与经济增长系统纳入到一个统一的框架中，将三者视为相互作用的多元系统，考察三系统之间交互协调的作用关系。本章将尝试从如下两个方面做出进一步拓展：第一，构建三系统耦合协调模型，首先对三系统耦合机制做出详细的理论解析，在此基础上明确人力资本智力素质、身体素质以及经济增长三者之间的协同交互作用机理；第二，对区域间三系统耦合的差异做出比较分析，明确各地区人力资本与经济增长之间相互作用的协调发展水平及存在的问题。本章后续内容安排如下：一是多系统耦合机制的理论解析；二是指标体系与数据说明；三是基于中国近40年省域人力资本与经济增长数据的两系统及三系统耦合实证分析；四是对三系统耦合跃迁模式进行了扩展性讨论；五是本章小结。

第七章 人力资本与经济增长耦合的再解析

第一节 多系统耦合机制的理论解析

将前文有关两系统耦合的思想扩展后可应用于三系统耦合关系的求解。首先,设定三系统协调度的离差系数为(汤玲等,2010):

$$C_V' = \sqrt{\frac{\frac{1}{2}[(X-\frac{X+Y+Z}{3})^2+(Y-\frac{X+Y+Z}{3})^2+(Z-\frac{X+Y+Z}{3})^2]}{(\frac{X+Y+Z}{3})^2}} \quad (7-1)$$

经推导化简得:

$$C_V' = \sqrt{\frac{3(XY+YZ+ZX)}{(X+Y+Z)^2}} = \sqrt{3(1-C)} \quad (7-2)$$

据此可设定三系统协调度为:

$$C' = \frac{3(XY+YZ+ZX)}{(X+Y+Z)^2} \quad (7-3)$$

依据前述原理,可进一步设定三系统发展度模型为:

$$T' = \alpha X + \beta Y + \gamma Z \quad (7-4)$$

则可得耦合模型为:

$$D' = C' \times T' \quad (7-5)$$

联系本章研究对象,则可设定 X、Y 和 Z 分别代表人力资本的智力素质(H_1)、身体素质(H_2)与经济增长(Y)三系统。依据上述思路,取 $\alpha = \beta = \gamma = 1/3$。

三系统耦合的原理见图 7-1。首先,当三个系统的离差为 0 时,有 $H_1 = H_2 = Y$,则所有满足这一条件的点形成一条从原点出发与正方体对角线相重合的空间射线,即最优协调线,其在 H_1-O-Y、$Y-O-H_2$ 和 H_1-O-H_2 平面上的投影为从原点发出的平面 45°射线。在这条射线上,H_1、H_2 和 Y 的协调程度始终为最优。其次,三个二元系统中,即平面 H_1-O-Y、$Y-O-H_2$ 和 H_1-O-H_2,分别包含如 $T_1 \sim T_6$ 等的无数条等水平发展线。它们共同在三维坐标系中构成三系统发展空间。从 O 点出发,沿着空间对角线外移而远离 O 点,这一远离的过程代表三系统综合发展水平的提高。最后,耦合度即协调度和发展度的交集,其直观地可以表现为空间对角线上的点，空间对角线上任意一点都表示一个相应的耦合度，距离原点越远的点代表的耦合度越高，如图 7-1 中 A 和 B、M 和 N、P 和 L 点都位于映射出的平面二系统最优协调线上，B 点耦合度高于 A 点，同理适用于 M 和 N 点、P 和 L 点。

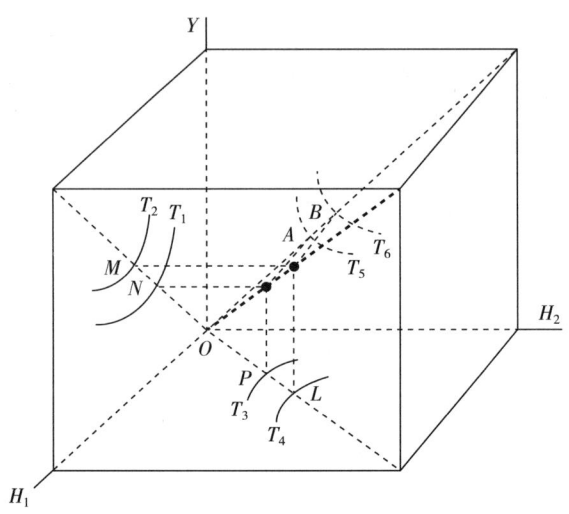

图 7-1 三系统耦合机制解析

第二节 指标体系与数据说明

由于本章将人力资本划分为智力素质与身体素质两大类，因此，在前述第三章指标设定的基础上，为进一步更为翔实地界定人力资本，从而更好地适应本章分析所需，笔者对人力资本做出了更为翔实的界定（见表 7-1）。经济增长系统的指标仍旧与第三章保持一致。

一、指标体系拓展

本章将人力资本设定为智力素质与身体素质两大类，前者包括创新能力、潜在人力资本、实际人力资本、文化环境四类二级指标,而后者则包括生活质量、医疗保健两类二级指标。具体指标体系见表7-1。

表7-1 人力资本智力素质、身体素质与经济增长的指标体系

一级指标	二级指标	三级指标
智力素质 (H_1)	创新能力	专利申请受理量、技术市场成交额、R&D经费支出、R&D人员数
	潜在人力资本	普通高等学校在校生数占比、普通中等学校在校生数占比、小学在校生数占比、教育事业费
	实际人力资本	人均受教育年限、总受教育年限(人均受教育年限×年末就业人数)
	文化环境	公共图书馆与博物馆总数、报纸出版总印数、电视人口覆盖率、图书与杂志出版总印数、城镇及农村人均全年文教娱乐服务支出
身体素质 (H_2)	生活质量	人口自然增长率*、人口预期寿命、农村人均全年肉类及蛋类摄入量、城镇人均全年肉类及蛋类摄入量
	医疗保健	每万人卫生机构技术人员数、每万人拥有床位数、每万人拥有医生数、城镇及农村人均全年医疗保健支出

注:"*"表示该指标为负指标,该指标数值越小对经济发展越有利;其余指标为正指标,数值越大对经济发展越有利。

二、实证步骤

与上一章相同,本章仍旧利用极差标准化法对各指标原始数据进行标准化处理。

正向指标标准化:$x'_{ij} = \dfrac{x_{ij} - \min x_{ij}}{\max X_{ij} - \min X_{ij}}$ (7-6)

负向指标标准化:$x'_{ij} = \dfrac{\max_{ij} - x_{ij}}{\max X_{ij} - \min X_{ij}}$ (7-7)

同样,本章将运用李新运等(1998)提出的三标度层次分析法确定指标权重,具体步骤为:构造主观判断矩阵、建立感觉判断矩阵、计算客观判断矩阵、归一化指标权重,限于篇幅此过程不再列出。需要说明的是,在设定主观权重时,笔者征询了九位相关专家的意见,并依据他们的意见给指标权重主观赋值。而后运用综合指数测度各子系统发展水平与状况,其计算公式如下:

$$H_{1n} = \sum_{i=1}^{16} W_i I_{in} \quad (n = 1,2,3,\cdots,31) \quad (7-8)$$

$$H_{2n} = \sum_{j=1}^{11} W_j I_{jn} \quad (n = 1,2,3,\cdots,31) \tag{7-9}$$

$$Y_n = \sum_{m=1}^{20} W_m I_{mn} \quad (n = 1,2,3,\cdots,31) \tag{7-10}$$

其中，W_i、W_j、W_m 分别表示人力资本智力素质、身体素质与经济增长指标的权重；H_{1n}、H_{2n}、Y_n 分别表示人力资本智力素质、身体素质与经济增长综合指数；I_{in}、I_{jn}、I_{mn} 分别表示各指标的标准化数值。以此为基础，即可计算系统耦合度。耦合度的判别标准及划分类型和第六章相同。

第三节 实证分析

一、两系统耦合分析

依据第三章计算方法可得两系统耦合水平，篇幅所限，省域数据未列出。三大区域的计算结果见表7-2①。

表7-2 人力资本智力素质、身体素质与经济增长两系统耦合度区域均值

年份	智力素质—身体增长				智力素质—经济增长				身体素质—经济增长			
	东部	中部	西部	全国均值	东部	中部	西部	全国均值	东部	中部	西部	全国均值
1982	0.20	0.15	0.12	**0.16**	0.16	0.15	0.12	**0.14**	0.14	0.13	0.12	**0.13**
1983	0.21	0.16	0.13	**0.17**	0.16	0.15	0.13	**0.14**	0.15	0.14	0.12	**0.14**
1984	0.22	0.17	0.14	**0.18**	0.17	0.16	0.13	**0.15**	0.16	0.14	0.13	**0.14**
1985	0.22	0.18	0.14	**0.18**	0.17	0.16	0.13	**0.15**	0.16	0.14	0.13	**0.14**
1986	0.23	0.19	0.14	**0.19**	0.17	0.16	0.13	**0.15**	0.16	0.15	0.13	**0.14**
1987	0.24	0.20	0.15	**0.19**	0.17	0.16	0.13	**0.16**	0.16	0.15	0.14	**0.15**

---

① 东部地区包括北京、天津、河北、辽宁、上海、江苏、浙江、福建、山东、广东、海南共11个省份；中部地区包括山西、吉林、黑龙江、安徽、江西、河南、湖北、湖南共8个省份；西部地区包括广西、重庆、四川、贵州、云南、西藏、陕西、内蒙古、甘肃、青海、宁夏、新疆共12个省份。

续表

年份	智力素质—身体增长				智力素质—经济增长				身体素质—经济增长			
	东部	中部	西部	全国均值	东部	中部	西部	全国均值	东部	中部	西部	全国均值
1988	0.24	0.20	0.15	**0.20**	0.17	0.16	0.13	**0.15**	0.16	0.15	0.14	**0.15**
1989	0.24	0.20	0.15	**0.20**	0.16	0.15	0.13	**0.15**	0.15	0.14	0.13	**0.14**
1990	0.25	0.21	0.16	**0.21**	0.18	0.17	0.14	**0.16**	0.17	0.16	0.14	**0.15**
1991	0.26	0.22	0.17	**0.22**	0.18	0.16	0.14	**0.16**	0.17	0.16	0.15	**0.16**
1992	0.27	0.23	0.17	**0.22**	0.19	0.17	0.14	**0.17**	0.19	0.17	0.15	**0.17**
1993	0.28	0.23	0.18	**0.23**	0.20	0.18	0.15	**0.18**	0.20	0.17	0.15	**0.17**
1994	0.28	0.24	0.18	**0.23**	0.21	0.18	0.15	**0.18**	0.20	0.17	0.15	**0.18**
1995	0.29	0.24	0.19	**0.24**	0.22	0.19	0.15	**0.19**	0.21	0.18	0.16	**0.18**
1996	0.30	0.25	0.19	**0.25**	0.22	0.20	0.15	**0.19**	0.21	0.19	0.16	**0.19**
1997	0.31	0.26	0.20	**0.25**	0.23	0.20	0.16	**0.20**	0.22	0.19	0.16	**0.19**
1998	0.31	0.26	0.20	**0.26**	0.24	0.21	0.16	**0.20**	0.23	0.20	0.17	**0.20**
1999	0.31	0.26	0.21	**0.26**	0.24	0.20	0.17	**0.21**	0.23	0.20	0.17	**0.20**
2000	0.32	0.27	0.21	**0.27**	0.25	0.20	0.17	**0.21**	0.24	0.20	0.18	**0.20**
2001	0.33	0.28	0.22	**0.27**	0.26	0.21	0.17	**0.21**	0.25	0.20	0.18	**0.21**
2002	0.34	0.28	0.23	**0.28**	0.28	0.21	0.19	**0.23**	0.27	0.21	0.19	**0.22**
2003	0.35	0.29	0.24	**0.29**	0.30	0.22	0.19	**0.24**	0.28	0.21	0.19	**0.23**
2004	0.36	0.30	0.25	**0.30**	0.32	0.23	0.20	**0.25**	0.30	0.22	0.19	**0.24**
2005	0.37	0.31	0.26	**0.31**	0.34	0.24	0.20	**0.26**	0.31	0.23	0.20	**0.25**
2006	0.38	0.31	0.26	**0.32**	0.35	0.25	0.21	**0.27**	0.33	0.24	0.21	**0.26**
2007	0.39	0.33	0.27	**0.33**	0.39	0.26	0.21	**0.29**	0.36	0.25	0.21	**0.27**
2008	0.41	0.34	0.28	**0.34**	0.38	0.27	0.22	**0.29**	0.36	0.26	0.22	**0.28**
2009	0.43	0.37	0.30	**0.37**	0.39	0.28	0.22	**0.30**	0.37	0.27	0.23	**0.29**
2010	0.44	0.38	0.32	**0.38**	0.42	0.30	0.24	**0.32**	0.39	0.30	0.25	**0.31**
2011	0.47	0.40	0.34	**0.40**	0.45	0.33	0.26	**0.35**	0.41	0.32	0.27	**0.33**
2012	0.49	0.42	0.35	**0.42**	0.47	0.34	0.27	**0.36**	0.43	0.34	0.28	**0.35**
2013	0.50	0.43	0.36	**0.43**	0.49	0.36	0.28	**0.38**	0.45	0.35	0.29	**0.36**
2014	0.52	0.45	0.38	**0.45**	0.50	0.37	0.29	**0.39**	0.47	0.37	0.30	**0.38**
2015	0.53	0.47	0.39	**0.46**	0.51	0.38	0.30	**0.40**	0.48	0.39	0.31	**0.39**
2016	0.55	0.48	0.40	**0.47**	0.52	0.40	0.32	**0.41**	0.50	0.41	0.32	**0.40**

续表

年份	智力素质—身体增长				智力素质—经济增长				身体素质—经济增长			
	东部	中部	西部	全国均值	东部	中部	西部	全国均值	东部	中部	西部	全国均值
2017	0.57	0.49	0.41	**0.49**	0.53	0.41	0.33	**0.42**	0.51	0.42	0.33	**0.41**
均值	0.34	0.29	0.23	**0.29**	0.29	0.23	0.19	**0.24**	0.28	0.23	0.19	**0.23**

观察表 7-2，可知：

第一，从全国均值看，近 40 年里，智力素质与身体素质的耦合水平较低，仅从严重失调类型转变为濒临失调类型，但耦合水平的提升速度较快，且耦合度的提升主要由身体素质带动。从三大区域来看上述特征也较为明显，东部、中部和西部分别从 0.20、0.15、0.12 变动至 0.57、0.49、0.41，增幅分别为 185%、227% 和 242%。三区域中仅有东部地区实现由失调衰退向协调发展的跨越，耦合度由东至西依次递减。一个明显的特征为：身体素质水平越高，智力与身体的耦合水平就越高。二者之间的协调发展大致可分为两个方面：1982～1995 年，三大区域均在小于 0.3 水平的协调度内微幅上升，且西部的协调发展水平明显慢于东部和中部；东、中、西部分别于 1996 年、2004 年、2009 年进入轻度失调类型，东部地区的耦合发展优势明显，其与中西部地区的水平差异一直呈扩大趋势。

第二，从全国均值看，智力素质和经济的耦合变动趋势与身体素质和经济的耦合趋势较为接近，均呈现稳步上升态势。从三大区域看，耦合度亦稳步上升。东、中、西部分别从 0.16、0.15、0.12 变动至 0.53、0.41、0.33，增幅分别为 231%、173%、175%。东部于 2003 年率先进入轻度失调状态，中部在 2010 年进入这一阶段，而西部至 2015 年才进入这一阶段。2014 年，东部已率先进入勉强协调发展阶段，实现了由衰退向协调发展的跃迁，耦合水平最高；同时中部和西部的耦合值亦稳步上升，但增幅相对较慢。

第三，从全国均值看，人力资本身体素质与经济的耦合水平在 2001 年之后保持了良好的上升态势，耦合度从 1982 年严重失调的 0.13 变动至 2017 年濒临失调的 0.41，但仍处于失调衰退阶段。从三大区域来看，东部、中部和西部的耦合值分别从 0.14、0.13、0.12 变动至 0.51、0.42、0.33，增幅分别为 264%、223%、175%，增幅呈现由东至西依次递减趋势。目前，只有东部进入协调发展阶段,中部和西部仍处于失调衰退阶段。

上述耦合度变动的重要提示是,全国以及三大区域三类耦合水平都在不断上升,各区域经济发展水平也不断提升,但未来三大区域间耦合水平的差距可能会进一步扩大,三区域协同发展趋势不明显。

二、三系统耦合分析

各省区三系统耦合度的计算结果如表7-3所示,综合分析,可知:

第一,从各年度全国均值看,耦合总体上呈平稳上升趋势,从0.16变化为0.46,增幅达188%,由严重失调衰退阶段转变为濒临失调衰退阶段,但耦合水平较低,截止到2017年仍未实现由失调衰退向勉强协调发展的跃迁。

第二,从三大区域看,东、中、西部的耦合度分别由0.18、0.16、0.13变动至0.53、0.43、0.36,增幅分别为194%、170%、178%。其中,中部的增幅显著低于全国平均水平,西部的增幅略低于全国平均水平,东部则高于全国平均水平,同时各区域耦合水平均保持逐步上升趋势。此外,三大地区的耦合差距逐年上升,东部地区于2009年率先实现由轻度失调向濒临失调的跃迁,截止到2017年中部也进入濒临失调阶段,西部处于轻度失调阶段,三区域差距逐渐扩大,未来东部区域的领先优势会越来越明显。

第三,从省域层面看,各省耦合度均呈上升趋势,省域间耦合水平差异比较明显。东部的广东、江苏、山东的耦合度最为突出,已进入初级协调发展阶段;北京、浙江、上海三省份已实现协调发展;除海南外①,其他省份均属于濒临失调衰退阶段。中部地区各省的差异较大,河南最高,已实现由衰退向协调发展的跃迁,处于勉强协调发展阶段;安徽、湖北、湖南和江西四省紧随其后,属于濒临失调衰退状态;其余省份尚处于轻度失调衰退阶段。西部地区除四川进入勉强协调阶段,其余省份耦合值皆不容乐观;其中陕西、重庆和内蒙古均属于濒临失调衰退阶段;西藏属于中度失调阶段,其余省份皆处于轻度失调衰退状态。

第四,从研究时序的两个起止年度看,所有省份人力资本智力素质、身体素质与经济增长的耦合协调水平都有绝对提升,但相对关系并没有发生根本变动,

---

① 海南耦合值较低的原因在于指标体系中有年末就业人数这一指标,因海南人口数量相对较小,数据标准化过程中会影响其取值。值得注意的是,受此影响,东部的两系统与三系统耦合均值亦会有所下降。

从东至西依次减弱的态势依旧明显。由此可知，除个别省份外，三大区域间发展水平的相对差异没有根本性变化。

表7-3 中国省域人力资本智力素质、身体素质与经济增长三系统耦合值

地区	省份	1985年	1990年	1995年	2000年	2005年	2010年	2013年	2014年	2015年	2016年	2017年	均值
东部	北京	0.19	0.19	0.22	0.24	0.36	0.43	0.47	0.50	0.52	0.53	0.55	0.38
	天津	0.17	0.18	0.21	0.24	0.30	0.35	0.40	0.41	0.42	0.43	0.46	0.33
	河北	0.17	0.19	0.23	0.27	0.29	0.37	0.43	0.45	0.46	0.47	0.48	0.34
	辽宁	0.20	0.21	0.23	0.28	0.33	0.41	0.46	0.47	0.48	0.49	0.49	0.37
	上海	0.19	0.20	0.24	0.29	0.39	0.44	0.50	0.49	0.51	0.53	0.55	0.40
	江苏	0.20	0.21	0.27	0.31	0.39	0.51	0.58	0.61	0.62	0.63	0.65	0.45
	浙江	0.18	0.19	0.24	0.28	0.37	0.46	0.52	0.54	0.55	0.56	0.57	0.40
	福建	0.14	0.17	0.22	0.24	0.28	0.35	0.41	0.43	0.45	0.46	0.47	0.33
	山东	0.17	0.20	0.25	0.30	0.38	0.48	0.56	0.58	0.60	0.61	0.62	0.42
	广东	0.19	0.22	0.30	0.33	0.42	0.54	0.61	0.63	0.65	0.66	0.67	0.47
	海南	0.15	0.16	0.17	0.19	0.21	0.24	0.28	0.28	0.30	0.31	0.32	0.24
	均值	**0.18**	**0.19**	**0.23**	**0.27**	**0.34**	**0.42**	**0.47**	**0.49**	**0.51**	**0.52**	**0.53**	**0.38**
中部	吉林	0.17	0.18	0.20	0.20	0.24	0.30	0.35	0.36	0.37	0.38	0.38	0.29
	黑龙江	0.16	0.17	0.21	0.22	0.25	0.31	0.36	0.37	0.37	0.38	0.39	0.29
	山西	0.16	0.18	0.21	0.23	0.26	0.31	0.34	0.35	0.36	0.37	0.38	0.29
	安徽	0.16	0.17	0.20	0.22	0.25	0.33	0.38	0.40	0.41	0.42	0.43	0.30
	江西	0.15	0.16	0.18	0.19	0.22	0.31	0.35	0.37	0.38	0.39	0.41	0.29
	河南	0.16	0.17	0.21	0.24	0.29	0.40	0.48	0.50	0.52	0.53	0.54	0.36
	湖北	0.17	0.19	0.22	0.24	0.27	0.33	0.40	0.41	0.43	0.45	0.47	0.32
	湖南	0.16	0.17	0.20	0.22	0.25	0.32	0.38	0.41	0.43	0.44	0.45	0.30
	均值	**0.16**	**0.17**	**0.21**	**0.22**	**0.26**	**0.33**	**0.38**	**0.40**	**0.41**	**0.42**	**0.43**	**0.30**
西部	内蒙古	0.15	0.16	0.18	0.21	0.25	0.31	0.36	0.38	0.39	0.40	0.41	0.29
	广西	0.14	0.16	0.18	0.20	0.23	0.29	0.32	0.34	0.35	0.36	0.37	0.27
	重庆	0.10	0.11	0.12	0.15	0.23	0.30	0.36	0.39	0.40	0.41	0.42	0.27
	四川	0.17	0.19	0.21	0.23	0.27	0.36	0.42	0.44	0.46	0.48	0.50	0.33
	贵州	0.13	0.14	0.15	0.17	0.19	0.24	0.28	0.29	0.30	0.31	0.33	0.23
	云南	0.13	0.15	0.17	0.19	0.21	0.26	0.31	0.32	0.33	0.35	0.36	0.25
	西藏	0.09	0.10	0.12	0.14	0.16	0.19	0.22	0.23	0.25	0.26	0.28	0.19

续表

地区	省份	1985年	1990年	1995年	2000年	2005年	2010年	2013年	2014年	2015年	2016年	2017年	均值
西部	陕西	0.15	0.16	0.18	0.21	0.24	0.30	0.36	0.38	0.39	0.40	0.41	0.29
	甘肃	0.14	0.15	0.16	0.18	0.20	0.24	0.27	0.29	0.30	0.31	0.32	0.23
	青海	0.13	0.14	0.15	0.18	0.20	0.22	0.25	0.26	0.28	0.29	0.30	0.22
	宁夏	0.14	0.14	0.16	0.17	0.20	0.24	0.27	0.28	0.29	0.30	0.31	0.23
	新疆	0.14	0.16	0.17	0.20	0.22	0.25	0.29	0.30	0.31	0.32	0.33	0.25
	均值	**0.13**	**0.15**	**0.16**	**0.19**	**0.22**	**0.27**	**0.31**	**0.32**	**0.34**	**0.35**	**0.36**	**0.25**
全国		0.16	0.17	0.20	0.23	0.27	0.34	0.39	0.40	0.42	0.45	0.46	0.31

三、两系统与三系统耦合的关联性分析

由于人力资本智力素质、身体素质与经济增长三系统耦合水平的变化趋势与每个两系统的耦合度密切相关，因此，可通过比较上述四类耦合值，明确它们之间的关系，并由此推断三系统耦合协调变化的主要原因。图7-2给出了三区域三类两系统耦合值和三系统耦合值的时序拟合线。通过观察可以发现：

第一，三区域两系统与三系统耦合值拟合曲线的走势基本一致，这由于智力素质—身体增长的拟合变化具有明显的促进作用。这一结果提示，强化人力资本的两类素质，特别是强化两类素质的协同共进，对经济增长具有明显的正向作用力。

第二，2005年以后，三区域的各类耦合值都呈现加速上升趋势。这意味着我国人口的智力素质、身体素质对经济增长的正向促进作用显著增强，同时经济的快速增长又加快了人口素质的提升，三者呈现相辅相成、协同共进的紧密关系。

第三，中部和西部的智力素质—经济增长耦合拟合曲线在2000年之后由平稳上升转变为快速上升，但增幅均落后于东部。原因可能在于：首先，东部地区独特的区位优势和发展环境可以承载高速的经济增长；其次，考虑到我国经济结构调整和发展方式转型的需要，东部在"率先发展战略"引导下，其发展的整体水平要明显优于中西部地区。这意味着粗放式劳动力投入已无法有效支撑高质量的经济增长，未来我国经济增长对高质量人力资本的依赖性更高。

第四，中部和西部两地区身体素质—经济增长、智力素质—经济增长两类耦

合值拟合曲线的走势具有一致性，但都显著低于东部地区。这表明尽管中部和西部各省份劳动力资源丰富，但因为经济发展水平落后于东部，大量的有效劳动力转移至东南沿海地区，本地区吸引高素质劳动力留驻的动力不足，从而并未将人口数量优势转化为经济发展优势，长此以往，势必会影响承接东部地区产业转移和消化高新技术产业的能力。

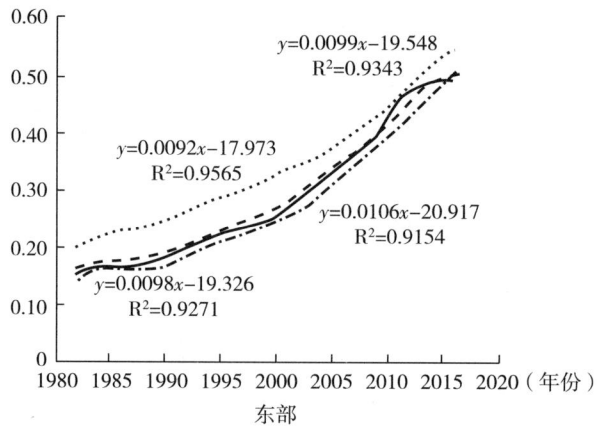

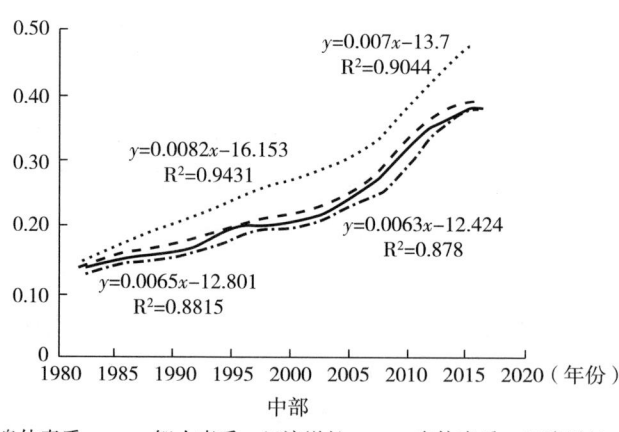

图7-2 三区域两系统与三系统耦合值拟合曲线

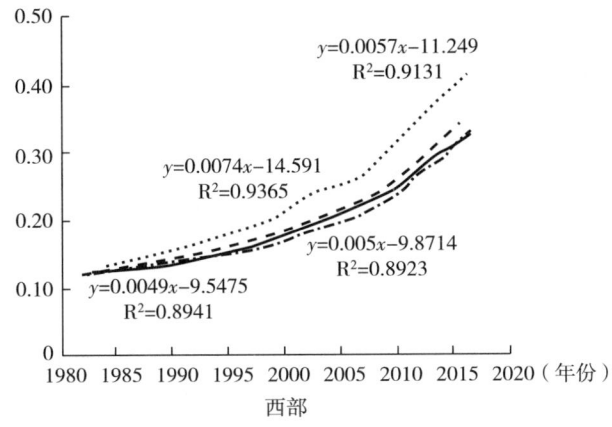

……智力素质—身体素质　——智力素质—经济增长　—·—身体素质—经济增长　---三系统

图7-2　三区域两系统与三系统耦合值拟合曲线（续）

第四节　耦合机制的再讨论

前述第一节对三系统耦合机制做出了理论解析，以此为基础，观察表7-2和表7-3中的耦合结果可以发现，表6-1中由低到高的判断标准的变化，对应于实际当中耦合水平的动态跃迁方式。对这一跃迁过程做出合理的解释是有必要的，为此，笔者设计了一个形象化的三系统耦合跃迁模型（见图7-3），其核心思想是对耦合水平按耦合层次（标准）由高到低的跃迁路径与过程做出描述。

图中三个正立方体代表了三类耦合发展水平。平面 $X-O-Y$、$Y-O-Z$ 和 $X-O-Z$ 表示三个两系统的耦合发展面。射线 OD 即原点发出的空间45°射线，代表理论意义上的三系统最佳耦合演化路径。A、B、D 为最优协调度下的耦合值的不同临界点。假设系统发展呈良性递进变化，可将图7-3中三个立方体内部波动上升的曲线看作三个依次提升的耦合发展层次。这里假定，三系统的耦合跃迁演化路径满足S形波动变动机制①。这里依据表6-1只选取前三个耦合区间：

---

① 当然将其设定为线性变动机制亦可求解，只是实际当中的直线性变动趋势很难存在。

0~0.09、0.10~0.19、0.20~0.29，因机理相同，限于篇幅，其余耦合区间未列出。这里需要说明的一点是，笔者将每一个耦合水平的决断标准设定为一个耦合区间，区间之间耦合水平的提升即为耦合跃迁。

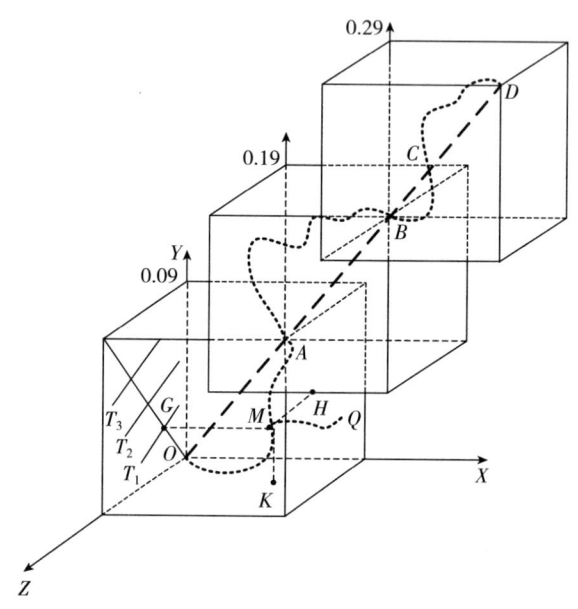

图 7-3 三系统耦合跃迁模式解析

假设初始时的三系统耦合水平位于区间 0~0.09（即图 7-3 中最下方的正立方体），此时系统处于极度失调衰退阶段。但随着三系统协调发展水平的不断提高，在经历了随机路径的波动变化后，如果没有强干扰因素的负向冲击，则三系统耦合水平将逐渐趋近于 A 点，在最终达到并突破 A 点后，系统耦合水平跃迁进入下一个优化阶段——严重失调衰退阶段；随后上述跃迁过程会得以持续，并继续迈进至第三个正立方体所对应的中度失调衰退阶段。此后上述过程可能会继续发展，进入下一个更高水平的耦合演化周期，各个子系统的发展不断促使耦合水平依次螺旋递进式进入更高层次的跃迁阶段。总体而言，一般情况下，系统耦合水平演化路径虽然多有波动，但整体向好。

值得注意的是，上述耦合跃迁过程中可能存在因某系统发展不良而引致的耦合衰减现象。例如，耦合水平为图中的 M 点，如果不采取任何干预措施，则演化路径将极有可能演变为曲线 MQ，意味着实际耦合水平偏离最佳演化路径的程度将越来越大，甚至出现耦合水平的下降。此时如果政府实施了有序的资金、人力或其他方式的干预，演化路径将可能变为曲线 MA，则三系统耦合关系将重新回到协调发展方向，进而实现整个系统向更优质的耦合水平跃迁的态势，从而顺利进入下一个耦合演化阶段。

第五节　本章小结

本章创新性地构建了扩展的三系统耦合模型，对我国 1982～2017 年人力资本智力素质、身体素质与经济增长三系统的耦合协调关系及其演化特征做出详细的分析。从实证结果看，我国人力资本智力素质、身体素质与经济增长的整体协调能力不断改善，但区域间差异明显。主要的研究结论为：

第一，各省份智力素质—身体素质、智力素质—经济增长、身体素质—经济增长三类两系统的耦合值呈现出稳步上升的良好趋势，与此密切相关的三系统耦合值亦保持递增的演化趋势。这表明，只有当两系统的发展度和协调度都提高的时候才能保证三系统耦合水平的提升。但是，各省份耦合水平的绝对值不高，尤其是中部和西部区域尚未实现由失调衰退向协调发展的转变，实现三区域协同发展、互促共进的局面仍然任重道远。

第二，不论是两系统还是三系统，其耦合度在区域之间和区域内部均表现出明显的差异。东部区域两类耦合度都相对突出，但中西部多数省份的耦合度仍处于失调状态。因此，为有效缩小区域差距，各省份在探索三系统良性耦合发展路径时，需结合本区域实际发展状况和比较优势，因地制宜地制定相关政策。具体而言，东部应在已有发展基础上持续培养与引进高素质人才，从而为以人力资本和技术创新带动的集约化经济增长模式提供持续的动力；中部在承接东部产业转移的同时不仅要注重对专业化、高精尖人才的引入，而且要采取相应措施防止人才的流出；对西部地区而言，在普遍提高人口素质的基础上，按照"西部二次大开发"的战略导向，以承接东中部产业转移为指针，有针对性地培养、留住、引进适宜性人才，从而在人力资本与经济增长两个方面与东中部实施错位发展，将具有切实的现实意义。

综上所述，目前中国经济正在经历结构转型的关键时期，在面临供求两个层面的双向冲击时，合理配置、有效使用与着力培育高素质劳动力，为经济增长提供可靠的原动力，将有助于应对当前及今后一段时期的严峻挑战。今后，与整体改革的推进相配合，将人力资本作为经济增长的核心动力，切实贯彻和落实科教兴国、人才强国等战略，并辅以教育、医疗、就业等社会保障体系的不断完善，将为我国整体经济"决定性突破"提供有力的保障。而从区域层面看，在国家相关政策的支撑下，各地区要本着因地制宜与科学规划的思路，在产业结构调整、产学研结合、创业投资、专利保护以及制度建设等方面实施有效调控与全面支持，进而实现人力资本智力素质提升、身体素质改善以及经济效益提升持续相促、协调共进的良性发展局面。

第八章 人力资本对经济增长的非线性影响(一)

根据新经济增长理论,技术进步是经济持续发展的重要源泉。Romer(1990)认为,人力资本是一国技术进步速度的重要影响因素,人力资本水平越高,尤其是从事研究与开发的人力资本越多,技术进步速度就越快。而人力资本作为知识和技术进步的载体,是国家实现经济发展的核心力量。我国作为人口大国,若能将人力资本数量上的优势转化为技术竞争优势,从人口资源大国发展为人力资本强国,则可以将我国因人口红利窗口关闭而导致的劳动力优势丧失所带来的损失降至最低。同时结合我国雄厚的物质资本投资,获得保持经济持续发展的强劲动力。这决定了人力资本是推动经济增长的重要因素,目前对于人力资本与经济增长关系的研究多采用教育成本法、教育年限法,直接设定线性模型得出回归方程进行线性检验(包括单位根检验、协整检验、Probit 模型、Logit 模型、VAR 模型、脉冲响应函数)等分析得出人力资本对经济增长的影响程度。在对经济增长影响效应的研究上,变量主要集中在通过教育途径积累的人力资本上而忽略了对其他构成人力资本要素的研究。这样将人力资本的某一(某些)构成部分视作人力资本的代理变量,将会高估(或者低估)人力资本的经济增长效应,因此,需要尽可能全面考虑人力资本对经济增长的影响。本章基于扩展的索罗模型,通过构造我国 31 个省份经济增长、物质资本、人力资本、技术进步和劳动力等的综合指数,利用分位数回归方法对我国近 40 年的经济发展进行整体考察和分三大区域考察,从不同经济发展层面下手,更为全面地探讨人力资本对我国经济发展的贡献。

综观已有文献,皆是论述人力资本对经济增长的正向促进作用,且主要将人力资本界定为由教育水平或者健康两因素作用的结果,并未考量构成人力资本的综合因素。而且大多是采用普通最小二乘法估计或者面板数据模型揭示自变量对于因变量的均值影响，而没有考虑在条件分布的不同位置时自变量的影响差异，因而存在一定的局限性。基于此，本章利用分位数回归方法研究人力资本对经济增长的作用。本章的后续结构安排如下：首先介绍模型设定和方法选择；其次对指标体系和变量定义进行说明并基于中国 31 个省份近 40 年面板数据进行实证分析与东中西三大区域的实证分析；最后是本章小结。

第一节　理论模型和方法介绍

一、理论模型

在新古典经济增长理论中，人力资本作为外生变量存在于模型中，而新经济增长理论则重点强调了人力资本在经济增长中的作用。Mankiw 等（1992）的研究将增长的大部分贡献归于人力资本的投入，他们将人力资本引入柯布—道格拉斯生产函数，扩展了索罗模型。

假设 CD 生产函数的规模报酬不变，带有人力资本的扩展的索罗模型可以表示为：

$$Y(t) = K(t)^{\alpha} H(t)^{\beta} [A(t) L(t)]^{\mu} \tag{8-1}$$

其中，$Y(t)$ 为产出水平、$K(t)$ 为物质资本投入、$H(t)$ 为人力资本投入、$A(t)$ 为技术进步水平、$L(t)$ 为劳动力投入，α、β、μ 分别为各要素投入对产出的边际弹性。由于假设生产函数的规模报酬不变，因此 $\mu = 1 - \alpha - \beta$。

假设劳动力投入（$L(t)$）和技术进步水平（$A(t)$）分别以 n 和 g 的外生性速度增长，则有：

$$L(t) = L(0) e^{nt} \tag{8-2}$$

$$A(t) = A(0) e^{gt} \tag{8-3}$$

另外，为简化起见，假设没有资本折旧，则：

$$K(t) = s_K Y(t) \tag{8-4}$$

$$H(t) = s_H Y(t) \tag{8-5}$$

其中，s_K 和 s_H 分别代表物质资本和人力资本的储蓄率。

因此，经济的演化过程可以被描述为：

$$\dot{k} = s_K k(t)^\alpha h(t)^\beta - (n+g)k(t) \tag{8-6}$$

$$\dot{h} = s_H k(t)^\alpha h(t)^\beta - (n+g)h(t) \tag{8-7}$$

其中，$y = Y/AL$，$k = K/AL$，$h = H/AL$。

由以上公式可以确定经济增长的均衡状态，$\overset{*}{k} = \left[\dfrac{s_K^{1-\beta} s_H^\beta}{n+g}\right]^{(1/\mu)}$，$\overset{*}{h} = \left[\dfrac{s_K^\alpha s_H^{1-\alpha}}{n+g}\right]^{(1/\mu)}$，然后将稳态点代入式（8-1），两端取常用对数可得：

$$\ln y^* = \frac{\alpha}{1-\alpha-\beta}\ln s_K + \frac{\beta}{1-\alpha-\beta}\ln s_H - \frac{\alpha+\beta}{1-\alpha-\beta}\ln(n+g) \tag{8-8}$$

公式（8-8）表明人均产出的增长取决于人口增长、物质资本和人力资本的积累，在均衡增长路径下，每一单位的人力资本投入会提高经济增长水平。

二、分位数回归模型

已有文献多是基于传统的条件均值回归方法，难以对数据之间的依赖关系进行全面的刻画。相对而言，分位数回归方法则能从不同分位点全面地刻画各变量间的依赖关系，且对误差分布的假设条件更稳健。分位数回归方法最早是由 Koenker 等（1978）提出的，随后 Bloomfield 和 Steiger（1983）运用线性规划方法估计最小绝对值离差（LAD），并详细阐述了估计过程。经典线性回归是拟合 y 的条件均值与自变量 x 之间的线性关系，而分位数回归是通过估计被解释变量在 0~1 的不同分位数值，对解释变量在特定分位点的边际效应进行回归，是在均值回归上的拓展。最小二乘法只能提供一个平均数，而分位数回归却能根据条件分布的不同得出许多不同的估计结果。

对分位数回归而言，设随机变量 Y 的分布函数为 $F(y) = P(Y \leq y)$，则 Y 的第 τ 分位数可定义为（李育安，2006；孙文杰，2007）：

$$Q(\tau) = \inf\{y: F(y) \geq \tau\} \tag{8-9}$$

其中，$0 < \tau < 1$，代表在拟合回归线以下的数据占全体数据的百分比，当 $\tau = 0.5$ 的时候即为中位数回归模型，记作 $Q(0.5)$。因变量的分布中存在比例为 τ 的部分小于分位数 $Q(\tau)$，而比例 $(1-\tau)$ 的部分位于分位数 $Q(\tau)$ 之上。

均值回归是通过最小化残差平方和来得出参数的估计值，而分位数回归是通过最小化"检验函数"来得出参数的估计值，定义"检验函数"$\rho_\tau(\mu)$ 为：

$$\rho_\tau(\mu) = \mu(\tau - I(\mu<0)) \tag{8-10}$$

其中，$0<\tau<1$，$I(\mu<0)$ 为示性函数：

$$I(\mu<0) = \begin{cases} 1, & \mu<0 \\ 0, & \mu\geq 0 \end{cases} \tag{8-11}$$

则"检验函数"：

$$\rho_\tau(\mu) = \begin{cases} \tau\mu, & \mu\geq 0 \\ (\tau-1)\mu, & \mu<0 \end{cases} \tag{8-12}$$

假设分位数回归模型为：

$$y_i = x'_i \beta(\tau) + \varepsilon(\tau)_i \tag{8-13}$$

则分位数回归模型即为求 $\beta(\tau)$ 的估计值：

$$\hat{\beta}_\tau = \underset{\beta}{\operatorname{argmin}} \sum_\beta \rho_\tau(y_i - x'_i \beta(\tau)) \tag{8-14}$$

它等价于：

$$\hat{\beta}_\tau = \operatorname{argmin}\left\{ \sum_{i:y_i \geq x'_i\beta(\tau)} \tau|y_i - x'_i\beta(\tau)| + \sum_{i:y_i < x'_i\beta(\tau)} (1-\tau)|y_i - x'_i\beta(\tau)| \right\} \tag{8-15}$$

其中，argmin{·} 代表在函数取最小值时 β 的取值。

在线性条件下，给定 x 后，y 的 τ 分位数函数为：

$$Q_y(\tau|x) = x'\beta(\tau) \tag{8-16}$$

与经典线性回归相比，分位数回归是使加权残差绝对值最小，适合具有异方差性质的模型；其估计出的参数估计值不受异常波动值的影响，更具稳健性；分位数回归对应不同的分位点 τ，可估计出不同的参数估计值，从而拟合成一簇曲线，更加全面地刻画条件分布的特征和数据提供的历史信息。而且在实际生活中，很多数据会呈现出厚尾或者尖峰的情形，分位数回归更适合这些模型的拟合。

综上，本章实证部分所考察的模型可设定为：

$$\ln Y_{i,t} = \alpha + \beta_1 \ln K_{i,t} + \beta_2 \ln H_{i,t} + \beta_3 A_{i,t} + \beta_4 L_{i,t} + \varepsilon_{i,t} \tag{8-17}$$

其中，下标 i 和 t 分别代表第 i 个省份和第 t 年，Y 是总产出，在本章中应用层次分析法由一系列指标综合而成，下文将做详细说明；K 是物质资本投入，其数据构成同 Y；H 是人力资本投入，A 是技术进步水平，L 是劳动力投入，这三者的数据构成同上。

第二节 指标体系与数据处理

一、指标体系

本章在综合考量众多学者既有研究成果的基础上（逯进，2013），以数据的可得性为约束，对经济增长、物质资本、人力资本、技术进步水平和劳动力投入的衡量指标进行拓展。基于指标的可选性，主要是对经济增长和人力资本进行了拓展。具体来看，经济增长主要是从产业结构、增长水平、开放程度和市场化程度四个方面进行分解；人力资本是从脑力素质和身体素质两个大方面进行细化，详细来说，脑力素质的考量主要包括创新能力、教育规模和文化环境这三个方面，从生活质量和医疗保健这两个方面来衡量身体素质，从而较为全面地展现了人力资本的综合内涵。具体指标体系见表 8-1。

表 8-1 各变量的指标体系

一级指标	二级指标	三级指标
物质资本	物质资本	固定资本形成总额、固定资本总额年增长率、新增固定资产
人力资本	创新能力	专利申请受理量、技术市场成交额、R&D 经费支出
	教育规模	普通高等学校在校生数占比、普通中等学校在校生数占比、小学在校生数占比
	文化环境	公共图书馆与博物馆总数、报纸出版总印数、电视人口覆盖率
	生活质量	人口自然增长率*、人口预期寿命
	医疗保健	每万人卫生机构技术人员数、每万人拥有床位数
技术进步	技术进步	R&D 经费投入、R&D 人员数、专利受理量、专利授权量
劳动投入	劳动投入	年底从业人员数、劳动力年增长率
经济增长	产业结构	第一产业增加值比重*、第二产业增加值比重、第三产业增加值比重
	增长水平	人均 GDP、GDP 增长率、固定资产投资总额、居民消费水平
	开放程度	进出口总额、实际利用外资额
	市场化程度	私营企业从业人员占比、个体从业人员占比

注："*"表示该指标为负指标，该指标数值越小对经济发展越有利；其余指标为正指标，数值越大对经济发展越有利。

二、数据说明

1. 数据来源

本章将研究时序定为 1982~2017 年，即构建了全国 31 个省份近 40 年的面板数据。数据来源于历年《中国统计年鉴》《中国人口统计年鉴》《中国劳动统计年鉴》《中国科技统计年鉴》《新中国六十年统计资料汇编》、历年各省市统计年鉴、WIND 数据库以及中经网数据库等，部分缺失数据经线性内插或者外推得到。同时，为了消除价格因素使数据更具实证分析的准确性，本章对数据做了如下处理：

第一，考虑价格变化因素，本章以 1982 年的居民消费价格指数为基期，通过该指数将所有名义的产值、支出等含有价格因素的数据调整为以 1982 年为基期的实际值。

第二，考虑到西藏与青海具有较为相似的社会、经济、文化和宗教环境，因此对于西藏缺失的数值多参考了青海数据的变化规律；因重庆是在 1996 年成为直辖市的，其 1982~1996 年的数据缺失，对于此，参考四川省的数据变化规律进行了填补。

第三，本章是采用永续盘存法核算增长水平中各省份固定资本投资总额的，计算公式为：

$$K_G = K'_G(1-D) + K_I \quad (8-18)$$

其中，K_G 指固定资本投资总额；K_I 为新增固定资本投资量；K'_G 为上年末未扣除折旧的固定资本总量；D 为折旧率，本章将其定为 5%。其中，1978 年全国初始存量为 10842.3 亿元，同时考虑到 1978 年为中国改革开放的起点，国民经济处于较强的计划体制的调控下，全国各地区的资本—产出比差别不大。因此，可以根据当年各省份国内生产总值占全国国内生产总值的比值作为各自固定资本存量占全国的比重，进而折算出 1978 年各省份的固定资本存量额（郭志仪和逯进，2006）。

2. 指标权重确定

本章运用李新运等（1998）提出的三标度层次分析法（IAHP）确定指标权重，具体步骤为构造主观判断矩阵、建立感觉判断矩阵、计算客观判断矩阵和归一化指标权重，限于篇幅此过程不再一一列出。

3. 数据标准化

为消除数据量纲，本章利用极差标准化法对各指标原始数据进行标准化处理。

正指标标准化：

$$x'_{ij} = \frac{x_{ij} - \max X_{ij}}{\max X_{ij} - \min X_{ij}} \qquad (8-19)$$

负指标标准化：

$$x'_{ij} = \frac{\max X_{ij} - x_{ij}}{\max X_{ij} - \min X_{ij}} \qquad (8-20)$$

4. 核算综合指数

对经过标准化的数据及其相应权重进行逐级加权求和，从而可得到31个省份经济增长、物质资本、人力资本、技术进步水平及劳动力投入的综合指数，限于篇幅具体计算结果不再列出。

第三节 实证分析

一、全国范围考察

为与面板分位数回归结果做参照，并且验证传统面板数据模型将得出何种结论，根据Hausman检验结果，本章将首先得出面板数据固定效应模型的分析结果。随后，估计得出面板分位数模型结果，本章列选五个具有代表性的分位点0.1、0.25、0.5、0.75和0.9，具体结果见表8-2，图形描述见图8-1。

从固定效应模型可以看出，人力资本的系数为18.4%，说明人力资本存量的增加对经济增长的影响很大，即人力资本存量每增加1%，对经济增长的影响会达到18.4%。从表8-2可以看出，由分位数方法估计得到的参数值符号与固定效应模型基本一致，但人力资本的回归系数会随着经济增长在条件分布的不同位置而发生相应的变动，呈现出一定的变化特征。结合图8-1可知，随着分位点取值的增加，人力资本的系数值在不断提高，取值范围为-0.0113~0.2845。条件分布低端的系数值小于条件分布高端的系数值，这与我国经济发展的实际情况相符合，即雄厚的人力资本是推动经济增长的重要动力。同时这也表明，虽然对于处于不同增长水平的地区而言，人力资本的推动作用有大有小，但总体来说，人力资本的促进效应是相当可观的，因此对于全国各省份尤其是处于条件分布中低端的省份，其适度扩大受教育规模、营造良好的文化环境和致力于生产工艺的创新等措施是拉动经济持续快速增长的不竭源泉。

表8-2 全国范围内人力资本对经济增长的影响

	固定效应模型	分位数				
		q = 0.1	q = 0.25	q = 0.5	q = 0.75	q = 0.9
常数项	0.0052***	-0.0100***	-0.0035***	0.0011	0.0068***	0.0159***
	(3.87)	(-5.87)	(-3.19)	(1.25)	(5.66)	(8.20)
物质资本	0.1754***	0.1702***	0.2335***	0.3045***	0.3161***	0.2931***
	(5.55)	(2.83)	(3.92)	(4.91)	(4.17)	(3.10)
人力资本	0.1841***	-0.0113	0.0731*	0.1469***	0.2084***	0.2845***
	(3.03)	(-0.98)	(1.93)	(2.93)	(3.96)	(5.01)
技术进步	0.0611***	0.1537**	0.2282***	0.2133***	0.2029***	0.1339*
	(3.01)	(2.40)	(4.19)	(3.78)	(3.78)	(1.80)
劳动力投入	0.0339***	0.0432	0.1895	0.2199**	0.1917**	0.2863***
	(3.00)	(0.77)	(3.88)	(3.61)	(2.30)	(3.17)

注：括号内为t值，*、**、***分别表示在10%、5%、1%水平下显著。

对于其他变量的系数值在分位点的变动情况，可以发现，物质资本的系数值显著为正且在各分位点均显著通过检验。与固定效应的平均值相比，各分位点的系数值在均值的基础上有所提高，且在0.9分位点之前，物质资本随着经济发展水平的提高其弹性值逐渐增大，而在0.9分位点之后，其系数值开始下降，说明随着经济发展水平的不断提高，物质资本对经济发展的拉动作用有所下降。同时应该注意到，不论在哪个分位点，物质资本的系数值皆高于人力资本的系数值，这表明目前我国经济增长仍然是粗放型的投资拉动模式。技术进步对经济增长的影响与物质资本相似，亦是多数分位点皆显著通过检验且系数值随着分位点的加大而不断提升，但在到达分位点0.9处时，其系数值有所下降，这显示技术进步水平未能满足经济发展的需求，应继续采取措施提升技术开发能力。劳动力投入系数皆显著为正，虽有两处分位点不显著，但总体来说，中国作为劳动力资源十分丰裕的国家，劳动力仍是促进经济增长的主要动力。

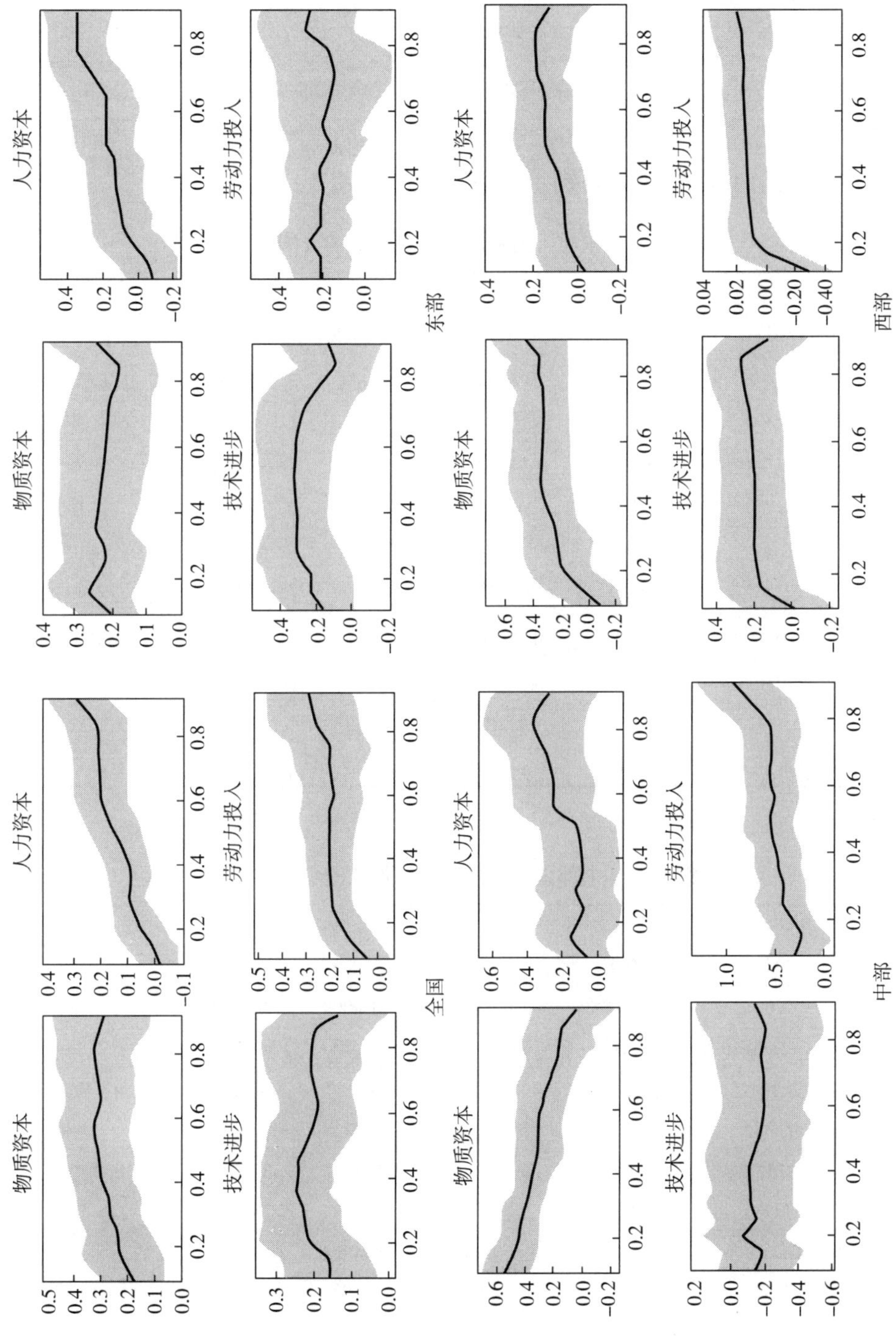

第八章 人力资本对经济增长的非线性影响（一）

图 8-1 全国及东中西三区域人力资本对经济增长的影响

二、分区域考察

正如胡鞍钢提出的"一个中国,四个世界",恰当地归纳了我国区域间差异之大,考虑到地理位置和发展水平的相似性,本章将把中国分为三大区域进行考察。具体回归结果见表8-3~表8-5,图形表述见图8-1。

表8-3 东部人力资本对经济增长的影响

	固定效应模型	分位数				
		q=0.1	q=0.25	q=0.5	q=0.75	q=0.9
常数项	0.0069*** (2.86)	-0.0152*** (-6.31)	-0.0052*** (-2.90)	0.0003 (0.21)	0.0090*** (4.35)	0.0202*** (5.90)
物质资本	0.0833** (2.98)	0.2116*** (5.04)	0.2199*** (3.50)	0.2326*** (3.81)	0.2078*** (3.30)	0.2382*** (3.12)
人力资本	0.1018*** (2.83)	-0.0787 (-1.04)	0.0903** (1.87)	0.1851** (2.79)	0.2941** (2.01)	0.3353*** (3.40)
技术进步	0.0781*** (2.78)	0.1750* (1.89)	0.2925** (2.43)	0.3202*** (3.22)	0.2412* (1.85)	0.1236* (1.92)
劳动力投入	0.0774** (1.86)	0.2085*** (3.11)	0.2130** (2.86)	0.1683** (1.85)	0.1514 (1.08)	0.2629** (2.26)

注:括号内为 t 值,*、**、*** 分别表示在10%、5%、1%水平下显著。

表8-4 中部人力资本对经济增长的影响

	固定效应模型	分位数				
		q=0.1	q=0.25	q=0.5	q=0.75	q=0.9
常数项	-0.0017 (-0.55)	-0.0165*** (-4.24)	-0.0056** (-2.49)	-0.0004 (-0.23)	0.0045** (2.60)	0.0066** (2.23)
物质资本	0.2090*** (3.88)	0.5393*** (6.53)	0.4240** (6.60)	0.2939*** (3.82)	0.2737* (1.68)	0.2402* (1.67)
人力资本	0.1156** (1.98)	0.0760 (0.97)	0.0824 (1.12)	0.1180** (1.89)	0.3203*** (2.64)	0.2929* (1.95)
技术进步	0.0131*** (2.39)	-0.1493 (-1.35)	-0.1638 (-1.28)	-0.1468 (-1.05)	-0.1797 (-1.29)	-0.1527 (-0.85)

续表

	固定效应模型	分位数				
		q = 0.1	q = 0.25	q = 0.5	q = 0.75	q = 0.9
劳动力投入	0.3325*** (2.25)	0.2939** (2.08)	0.4461*** (3.32)	0.5731*** (4.38)	0.5295*** (3.46)	0.6513*** (4.96)

注：括号内为 t 值，*、**、*** 分别表示在 10%、5%、1% 水平下显著。

表8-5　西部人力资本对经济增长的影响

	固定效应模型	分位数				
		q = 0.1	q = 0.25	q = 0.5	q = 0.75	q = 0.9
常数项	0.0031* (1.78)	-0.0059 (-1.51)	-0.0014 (-0.73)	0.0021 (1.35)	0.0071*** (3.75)	0.0181*** (4.85)
物质资本	0.0629*** (3.93)	-0.0668 (-0.67)	0.2211* (1.75)	0.3552*** (3.05)	0.3338*** (3.56)	0.4420*** (3.15)
人力资本	0.2420*** (3.11)	-0.0378 (-0.41)	0.0609 (0.97)	0.1505** (2.15)	0.1724*** (2.32)	0.1374* (1.95)
技术进步	0.0385** (1.74)	0.0004 (0.93)	0.1930* (1.78)	0.2070*** (2.51)	0.2492*** (2.89)	0.1318 (1.15)
劳动力投入	0.0301*** (2.74)	-0.3624*** (-2.78)	0.1327 (1.32)	0.1647* (1.87)	0.1737* (1.93)	0.2321* (1.80)

注：括号内为 t 值，*、**、*** 分别表示在 10%、5%、1% 水平下显著。

可以看出，人力资本对于东部和中部的经济增长具有明显的促进作用，且对于东部的推动作用更为明显。对于西部地区而言，虽然人力资本的系数值较小，但仍然可以看出其对西部地区经济发展具有拉动作用。这可能与三区域的经济、文化和社会发展环境相关，东中区域的经济发展更多地受到高等人力资本的影响，西部更多地受到初级或者中等人力投资的影响。

技术进步方面，其对东部和西部的经济发展皆起较为重要的作用，这可能主要与东部自身发展实力和西部大开发战略的实施相关。对于中部地区来说，技术进步的回归系数值皆为负，这可能与中部经济发展模式有关，且由劳动力投入系数值可知，该区经济发展主要靠充足的劳动力拉动。总体而言，物质资本和劳动力投入仍然是促进经济发展的主要动力，尤其是对中部地区而言，其经济增长主要依靠于这两项要素的投入。与西部地区相比，人力资本对于东中部区域的影响更为显著，且东部地区的系数值最大；与东部地区相比，物质资本和劳动力投入对于中西部区域的影响更大，且中部区域的劳动力投入弹性最大，西部地区的物质资本弹性最大，这表明中部地区发展劳动密集型产业、西部地区加大资本投入以带动经济发展的相对优势。

第四节　本章小结

本章首先对我国31个省份1982~2017年的经济发展、物质资本、人力资本、技术进步和劳动力投入的综合指数进行核算，然后分别运用固定效应模型和分位数回归方法估算出各综合指数对经济发展的影响大小和具体的变动特征。研究得出：人力资本对促进我国整体经济发展作用显著；且在条件分布的不同位置，这种促进作用存在较为显著的差异。通过分区域考察发现其对西部区域的作用不明显，分位数回归结果显示，人力资本主要作用于中等及以上发展水平的省份。同时，物质资本的作用高于人力资本，不论是全国还是分区域的分析，其对经济发展的作用皆显著正向地通过检验。对于全国整体发展水平而言，技术进步的推动作用较为明显，但具体到各区域时，主要还是对东部地区的影响较大。此外，劳动力投入是推动经济增长的主要动力，尤其是对中西部地区来说，其作用尤为显著。

因此，改革开放以来，物质资本投资仍然是拉动经济发展的主要动力。同时，劳动力对经济增长的推力一直表现较为平稳，恰当地处理好适龄人群的就业问题是维持我国经济社会稳定的重中之重。本章的政策含义是：处于条件分布低端的省份要重视人力资本投资，增加人力资本存量，切实将积累的先进人力资本转化为生产力；处于条件分布高端的省份在综合协调各类要素为我所用的同时，经济发展模式要向技术导向性产业转变，发掘各类创新点，走可持续发展道路。

需要特别指出的是，本章主要讨论的是综合各类指标后人力资本对经济发展的影响，但并未提及人力资本结构对经济增长在数量和质量方面的影响，也未讨论到人力资本对全要素生产率的影响。随着人力资本在经济发展中的地位越来越重要，这是不可避免的话题，也是以后所要研究的重点。

第九章 人力资本对经济增长的非线性影响（二）

通过前面章节研究可以发现，有关人力资本内生化经济增长问题的讨论尚有两个方面需要完善：第一，现有多数研究忽略了人力资本结构因素对经济增长的间接影响。这主要是指人力资本本身会受到多种因素影响，但现有研究并未很好地组织起一个有效的架构，形成一个以人力资本为中介变量，将人力资本的诸多影响因素对经济增长的影响加以明确解析的研究范式。第二，既有研究大都将二者关系的分析置于线性分析范畴，从而忽略了二者可能存在的非线性关系。虽然所得结论具有较强的现实解释意义，但无法对经济波动过程中经济增长与人力资本的关系做出明确的解答。具体而言，我国宏观经济的波动所表现出的经济发展进程具有长期线性变动趋势下的诸多非线性变动特征。而既有大量文献关注于长期线性变动特征时，忽略了宏观经济增长与增长因素之间的非线性变动特征。为此，本章欲对上述两个问题做出拓展分析。

第一节 数据与方法说明

一、指标与数据

根据前期研究（逯进，2013）本章将人力资本设定为由脑力素质与身体素质两大类指标构成的综合指数。其中脑力素质包括三类分指标：创新能力、教育规模和文化环境；身体素质包括两类分指标：生活质量和医疗保健。此外，经济增长从产业结构、增长水平、开放程度及市场化水平四个方面进行综合衡量。具体指标体系见表 9-1。

指标权重采用李新运等（1998）提出的三标度层次分析法获得。为消除各指标数据的量纲，首先对原始数据进行标准化处理，而后对经标准化处理的数据及相应指标权重进行逐级加权求和，即可得全国 31 个省份及东、中、西部三大区域人力资本与经济增长的综合水平。

本章将研究时序定为 1982~2017 年，据此构建了 31 个省份近 40 年的面板数据。原始数据来源于《新中国 60 年统计资料汇编》《中国城市统计年鉴》和《中国统计年鉴》等，部分缺失数据依据多项式拟合外推得到。

表 9-1 人力资本与经济增长的指标体系

约束层	一级指标	二级指标	三级指标
人力资本（H）	脑力素质（BQ）	创新能力	专利申请受理量、技术市场成交额、R&D 经费支出
		教育规模	普通高等学校在校生数占比、普通中等学校在校生数占比、小学在校生数占比
		文化环境	公共图书馆与博物馆总数、报纸出版总印数、电视人口覆盖率
	身体素质（PQ）	生活质量	人口自然增长率、人口预期寿命
		医疗保健	每万人卫生机构技术人员数、每万人拥有床位数
经济增长（Y）		产业结构	第一产业增加值比重、第二产业增加值比重、第三产业增加值比重
		增长水平	人均 GDP、GDP 增长率、固定资产投资总额、居民消费水平
		开放程度	进出口总额、实际利用外资额
		市场化水平	私营企业从业人员占比、个体从业人员占比

二、研究方法

1990 年以来，一种全新的实证方法——可加模型（Additive Model）开始在国外被逐步应用于环境领域（Schwartz，1994）、政治科学领域（Beck 和 Jackman，1998）以及经济领域（Linton 和 Hardle，1996）。相对于一般的参数线性回归模型，可加模型可以依据研究问题的具体情况分别设定为参数、半参数以及非参数三类模型。这一模型不仅可以得出各变量间的线性关系，更为重要的是，其还可以描绘出各变量之间的非线性关系。具体而言，其所描述的是长时序动态变迁中的变量的相对波动关系。其中，非线性关系是对长期变动过程中的短期波动特征做出显性化拟合，而线性关系则描述了长期中总体上可能存在的线性关系特征。由于这一方法可以分离出长期中可能存在的线性与非线性变动特征，因此其描述的函数关系显然要优于既有的线性分析。然而在国内的学术研究中，这一方法目前仅有限地应用于医学领域，其他领域特别是经济学方面的应用非常少见，而应用于人力资本与经济增长关系领域的研究至今尚未见到。

叶阿忠（2002）应用非参数可加模型研究了进出口总额与通货膨胀的关系。巴曙松等（2007）则应用广义可加模型（GAM）实证分析了影响我国外汇储备量的因素。潘越等（2010）通过构建非参数可加模型分析了我国区域间劳动力流动、工业化进程与经济增长的关系。方丽婷等（2012）运用非参数可加模型分析了社会保障支出水平与城镇居民人均储蓄的关系。阅读这些文献可以发现，无论是实证方法的适用性还是研究结论的新颖性，都展现出不同于以往的研究特征。为此，结合本章的研究目标，尝试性引入这一方法符合本章的基本要求。

可加模型最早由 Stone（1985）提出，在其设定的模型中，因变量 Y_i（$i=1, 2, \cdots, n$）是由 m 个自变量 $f_1(X_{i1}), f_2(X_{i2}), \cdots, f_m(X_{im})$ 相加而构成的，数学表达式为：

$$Y_i = \alpha + \sum_{j=1}^{m} f_j(X_{ij}) + \varepsilon_i \qquad (9-1)$$

其中，α 为截距项，$f(X_{ij})$ 为非参数函数，误差项不仅服从均值为0，方差为 σ^2 的独立同分布，而且与因变量独立。为了估计的可行性，一般要求 $E(f_j) = 0$（$j=1, 2, \cdots, m$）。因此，标准可加模型也可表示为：

$$\alpha + \sum_{j=0}^{m} f_j(X_{ij}) = E(f_j) = E(Y_i | X_{i1}, X_{i2}, \cdots, X_{im}) \qquad (9-2)$$

为了有效解析自变量和因变量间的内在关系，并且与传统线性模型的结果进行比较，可以在保留非线性信息的基础上，加入线性部分，构成半参数可加模型：

$$E(Y_i | X_{i1}, X_{i2}, \cdots, X_{im}) = \alpha + \sum_{j=1}^{m} \beta_j X_{ij} + \sum_{j=1}^{m} f_j(X_{ij}) \qquad (9-3)$$

其中，β_j 为模型中因变量可由自变量表示的线性部分的回归参数。其余部分的含义与式（9-1）相同。

而在可加模型估计方法的研究方面，最主流的方法是 Buja、Hastie 和 Tibshirani（1989）提出的向后拟合法（Backfitting Algorithm）。此时，将式（9-3）的线性部分看成是一个特殊的非参数函数，记 $g(x_i) = \alpha + \sum_{j=1}^{m} x_{ij}\beta_j$，则参数的估计问题变为对 $E(Y_i | X_{i1}, X_{i2}, \cdots, X_{im}) = g(x_i) + \sum_{j=1}^{m} f_j(X_{ij})$ 中的函数 $g(\cdot)$ 和各个 $f_j(\cdot)$ 的估计。在估计其中的一个 f_k 时，假定除 k 之外的其他 $p-1$ 个 $f_j(\cdot)$ 和 $g(\cdot)$ 都已知，则定义偏残差为 $r_{ik} = y_i - g(x_i) - \sum_{j\neq k} f_k(x_{ik})$，通过最小化该偏残差得到 $\hat{f}_k(x_{ik}) = E(r_{ik} | x_i)$。不断地循环该过程得到 p 个分量 $f_1, f_2, \cdots, f_p$ 的估计值，分别记为 $\hat{f}_1, \hat{f}_2, \cdots, \hat{f}_p$。同理，在估计 $g(x_i)$ 时，假定其他所有的 f_j 都固定，并得到最优估计值 $\hat{\beta}$。在具体实现时，首先初始化函数：

$\hat{g}^0(x_i)$, $\hat{f}_1^0(x_{i1})$, $\hat{f}_2^0(x_{i2})$, $\cdots$, $\hat{f}_p^0(x_{ip})$，并假定 $\hat{f}_2^0(x_{i2})$, $\cdots$, $\hat{f}_p^0(x_{ip})$ 和 $g(x_i)$ 固定，则通过上述方法，得到估计 $\hat{f}_1^1(x_{i1})$，从 1 循环到 $p+1$，得到 $\hat{g}^1(x_i)$, $\hat{f}_1^1(x_{i1})$, $\hat{f}_2^1(x_{i2})$, $\cdots$, $\hat{f}_p^1(x_{ip})$，不断进行上述迭代过程，直到 $RSS = \sum_{i=1}^{n}(y_i - g(x_i) - \sum_{j=1}^{p} f_j(x_{ij}))^2$ 达到事先设定的收敛标准，从而得到线性部分和非线性部分参数的估计值。

进一步看，假设只存在一个自变量 x，将式（9-3）左边设为 $F(x)$，将右边的线性部分设为线性函数形式 $g(x)$，非线性部分仍表示为 $f(x)$，则式（9-3）变化为 $F(x) = g(x) + f(x)$。即可加模型可通过线性与非线性两部分的叠加得出。这一过程的一般解析是，如果非线性部分的影响力较强，则函数整体上表现为非线性趋势。反之，如果线性部分的影响力较强，则整体上会呈现出线性趋势。综上，采用半参数可加模型对变量关系进行综合拟合，将非线性变动考虑在内，会从细节上得出更为全面而可靠的结论。

三、实证模型设定

依据前文思路，本章首先构建了全国及东、中、西部三大区域人力资本与经济增长关系的单变量半参数可加模型：

$$Y = \alpha + \beta_1 H + f_1(H) + \varepsilon \tag{9-4}$$

其中，α 是常数项，β_1 是自变量的回归系数，H 和 Y 分别是人力资本和总产出，ε 是残差项。

其次设立了全国及三大区域人力资本两个一级指标：脑力素质、身体素质同经济增长关系的双变量半参数可加模型：

$$Y = \alpha + \beta_1 BQ + \beta_2 PQ + f_1(BQ) + f_2(PQ) + \varepsilon_i \tag{9-5}$$

其中，α、β_i、ε_i 的含义同上，BQ 和 PQ 分别为脑力素质和身体素质。

第二节 实证分析

一、正态检验

在展开回归分析之前，需要确认因变量是否为正态分布，从而确定其是否适用于本章的非线性可加模型要求。为此首先对全国及三大区域的经济增长综合指数分别施以正态性检验，结果如表 9-2 及图 9-1 所示。

表 9-2 全国及三区域 QQ 图检验结果

	全国	东部地区	中部地区	西部地区
Skewness	1.56510	1.70521	1.25700	1.76458
Kurtosis	2.77714	3.18946	1.77054	4.83812
W	0.96091	0.96205	0.83262	0.794002
P	<0.0001	<0.0001	<0.0001	<0.0001

从检验结果看，全国及三大区域经济增长综合指数都不属于正态分布，而是正偏态分布，故适用于可加模型对因变量非正态分布的要求。

二、共曲线性检验

在运用非参数可加模型展开回归之前，还需要对自变量之间的共曲线性进行检验。因为共曲线是非线性模型中普遍存在的问题，它类似于线性回归模型中存在的共线性，可认为是模型中非参数形式共线性的体现。当模型出现明显的共曲线性时，不仅会降低模型参数的标准误，缩小置信区间，影响模型的拟合效果，而且会导致模型的解不唯一，使非参数可加模型的 backfitting 拟合过程收敛的解受到起始函数的影响。

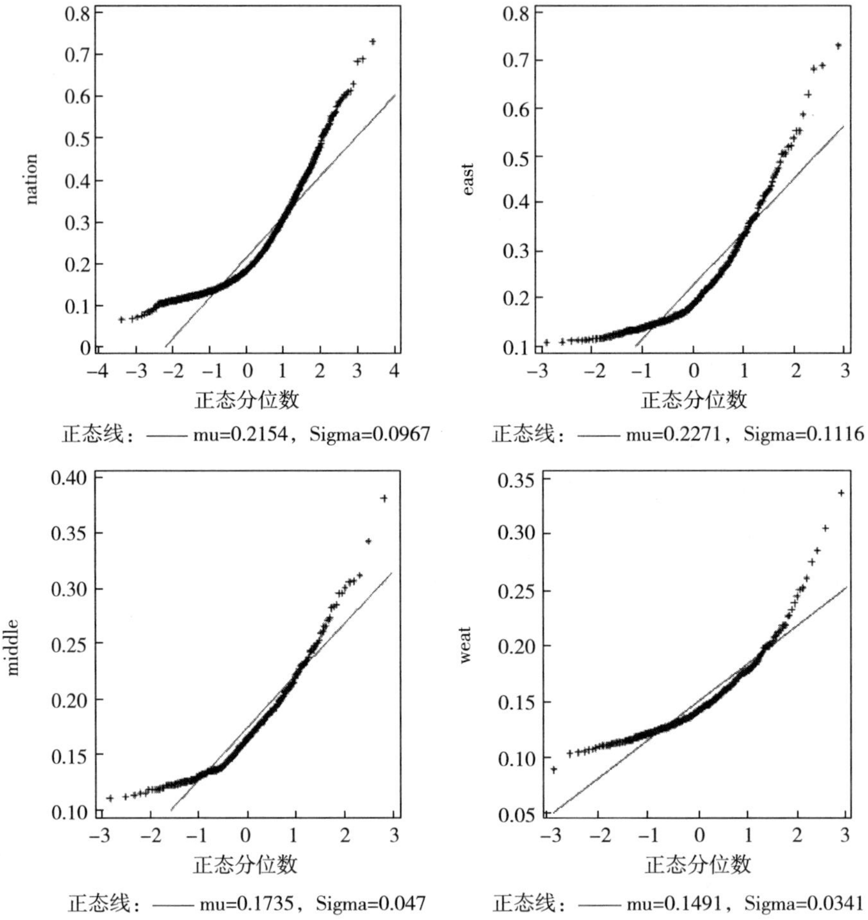

图 9-1　经济增长综合指数 QQ 图

常用的检验方法是把模型中所关心的某项与怀疑和它有共曲线关系的非参数项的拟合值的相关系数 R 来进行检验，根据经验，当 R 的绝对值大于 0.5 时，模型的共曲线性就需引起关注，反之，如果 R 的绝对值小于 0.5，则可近似忽略它们可能存在的共曲线性。

对本章所涉及的人力资本综合水平的五个二级指标——创新能力、教育规模、文化环境、生活质量、医疗保健之间的共曲线性进行检验,结果表明各指标两两之间的拟合相关系数都小于0.5,因此可知式(9-5)中由以上五指标加权求和而来的两个一级指标之间不存在共曲线性问题,因此,模型的构建较为合理。限于篇幅,这里未列出检验结果。

三、全国与分区域模型的拟合

具体拟合时,笔者运用SAS9.2平台估计线性趋势项和非线性调整项。限于篇幅,相关程序代码未列出。

1. 线性分析

表9-3列出全国与分区域单变量及双变量模型的估计结果。从全国的单变量拟合结果看,人力资本在很高的水平上通过了显著性检验,因此可知其是衡量经济增长水平的重要指标。同时模型的双变量拟合结果显示,脑力素质水平显著影响经济增长,而身体素质水平对经济增长的作用不显著。分区域看,东、中、西部人力资本对经济增长的线性影响与全国的趋势大体一致,即单变量模型皆显著通过了检验,而双变量模型中的身体素质未通过显著性检验,这说明全国各区域的人力资本水平总体上对经济增长的影响非常明确。另外,虽然中部地区的身体素质通过了显著性检验,但其系数为负,结合东、西部地区的检验皆未通过可知,各区域劳动力的身体素质对经济增长的带动作用并不明显。上述结果意味着,如果全民受教育水平越高、专业化高精尖技术人才越多、人力资本积累量越大,则人力资本对经济增长的促动力越明显。这一结果的现实意义在于,目前我

表9-3 人力资本对经济增长的线性影响

	全国		东部		中部		西部	
	参数估计	t值	参数估计	t值	参数估计	t值	参数估计	t值
截距	0.00862***	11.1	0.00963***	6.24	0.00847***	5.29	0.00872***	7.90
H	0.92313***	286.8	0.92072***	171.9	0.92708***	130.2	0.91845***	157.1
截距	0.00437***	5.85	0.00415**	2.70	0.00844***	5.56	0.00364**	4.18
BQ	0.96051***	34.95	0.93534***	20.46	1.06988***	20.99	0.91734***	24.97
PQ	-0.01217	-0.45	0.031347	0.30	-0.13558**	-2.71	0.03222	0.90

注:*表示 $p<0.1$,**表示 $p<0.05$,***表示 $p<0.01$。

国经济的转型发展,对高质量的人力资本依赖性较强,而粗放式劳动力投入已无法有效支撑高质量的经济增长。今后通过强化全民身体素质水平,并以此更好地支撑高素质劳动力,则二者可共同形成支撑我国经济增长的有利因素。

2. 非线性分析

表9-4给出了全国及分区域单变量与双变量模型非线性部分的估计结果,非线性显著与否主要通过卡方检验来判断。图9-2~图9-5分别列示了全国及分区域单变量及双变量情况下各自变量对经济增长的非线性影响趋势。

表9-4 人力资本对经济增长的非线性影响

	全国		东部		中部		西部	
	卡方值	p值	卡方值	p值	卡方值	p值	卡方值	p值
Spline (H)	9.8957	0.0195	8.1138	0.0437	6.8207	0.0785	5.2003	0.1590
Spline (BQ)	8.7172	0.0333	5.8203	0.1747	16.7298	<0.0001	9.3672	0.0248
Spline (PQ)	26.236	<0.0001	18.7308	0.0195	19.1696	0.0005	9.5488	0.0228

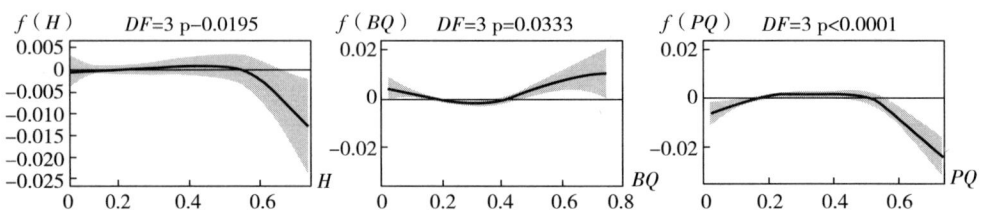

图9-2 全国单变量与双变量人力资本对经济增长的非线性影响

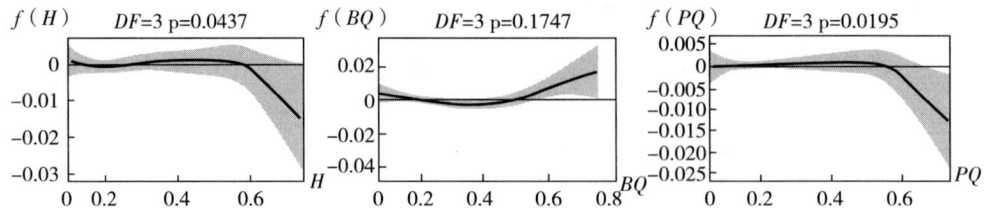

图9-3 东部单变量与双变量人力资本对经济增长的非线性影响

第九章 人力资本对经济增长的非线性影响（二）

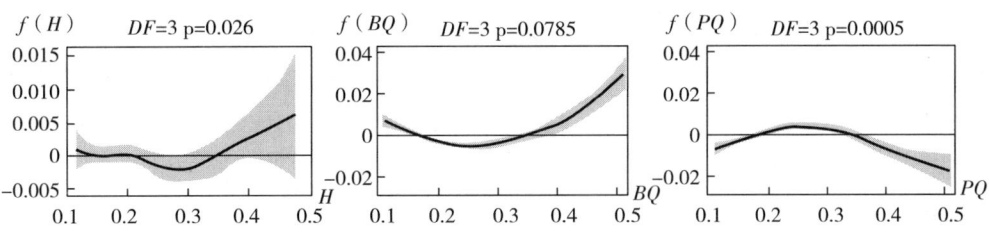

图 9-4 中部单变量与双变量人力资本对经济增长的非线性影响

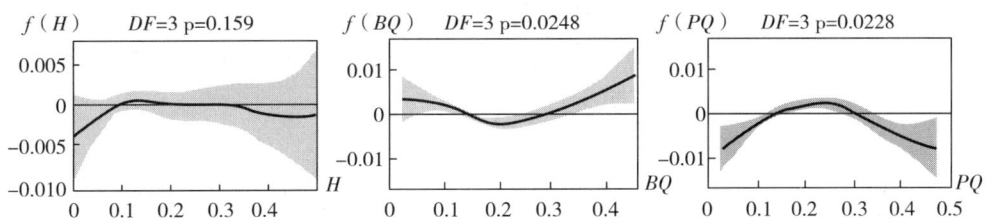

图 9-5 西部单变量与双变量人力资本对经济增长的非线性影响

图中阴影部分表示 95% 的置信带，横轴表示自变量的取值，纵轴是与自变量相对应的非参数函数值。结合表 9-4 可知，单变量情况下，除西部地区外，全国及东中部的自变量皆显著通过了卡方检验，说明人力资本的非线性影响显著。其中，全国及东部的人力资本对经济增长产生较为平缓的下拉式影响，中部人力资本对经济增长的影响呈现两端极度拉伸的"U"型。双变量情况下，除东部的脑力素质外，其他变量皆显著通过检验，非线性影响非常显著。脑力素质方面，其对全国及中西部经济增长皆形成较光滑的"U"型，即脑力素质对经济增长有一个先弱后强的渐进式影响；身体素质方面，其对全国及东中西部的经济增长皆呈平缓的"U"型，这与脑力素质的影响正好相反。

3. 综合效应分析

依据前文半参数可加模型式（9-4）、式（9-5）表述，可将线性部分与非线性部分进行叠加，从而可得全国及分区域单变量与双变量模型的变动结果，具体见图 9-6～图 9-9。每一图中的左、中、右三张小图分别为叠加的单变量综合影响、叠加的脑力素质综合影响以及叠加的身体素质综合影响。

从全国整体看，由图 9-6 可知，首先，单变量和双变量情况下，人力资本综合指数和人力资本脑力素质对经济增长存在明确的线性综合作用，即虽然二者的线性和非线性结果皆显著通过了检验,但对经济增长的影响力主要还是由线性部分体现的。其次,身体素质对经济增长的线性影响未通过显著性检验,但其非线性影响显著,故身体素质对经济增长的综合影响体现为倒"U"型,即身体素质对经济发展的影响是一个先强后弱的过程,现今经济增长对简单劳动力的依赖性降低。整体而言,由于单变量和双变量的脑力素质综合影响都呈线性,而身体素质呈非线性,则可知,总体上人力资本对经济增长呈现线性影响,即人力资本的脑力素质的作用要明显强于身体素质。人力资本积累存量较高时,其人力资本回报率也较高,从而推动了经济的发展;而劳动力的身体素质与脑力素质的提高如果不同步,可能会减缓人力资本对经济增长的正促步伐,不过从图中的曲线看,身体素质的减缓影响并不明显。

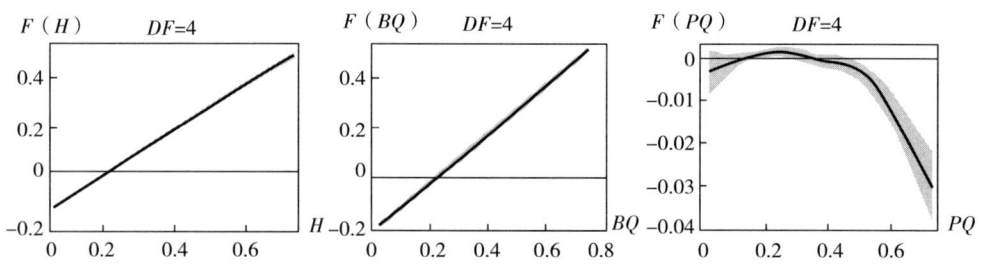

图9-6 全国单变量与双变量人力资本对经济增长的综合影响

从东部地区看,如图9-7所示,首先,就单变量而言,人力资本对经济增长存在正向线性推动作用。其次,从双变量看,脑力素质通过了线性检验,但未通过非线性检验,这说明线性部分已经较好地表述了脑力素质对经济增长的正向推动作用。身体素质的线性检验未通过,非线性部分检验显著,因此其对经济增长的综合影响是非线性的倒"U"型。由此可知东部地区脑力素质对经济增长的线性影响更明显。

从中部和西部地区看,如图9-8、图9-9所示,规律大致相同。首先,从单变量看,人力资本显著通过了线性检验,但未通过非线性检验,这说明线性部分已较好地表述了人力资本与经济增长之间的正相关关系。其次,从双变量看,脑力素质通过了线性和非线性检验,但整体上对经济增长的影响力还是由线性部分体现出来,表现为正向促进作用。身体素质方面,除西部地区的线性影响未通过检验外，其余皆通过了检验，整体上其对经济增长的影响是非线性的单边倒"U"型和倒"U"型。由此可知，中部和西部地区亦呈现出脑力素质对经济增长的推动作用大于身体素质的特征。

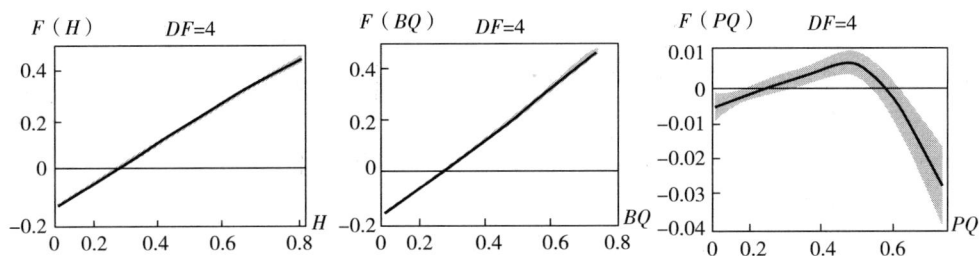

图 9-7 东部单变量与双变量人力资本对经济增长的综合影响

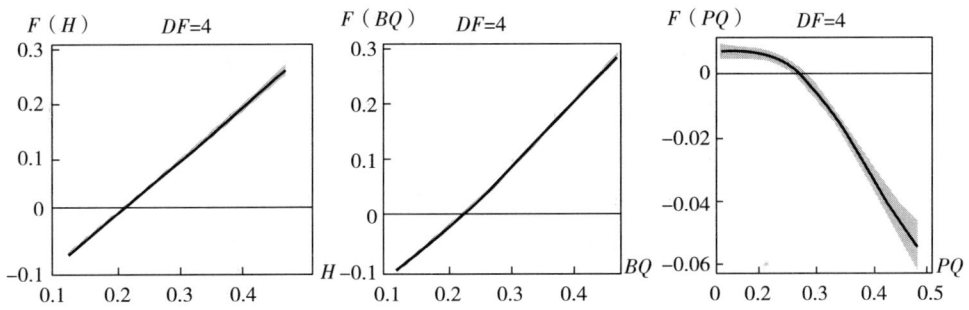

图 9-8 中部单变量与双变量人力资本对经济增长的综合影响

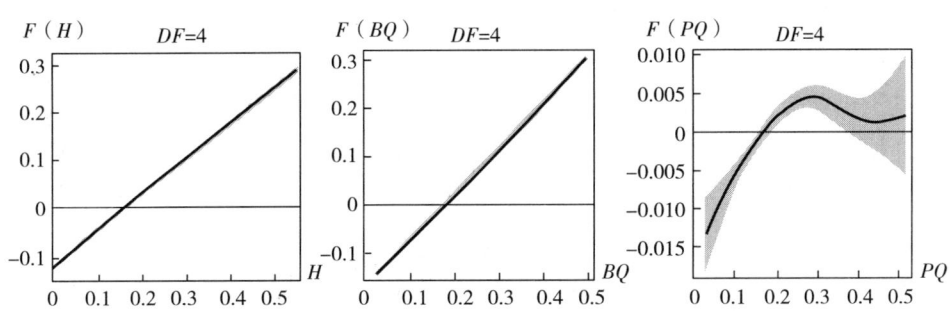

图 9-9 西部单变量与双变量人力资本对经济增长的综合影响

第三节 本章小结

本章尝试性地应用半参数可加模型，分别估算了人力资本综合指数、脑力素质与身体素质对经济增长的线性、非线性及其综合影响，全面解析了人力资本对经济增长的作用机制。结果表明，全国及三大区域人力资本对经济增长的影响具有大体相同的趋势。

首先，从全国来看，其线性与非线性影响的趋势较一致，二者存在着较强的关联性。其次，从东部地区看，其作为高素质劳动力集聚的核心区域，以知识带动产能的水平高，脑力素质作用显著，但后续经济发展过程中应注重劳动力身体素质的提升。再次，从中部地区看，单变量线性作用显著，但非线性影响不显著，其双变量的线性及非线性影响皆显著，但身体素质的系数为负，这表明中部既需要发挥人口众多、人力资源雄厚的优势稳步发展经济，也需要关注民生问题。中部地区人力资本综合指数的非线性图在轻微波动中持续上升，说明中部区域经济发展较为稳健，有良好的发展前景。最后，从西部地区看，所有的线性影响较为明显，但单变量的非线性部分未通过显著性检验。这表明相对于其他两个地区而言，西部地区人力资本存量较低，因此急需引进高素质劳动力带动该区经济发展。另外，值得注意的是，不论是全国还是东中西三大区域，身体素质对经济增长的作用不显著，即居民生活质量和社会医疗保健体系还有待提高。总体而言，脑力素质对全国及东中西部地区经济发展作用显著，相对而言，身体素质对各区经济发展的促进作用在下降。

基于以上分析结果，伴随着老龄化社会的到来、人口红利几近消失以及资源生态环境的恶化，需要东部在已有的发展基础上持续引进高素质人才拉动经济快速发展，早日由资本拉动型经济增长演变为以人力资本和技术创新带动的集约化经济增长模式；中部地区在承接东部产业转移的同时不仅要注重对专业化、高精尖人才的引入，而且要采取相应措施防止人才的流出；对西部地区而言，在普遍提高人口素质的基础上贯彻落实"西部大开发"战略，走可持续发展道路。总而言之，人力资本作为经济增长和发展的核心，未来我国应继续贯彻落实科教兴国、人才强国等战略，积极做好高科技人才的培养与引进工作。从政策层面讲，首先，我国应突出做好人才数量、人口素质和人才结构等方面的工作，促进经济社会发展与区域人才需求均衡发展，使得人才数量和人才结构与社会需求结构相一致。其次，充分发挥我国的政治体制和经济体制优势，创新人才使用、引进和激励机制，对各领域优秀人才实施相关激励政策，在提高我国人力资本存量的同时将人力资本切实转化为生产力。最后，要加强全民的身体素质水平，合理提高义务教育阶段和学历教育阶段学生的身体素质，倡导加大从业人口"干中练"的幅度，通过进一步完善社会保障措施，使得身体素质的提升可以为脑力素质的发挥奠定坚实的基础。

本章首次在人力资本与经济增长关系的研究中引入半参数可加模型，对全国及三大区域的影响特征进行了实证分析，所得结论有一定的新颖性和现实意义。但考虑到有关人力资本对经济增长非线性变动的影响的研究尚处于初步阶段，且这类影响本身具有复杂的作用机制，故今后在该领域还需进一步的深入分析。

第十章 人力资本与经济增长关系演化的动力机制

前文系统解析并实证检验了人力资本的产出溢出效应、人力资本的空间溢出效应,从两大角度分析了人力资本对经济增长以及对区域发展差异的影响。换言之,将人力资本视为影响经济增长的核心因素,进而核算其对产出的作用机制和贡献率,并加入空间因素予以深入探讨。在此基础上,进一步通过系统耦合模型呈现了人力资本和经济增长的互促协调机制的特征。结果表明,我国的区域发展差异不仅体现在人力资本水平、经济增长水平、人力资本的经济增长效应上,而且体现在人力资本和经济增长的相互关系上。上述研究基本实现了本课题对于"人力资本—经济增长—区域发展差异"这一主线的研究目标。然而,经济增长和人力资本各自都是受多变量影响的复杂系统,各自存在变动的制约因素。因此,前文将二者视为相互影响的两个系统,对二者进行耦合实证研究是一次有益的尝试。由此思路出发,若从更为细致的层面考察二者的影响因素之间的作用,则能够为本课题的研究提供更充实的结论。为此,本章将对人力资本和经济增长的关系做出拓展性研究,以便更深刻地理解人力资本与经济增长的关系及其与区域经济发展差异关系的内在机制。

总体看,首先,前文研究内容一方面侧重人力资本对经济增长的影响,另一方面探讨了二者的相互作用机制,而侧重于经济增长对人力资本影响的讨论并不充分。其次,前文的实证分析是从单指标拓展到多指标的综合研究,但尚未涉及人力资本与经济增长两系统多指标之间的相关性分析。基于这两点认识可知,在一个系统化、多变量的复杂环境中,考量经济增长对人力资本作用的变动特征时,如果能以系统论、结构化的视角,着眼于两系统各自所涵盖的多指标之间的相互作用关系解析,并最终落脚于由多指标关系的讨论而逐步形成的两大系统相互作用路径与机制的细节讨论，就会极大拓展既有研究思路，并对上述两问题做出有益的补充研究。为此，以系统论视角审视上述问题可以发现，系统动力学模型可以很好地承担起上述思路的研究任务，截至目前，还未于本论题的相关领域见到应用这一方法的研究文献。为此本章意欲在这方面做出尝试性分析，从而在研究方法和现象解释方面提供更进一步的研究结论与政策借鉴。

第一节 系统动力学建模

系统动力学（Systems Dynamics，SD）理论出现于20世纪50年代后期，其最早由麻省理工学院的弗雷斯特（J. W. Forrester）教授提出。此后在整个60年代，动力学思想与方法的应用范围日益扩大，其应用几乎遍及各种领域。20世纪70年代以来，系统动力学经历严峻的挑战并走向世界，进入蓬勃发展时期。80年代初，这一方法作为一种新的系统工程方法论引入我国，并开始在国内学术界传播与推广。目前，国内有关系统动力学的研究已深入到军事、环境与可持续发展及产业与技术创新等各个领域（崔啸等，2011；史立军等，2012；原毅军等，2013）。作为一种处理复杂系统问题的方法，其研究问题的领域大致可分为如下三种：第一，作为政策调控实验室，通过改变变量赋值的方式模拟各项政策运行，以期为政府政策制定提供参考（侯剑，2010；李凯等，2010）。第二，依据系统历史运行情况，对未来系统运行的走势进行预测（王家远等，2009；叶娇等，2012）。第三，观察系统中关键变量随时间长期变化曲线，找出变量间相互影响与作用的规律（毕贵红等，2008；王常伟等，2013）。

系统动力学模型以具体的方程式表示，其是在流图的基础上对系统要素之间的关系展开定量描述的一组数学关系式，它是从一个已知的初始状态开始确定下一个状态的递推关系式。其可分为如下五种：水平方程、速率方程、辅助方程、常量方程和初值方程，这五种方程各自对应着实际运行的状态和规则。系统动力学之所以能够处理高阶非线性问题，关键在于其通过宏指令设计了许多特殊函数，如表函数、延迟函数、平滑函数、测试函数等。它们在构造和调试模型上起着重要作用。

一、系统结构

人力资本是凝聚在人身上的知识、技能和健康等,这些特性是通过教育、职业训练、医疗保健、迁移和干中学等人力资本投资而获得的。因此,人力资本水平的高低受到诸多因素影响。从宏观层面看,主要可归结为如下两方面:第一,人力资本脑力素质。实际当中可以以高校在校生数、R&D 投入、文化设施以及文娱服务支出等因素间接表示。第二,人力资本身体素质。实际当中可以以人口平均预期寿命、医疗卫生机构以及人均营养摄入量等因素间接表示。然而,一方面,这些影响人力资本的因素本身又会受到经济发展水平的制约,故影响脑力素质与身体素质水平的变量最终又取决于经济增长水平;另一方面,人力资本的脑力素质与身体素质的提高又会反过来促经济增长水平的提升。基于这一循环因果关系,本章研究以人力资本与经济增长的关系为视角,将影响人力资本水平的因素细分为 R&D 投入、教育规模、人口环境等子系统;将经济增长分为 GDP 与第二、第三产业产值两个子系统,进而深入考查经济增长对人力资本影响的复杂关系。

二、变量说明

构建系统动力学模型的关键环节是变量的选取与分类。在前期研究的基础上,考虑数据的可得性,人力资本与经济增长系统动力学模型包含状态变量 6 个、速率变量 6 个、辅助变量 14 个以及表函数 11 个。具体为:

(1) 状态变量:GDP、总人口、固定资本存量、普通高等学校在校生数、R&D 投入以及第二及第三产业产值。

(2) 速率变量:GDP 年增加值、人口年增长量、固定资本年增加值、高校在校生年增量、R&D 投入年增加值以及第二及第三产业年增加值。

(3) 辅助变量:财政支出、教育事业费支出、人均 GDP、居民消费支出、医疗保健支出、人均全年营养摄入量、文教娱乐服务支出、人口平均预期寿命、卫生机构数、文化设施数、创新水平、调节系数、人力资本综合指数以及第二及第三产业增长率。

(4) 表函数:GDP 增长率、人口自然增长率、固定资本年增长率、R&D 投入增长率、创新系数、单位教育事业费支出高校在校生系数、单位创新所支撑的第二及第三产业增长率系数、文化设施系数、卫生机构系数、人均营养系数以及文教娱乐服务支出系数。

三、系统动力学模型构建

模型的系统流程图如图 10-1 所示。图中所包含的回路主要有如下三个：

第一，GDP→财政支出→教育事业费支出→高校在校生年增加值→人力资本水平→创新水平→第二、第三产业增加值→GDP。此回路说明经济增长通过增加财政支出而使得教育事业费支出增加，从而使受高等教育的学生数增加，整体人力资本水平随之提高；而通过增加高校生来提高人力资本水平会使得社会科研能力得到提升，从而创新水平提高，最终又反过来促进经济增长。

第二，GDP→居民消费支出→医疗保健支出→人口平均预期寿命→人力资本水平→创新水平→第二、第三产业增加值→GDP。此回路说明经济增长通过增加医疗保健支出来提高人力资本的身体素质，进而作用于技术创新和产业发展。

第三，GDP→人均 GDP→人均全年营养摄入量→人力资本水平→创新水平→第二、第三产业增加值→GDP。此回路说明经济发展水平的提高，使得人们的生活水平以及身体素质得到普遍提升，从而使得人力资本水平得到提高，进而又通过产业发展促进了经济发展。

流程图中涉及的公式主要有（以北京市为例）：

（1）INITIAL TIME = 1982，表示选取数据的初始年份为 1982 年。

（2）FINAL TIME = 2017，表示选取数据的截止年份为 2017 年。

（3）GDP = INTEG（GDP 增长量，154.94），表示北京市 1982 年 GDP 为 154.94 亿元。

（4）居民消费支出 = 0.252266 × GDP + 233.747。

（5）财政支出 = 0.204289 × GDP - 29.8823。

（6）人均 GDP = GDP/总人口。

（7）教育事业费支出 = 0.158715 × 财政支出 + 4.3071。

（8）医疗保健支出 = 0.489844 × 居民消费支出 + 9.35845。

（9）文教娱乐服务支出 = 居民消费支出 × 居民消费支出系数（Time）。

（10）创新水平 = 人力资本综合指数 × 创新系数（Time）。

（11）高校在校生年增量 = 教育事业费支出 × 单位教育事业费支出高校在校生系数（Time）。

（12）文化设施数 = 固定资本存量 × 文化设施系数（Time）。

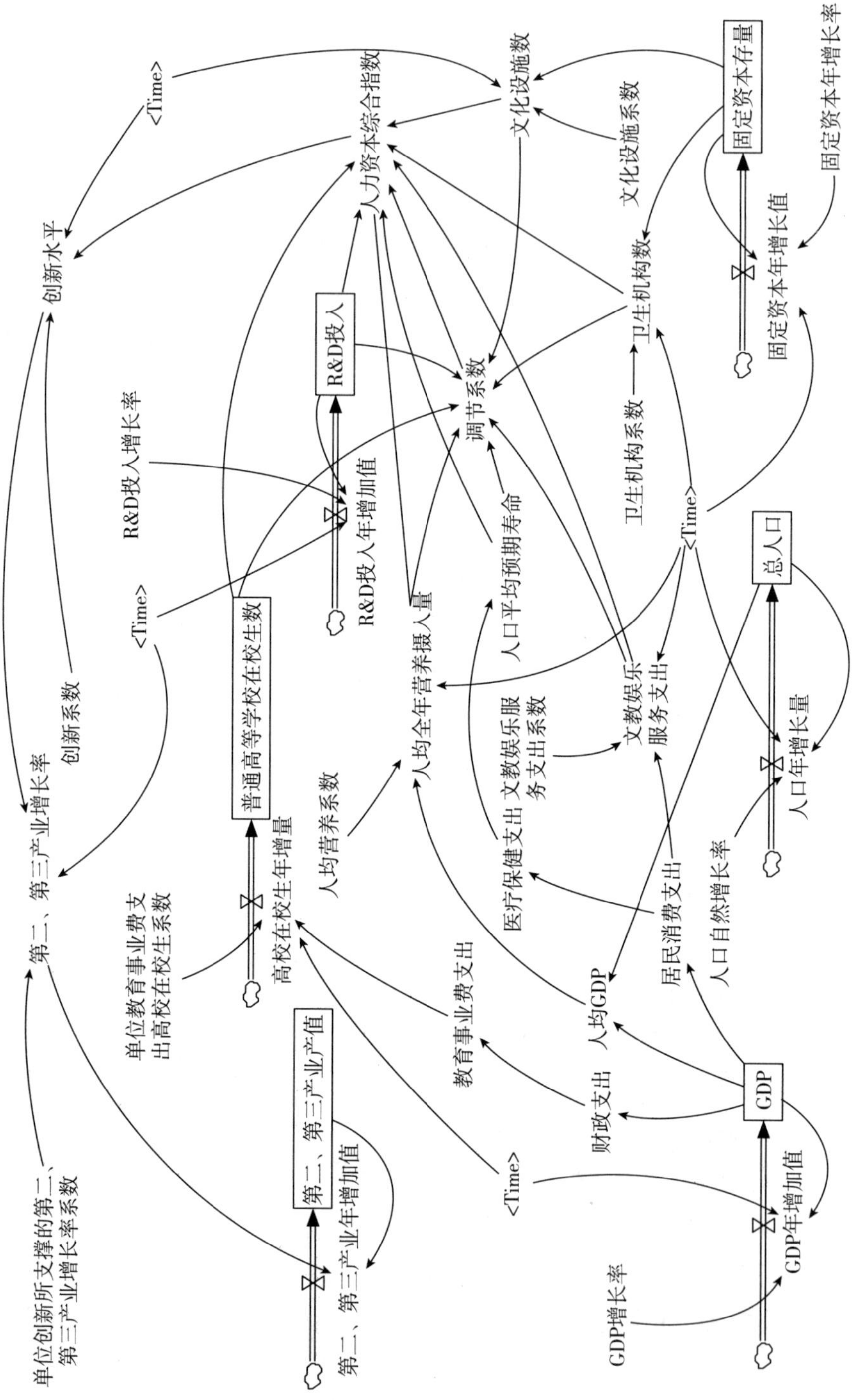

图 10-1 经济增长与人力资本系统流程图

(13) R&D 投入增长率 = [(1982, -0.2) - (2012, 1)], (1982, 0.18), (1983, 0.16), (1984, 0.009), (1985, 0.11), (1986, 0.09), (1987, -0.015), (1988, 0.012), (1989, 0.13), (1990, 0.06), (1991, 0.079), (1992, -0.003), (1993, -0.05), (1994, 0.011), (1995, 0.063), (1996, 0.13), (1997, 0.16), (1998, 0.16), (1999, 0.25), (2000, 0.066), (2001, 0.31), (2002, 0.17), (2003, 0.23), (2004, 0.19), (2005, 0.12), (2006, 0.14), (2007, 0.036), (2008, 0.23), (2009, 0.2), (2010, 0.08), (2011, 0.17), (2012, 0.18), (2013, 0.17), (2014, 0.19), (2015, 0.16), (2016, 0.11), (2017, 0.26)。

第二节 实证分析

一、模型检验

1. 模型系统边界测试

系统边界测试主要是检查系统中重要的变量是否为内生变量、是否考虑到外生变量对内生变量的影响等。可以通过检查模型因果关系图、存量流量图以及模型的方程来完成。本章运用 Vensim PLE 软件中 Model check 指令检验模型的合理性，在经过多次调试后，模型检验结果为 OK，说明模型的建立通过系统边界测试。

2. 模型参数估计测试

参数估计测试主要是看模型中的参数值是否与系统的描述性或数值性信息相吻合，同时是否同决策者决策时涉及的参数相对应。本章模型在构建时运用回归分析对参数之间的数值关系进行估计，通过对参数估计结果的分析，得到变量之间可靠的数值关系，并借此得知模型的参数和实际观测数据相吻合。

3. 一致性检验

这一检验就是将模型的模拟结果与实际历史数据进行对照和比较，以验证模型与客观系统的吻合程度，从而判定模型能否有效地反映客观系统。本章在绘制流图及建立变量之间的数量关系后，运用系统动力学软件 Vensim PLE 对模型进行拟合。

以北京市为例，由表10-1可以看出，GDP的拟合值与真实值之间最大的误差不超过2%，这说明所建立的人力资本与经济增长系统动力学模型能够较好地反映现实系统的运行情况，同时说明模型对变量之间的相互作用关系把握较为准确。

表10-1 GDP拟合值与真实值比较　　　　　　　　　单位：亿元

年份	真实值	拟合值	误差率	年份	真实值	拟合值	误差率
1982	154.9400	154.9400	0.0000	2000	564.8518	565.7385	0.0016
1983	182.2189	182.8292	0.0033	2001	642.5323	644.9418	0.0037
1984	210.8927	212.0819	0.0056	2002	761.4204	767.4808	0.0079
1985	212.8686	213.9906	0.0052	2003	881.8017	890.2777	0.0095
1986	220.8187	222.5502	0.0078	2004	1051.9680	1059.4300	0.0070
1987	233.2831	235.9033	0.0111	2005	1197.2650	1207.7510	0.0087
1988	243.2008	245.3394	0.0087	2006	1339.9500	1352.6810	0.0094
1989	230.6467	233.0724	0.0104	2007	1637.1660	1650.2710	0.0079
1990	240.3597	242.3953	0.0084	2008	1758.3460	1765.7890	0.0042
1991	256.8645	259.3630	0.0096	2009	1952.6570	1960.0260	0.0038
1992	276.7322	280.1120	0.0121	2010	2214.5210	2214.8300	0.0001
1993	290.6277	294.1176	0.0119	2011	2389.3240	2392.0160	0.0011
1994	300.7198	302.9411	0.0073	2012	2468.1721	2501.1161	0.0133
1995	337.4890	339.2941	0.0053	2013	2549.6210	2536.2931	0.0052
1996	358.8719	359.6517	0.0022	2014	2717.8965	2709.5369	0.0031
1997	395.6486	395.6169	0.0001	2015	2766.8196	2776.5296	0.0035
1998	442.1992	443.0909	0.0020	2016	2805.5540	2830.6775	0.0090
1999	495.3299	496.2618	0.0019	2017	2838.8597	2835.8133	0.0011

二、结果分析

第一，从东部、中部、西部和东北部四大区域看，由图10-2可知，东部地区人力资本综合指数呈下降趋势，但从绝对值上看高于东北部、中部及西部地区。说明东部地区的经济增长对人力资本水平的提升强度有所下降，但正向的促进作用相对较强。东北地区较其他区域而言最为平稳，说明其经济增长对人力资本的影响较为恒定。中部和西部两区域的变化最为剧烈与无序，表明这两个区域内的各省份间具有明显的分离特征。

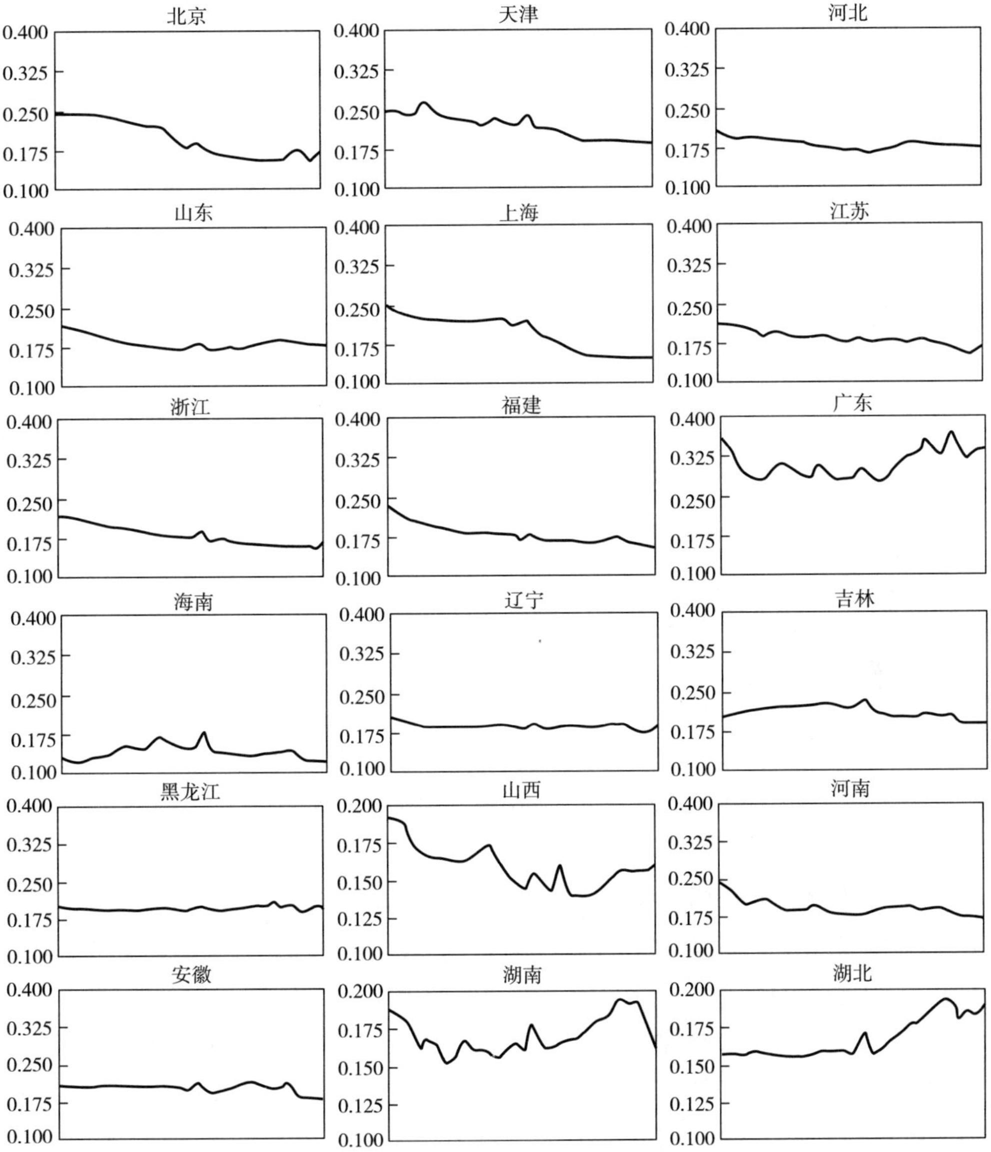

图 10-2 31省份人力资本综合指数变动趋势

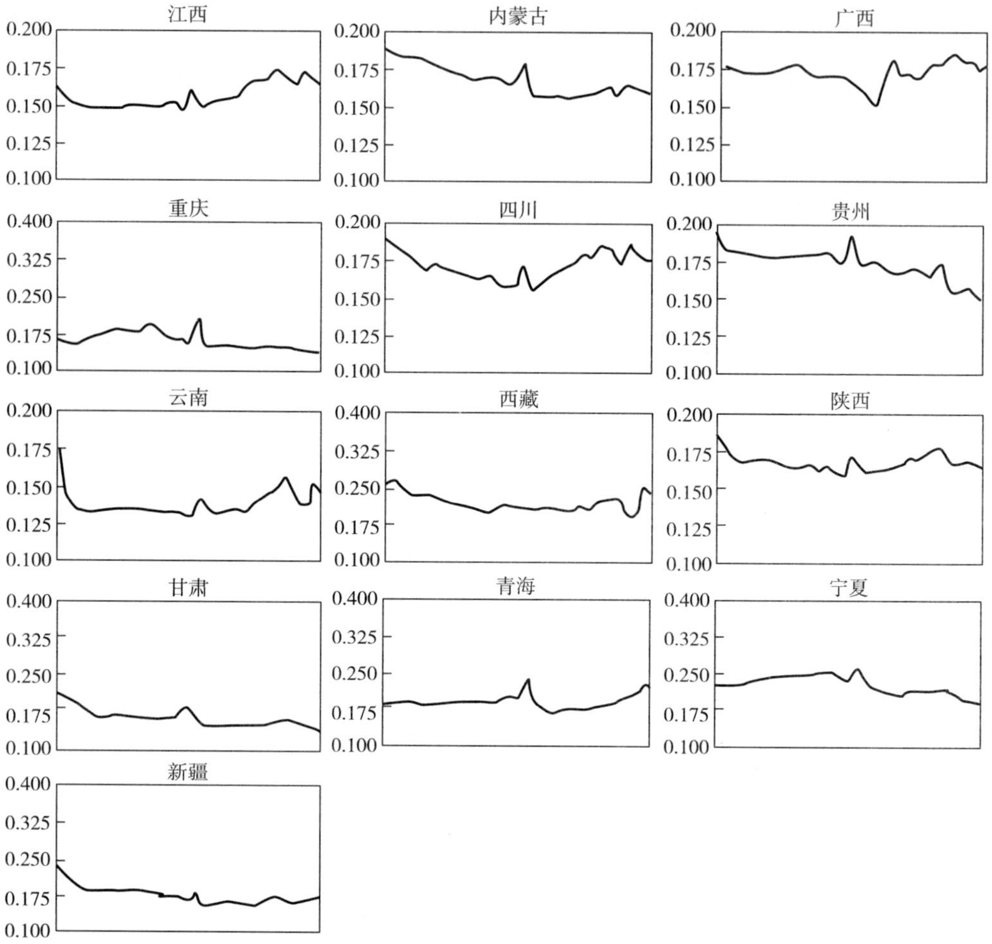

中国省域人力资本与经济增长关系的时空演化

图 10-2 31省份人力资本综合指数变动趋势（续）

第二，从省域层面看，主要变动特征与上述第一点大致相同，但出现了一些新的变化。首先，东部地区的广东、海南两省人力资本综合指数虽有波动，但总体维持较为平稳的水平；除此之外，其余八省份人力资本综合指数呈下降趋势，且北京、天津、上海及福建降幅较大。其次，东北三省人力资本综合指数总体较为平稳，除吉林有小幅波动外，辽宁和黑龙江两省基本维持不变。此外，中部六省的情况则较为复杂，大致可分为四类：第一类，山西和河南两省人力资本综合指数呈下降趋势，且山西省的波动幅度很大；第二类，安徽保持了较为平稳的变动趋势；第三类，江西与湖北两省保持了较为平稳的上升态势；第四类，湖南波动较大,总体趋势不明显。而西部地区人力资本综合指数变化趋势也不明确,大致可分为两类:第一类,内蒙古、贵州、甘肃及宁夏呈持续下降趋势;第二类,四川、广西、重庆、云南、西藏、陕西、青海及新疆则较为平稳。

综合观察上述结论可知,虽然四大区域及省域之间人力资本综合指数的变动较为复杂、差异较大,但核心规律仍较为明显:经济发展水平越高,经济增长对人力资本的系统性作用强度反而相对越低,同时全国大多数地区经济增长对人力资本的系统性作用强度在减弱。原因何在?从规律最为明显的东部地区看,得益于政策支持与区位优势的促动,改革开放后,东部经济发展所积累的强劲增长动力,使得包括人力资本在内的生产要素持续而高强度地从其他区域向东部发达地区集聚,进而与经济增长形成了正向的互促,并保持了经济总量与人力资本的双增长。但受制于规模报酬递减、经济结构与人口结构转型等因素的困扰,"人口红利""制度红利"正逐步减退,东部地区的劳动力、资本等传统生产要素的产出贡献率不断下降(逯进,2013),而技术创新、人力资本等具有内生增长动力的要素积累又显不足,致使经济增长缺乏长期有效的促动力,进而无法持续促进本地区人力资本的持续有效积累。从实际情况看,近年来东部地区"用工短缺""高端人才稀缺"以及所谓的"逃离北上广",可能就是现实写照,而产业结构相对落后、经济发展更缺乏持久动力的其他区域,也正经历或将要经历这一过程。

第三节 本章小结

本章运用系统动力学方法解析了近40年我国四大区域及31个省份经济增长对人力资本的作用路径及其影响程度。主要结论为:首先,经济增长对各省份人力资本的影响存在较大差异。东部地区的影响有减弱的趋势;东北地区的影响则相对平稳;中部地区的影响则较为复杂,各省份之间差异较大;而西部地区的影响则综合了东部地区与东北地区的特征,对有些省份而言保持平稳影响,而某些省份存在明显减弱趋势。其次,经济增长对人力资本的促进作用存在东中西部的显著差异,说明经济发展水平的高低与经济增长对人力资本影响程度的强弱存在正相关关系。即经济发展水平较高的东部其对人力资本水平的影响相对最强烈,但这一作用力随着经济发展水平的提高,到达一定程度后会有所下降。此外,多数省区经济增长对人力资本的影响强度分别在 1998 年、2008 年出现两次峰值。由于这两个峰值点特别是第二个峰值点恰好是我国近两次正经济周期的顶点,即两个顶点恰好位于东南亚金融危机和源自美国的次贷危机全面输入我国之时,故受其影响,此后的一段时间我国经济出现了明显的衰退。而这一影响同样亦表现在经济增长对人力资本的作用方面。因此,这一特征在一定程度上为我们对未来经济走势特殊点的预判提供了一个有意义的参考依据。

从研究结论的政策意义看,在我国经济高速发展的 40 年、经济发展"瓶颈"开始明确显现的现实背景下,一方面,经济发达区域如要进一步保持经济增长对人力资本的持续正向作用,则培育和吸引更多高质量的人力资本、营造更好的适合于高水平人力资本释放其效能的发展环境是关键,而这一点恰好是我国经济发展方式由粗放式向集约式转型过程中最重要的条件。另一方面,结合"西部大开发、东北老工业基地振兴、中部崛起、东部率先发展"四大区域经济发展战略,逐步缩小区域发展差距,有序高效地形成以经济增长促进人力资本积累,进而促使人力资本得以在空间上的有效配置,是实现四大战略的重点内容。

第十一章 总结与研究展望

本书立足于现在文献的研究思路、方法与结论，在全面借助经济增长理论、人力资本理论的基础上，从我国宏观经济发展的现实情况着手，着眼于我国区域经济发展现状，以综合化的研究框架，对改革开放以来我国省域人力资本与经济增长的关系做出了全面解析，并借此对宏观经济发展视域下的区域经济发展差异的特性做出了全面而客观的分析。在构建多指标集和大数据库的基础上，以规范分析与实证分析相结合，通过历史演化视角的动态考查，采用多学科方法交叉的实证模式，对研究的主题做出翔实而新颖的实证分析，并结合当前区域经济发展的现状，对实证分析结果做出合理的解释，并在此基础上提出了相应的政策建议。本项研究主要有以下创新贡献：

第一，对近40年我国区域经济发展演化与政策演化做出全面解析。此外，对经济增长理论、人力资本理论以及中国的区域经济发展历程做出了细致的归纳与评述。

第二，从总人口层面对我国近40年的人力资本做出了全面、综合而客观的核算与评价。在此基础上，对人力资本的经济增长效应及其空间外溢效应（包括空间外溢效应）做出了深入的解析。

第三，通过引入系统耦合协调分析、系统动力学分析两类方法对人力资本与经济增长的关系做出了新颖的实证分析，而引入的空间外溢的计量分析亦具有研究方法与结论的创新性。

第四，引入非线性模型分析，讨论人力资本对经济增长影响的非线性特征，所得结论有一定的新颖性和现实意义。

第五，整体看，本项研究以区域经济发展差异分析为主线，以"经济增长""区域均衡协调发展"为主题，结合省域层面人力资本与经济增长的全面核算，从人力资本的经济增长效应、人力资本的产业溢出效应、人力资本的空间溢出效应、人力资本与经济增长的耦合协调性分析、人力资本与经济增长的非线性特征以及人力资本与经济增长相互作用的系统动力学特征的考查等多个方面，探讨了我国区域经济发展差异形成的现状与原因。

第一节 研究结论与政策建议

从宏观经济的发展历程看，改革开放近40年来，中国经济取得了巨大成就。现代市场体系不断健全，社会各领域在稳步推进中不断前行，综合国力持续增强。但时至今日，"摸着石头过河"的前行之路开始集中面临众多发展"瓶颈"，最重要的表现之一是目前我国已成为全球具有最显著区域经济发展差异特征的大国，而这种差异与我国所具有的在全球要素市场上的劳动力与人力资本存量的绝对优势是不相称的。因此，以转方式、调结构为发展指针，加快推进"创新型"国家建设，优先实施以"科教兴国"为基石的人才强国战略，力促我国由人力资源大国转变为人才强国，是今后突破发展"瓶颈"的主要动力之一。

从区域经济发展的演变进程看，迄今为止，我国的区域经济经历了四个发展阶段：1978~1992年的非均衡发展阶段；1992~1999年的非均衡协调发展阶段；1999~2012年的均衡统筹协调发展阶段；2012年至今区域协调发展战略深化和创新阶段。区域经济发展战略的实施，充分贯彻和实践了"两个大局"的战略构想，实现了从非均衡到均衡、从效率导向到公平导向的演进。从发展空间看，宏观上实行梯度推移战略，结合中观、微观层面的增长极与点轴开发模式，基本形成了完整有效的区域开发网络。从发展时间看，短期内注重培育经济增长点，实行非均衡发展，中长期强调发挥辐射效应，区域协调均衡发展格局初现端倪。从发展程度看，相对落后地区深入开发、"独善其身"，较发达区域发挥扩散效应、"兼济天下"。从发展目标看，初步实现了以效率促发展，以发展促公平、公平与效率共举的区域发展模式。同时，从细节着眼，我国区域经济发展历程具有鲜明的时代特色。非均衡阶段大力推动东部地区迅速崛起，顺利实现了"第一个大局"。紧接着在非均衡协调战略的过渡下，中西部地区逐渐步入快速发展轨道，拉开了实践"第二个大局"的序幕。随之，我国形成了东中西和东北地区

"四轮驱动"的发展格局,平稳度过区域均衡协调发展的关键时期。截至目前,在"一带一路"倡议、京津冀协同发展战略、长江经济带发展战略的引领之下,我国在深化并创新区域协调发展战略的道路上大步前行。然而,伴随宏观经济的发展波动,近年来区域发展过程中表露的问题和面临的挑战亦值得深思。其中一个主要问题是区域经济发展中的人力资本配置效率差异及其对区域经济差异的影响。

因此,着眼于宏观与区域两个层面的共同考量,需要从时、空两个层面对我国人力资本的经济增长效应以及二者之间关系的系统演进做出细致而准确的核算与评价。为此,本章首先对经济增长理论、人力资本理论以及我国改革开放后区域经济发展的实践做出了翔实的文献评述,借此建立起了研究背景与理论依据。其次,课题构建了人力资本与经济增长两大综合指标体系。前者着眼于人力资本的"脑力素质、身体素质、综合素质"三个层面的综合考量,并引入"教育规模、创新能力、文化环境、生活质量以及医疗保健"五方面的26个分指标,对人力资本做出了全面评价。而后,以我国31个省份以及东、中、西、东北四大区域为研究对象,依据上述指标,选择1982~2017年为研究时序,最终构建了总量近36000多条的研究数据集。在完成上述基础性工作后,课题分别从"人力资本的产出贡献率与产出溢出效应""人力资本的空间溢出效应""人力资本与经济增长的系统耦合协调性"以及"人力资本与经济增长相互作用的系统动力学机制"等多个方面,全面而综合地量化分析了各区域人力资本与经济增长的关系,并由此系统阐述了人力资本对区域经济发展差异的作用机理。

从人力资本的产出贡献率及其溢出效应看,第一,相对于教育和健康投入所积累的人力资本,物质资本投资是影响我国经济增长的主要因素,目前我国仍处于资本推动型的粗放式经济发展阶段。第二,人力资本对经济增长的产出贡献率存在区域性差异。东部地区对人力资本的利用率较高,经济发展受人力资本的影响较为显著。同时,各区域存在明确的人力资本产出溢出效应,各区域人力资本对劳动力和物质资本的产出贡献率具有明确的正向促进作用。第三,身体素质对经济增长的影响明显低于脑力素质,即身体素质投资不具备明显的短期产出增长效应。但其可能在长期内更具经济增长动力,能够克服人力资本溢出效应的递减困境。因此,在长期内,有效加强人力资本身体素质的提升可能产生明显的经济增长效应。

从人力资本的空间溢出效应看,第一,全域空间相关性分析显示,近40年来我国经济增长与人力资本具有显著的正空间相关性，即具有较高经济增长水平的省域倾向于与具有较高人力资本水平的地区相邻。第二，局域空间相关性分析表明，我国省域间"经济增长—人力资本"双变量空间相关性存在空间分布的异质性及非均衡性，即东部地区多数省域位于热点区，西部地区位于显著的萧条区，中部位于空心区，而东北并未显现显著的空间分布特征。第三，空间产出溢出效应分析表明，我国大多数省份具有正向的人力资本空间溢出效应，相邻省区间人力资本对经济增长有着不可忽视的正向促进作用。当前我国正处于经济转型的关键时期，未来人力资本将成为推动经济增长的关键动力。因此，我国应加大强度进一步实施科教兴国、人才强国战略。通过改善全民教育水平、创新高精尖人才的培养与引进制度，着力提升人力资本的脑力素质；同时持续加大对医疗卫生、公共保健、社会保障的投入力度，有效提升人力资本的身体素质；进而以这两个方面的协同发展，共同促进全民综合人力资本素质的显著提高。此外，更为重要的是，应进一步打破区域间人力资本空间溢出的市场与体制壁垒，强化区域间在教育、医疗、卫生服务等方面的机制互通与制度共进，展开区域间的全方位合作（如实现异地高考、区域社保互联等），进而实现区域间教育与医疗卫生资源的合理分配与流动。尤其需引起关注的是，今后应继续推动具有人力资本显著集聚特征的东部地区对具有显著萧条特征的西部地区的人才与技术的对口支援。

从人力资本与经济增长的系统耦合协调关系看，第一，我国各省份人力资本综合指数显现持续增长的趋势，同时除20世纪80年代波动外，其余年份的经济增长指数及系统耦合度也呈持续增长态势，上述特征在近十年尤为显著。另外，两指数及系统耦合度从空间上表现出由东至西依次递减的态势。第二，我国人力资本与经济增长的耦合度总体上处于较低水平。耦合度最高的东部地区仅达到勉强协调发展水平，而中西部省份多呈现失调衰退状态，情况不容乐观。但一个有意义的现象是，未来区域间极有可能出现耦合的趋同。因此，今后各区域应持续探索耦合的跃迁模式。具体选择时，东部及东北地区应强化人力资本的自主创新能力，而中西部地区应提升人力资本对先进技术的吸收模仿能力。

从人力资本与经济增长相互作用的系统动力学机制看，第一，经济增长对各省份人力资本的影响存在较大差异。对东部地区的影响有减弱趋势；对东北地区的影响相对平稳；对中部地区的影响较为复杂，各省份之间差异较大；对西部地区的影响则综合了东部地区与东北地区的特征，部分省份保持了平稳影响，其他省份则存在明显减弱趋势。第二，经济发展水平的高低与经济增长对人力资本影响程度的强弱存在正相关关系,如经济发展水平最高的东部地区,其经济增长对人力资本的影响程度相对最强,然而这一作用力随着经济发展水平提高到一定程度后可能会逐渐下降。第三,多数省区经济增长对人力资本的影响强度分别在1998年、2008年出现两次峰值。由于这两个峰值点特别是第二个峰值点恰好是我国近两次正经济周期的顶点,即两个顶点恰好位于东南亚金融危机和源自美国的次贷危机全面爆发之时,故受其影响,此后一段时间我国经济出现了明显的衰退。而这一影响同样亦表现在经济增长对人力资本的作用方面。因此,这一特征在一定程度上为我们对未来经济走势特殊点的预判提供了一个有意义的参考依据。第四,在我国经济高速发展40多年、经济发展"瓶颈"开始明确显现的现实背景下,如要进一步保持经济增长对人力资本的持续正向作用,一方面,经济发达区域应培育和吸引更多高质量的人力资本、营造更好的适合于高水平人力资本释放其效能的发展环境,而这一点恰好是我国经济发展方式由粗放式向集约式转型过程中最重要的条件。另一方面,结合"西部大开发、东北老工业基地振兴、中部崛起、东部率先发展"四大区域经济发展战略,各区域应逐步缩小经济发展差距,有序高效地形成以经济增长促进人力资本积累、进而推动人力资本在空间上的合理配置,最终成功实现四大区域协调发展的战略目标。

当前以科学发展、统筹发展、可持续发展为战略总指引,以经济发展方式转型与经济结构调整为目标,我国正在稳步推进创新型国家建设,其核心是加快科教兴国战略的实施以及快速提升自主创新能力,并以人力资本和技术创新为关键要素,加快三次产业结构调整并增强自我发展能力。因此,持续加大人力资本投资、合理开发人力资本资源、激发人力资本的产出效率、优化人力资本的空间配置,就会从根本上提升我国的核心竞争力,并为我国经济长期又好又快发展提供切实的保障和强劲的动力。

第二节 研究展望

本项研究是作者在前期研究基础上形成的全新的研究成果,与前期研究及其他学者的研究相较,虽然在体系、数据、方法与结论等方面有诸多创新性的拓展,但笔者亦深感尚存诸多待解之谜与可继续深化的研究之处。

第一,人力资本是一个很难量化的体系,依据经典文献与现有的研究,虽然可以大致做出不同条件约束下的量化分析,但很明显,这些量化无法周全地对人力资本的全部特性做出全面而更为精确的计量。例如,联系当前微观经济行为理论这一学术前沿,放宽理性人假定的束缚,对个体人力资本做出心理素质的个性化有效描述,则可以将人力资本理论纳入有效选择理论的研究范畴。再如,如果从总人口、就业人口、待就业人口、技术人口、年龄人口、性别人口等多个方面做出全面衡量,则现有分析可以推进一大步。另外,结合社会福利水平、社会公平与服务均等化、投资效率等问题,人力资本的理论化分析亦具有重要的研究意义。因此,有关这些方面的研究值得继续深化。

第二,有关人力资本与经济增长关系的解析,虽然经历了从古典、新古典再到内生增长理论演化分析的不断推陈出新,且当前已形成较为完整的既定理论分析范式和定式思维,但"正统"的理论分析范式目前似乎陷入了"举步不前"的研究状态。例如,当前几乎所有的理论与实证分析都是以市场的一般均衡、完全竞争、线性变化三假设为条件的,进而以全要素生产率分解的模式解释人力资本的增长效应。但这一传统范式无法从分工、个体竞争与市场垄断、产出收益的动态波动、产权与制度创新的潜在推动等方面对人力资本的经济增长效应做出更符合现实状态的理论解析。因此,对当前的理论研究范式做出拓展分析,并配合以制度创新方面的突破,则从理论与政策实践两个方面都会有更大的现实意义。在这方面,交叉学科的研究范式有很好的可借鉴性。因此,后续在逐步放宽上述假定的基础上,创新研究的理论分析体系,亦具有理论创新的拓展研究意义。

第三,有关人力资本与经济增长关系的实证分析,后续更具有深化研究的价值。在这方面,首先可以从微观和宏观两个层面,对人力资本做出更全面而科学核算。其次,引入更新颖而有效的实证研究方法,如引入物理学、系统论、地理学等学科的研究方法,并配合以更好的大数据挖掘技术,不仅可以深化当前研究领域的结论,而且可以将人力资本问题拓展到更为广阔的范畴中。例如,以CGE(可计算一般均衡)、动态随机一般均衡(DSGE)、空间计量三者的交叉分析,可以从微观和宏观两个层面做出有价值的深入分析。

第四,本书所涉及的分析思路仅考虑了人力资本与经济增长之间存在长期波动递增的变动趋势,但未考虑二者的增长率在一个长时序中存在明显的短期波动特征,即未体现二者间可能存在的非线性变动规律。因此,对二者的非线性波动关系和短期分析的研究有一定的实证价值与政策借鉴意义。

第五，目前有关人力资本迁流的经济增长效应研究非常少见。究其原因，一是与上述待解问题有关联性，二是很难直接衡量迁流个体的人力资本差异性。但考虑到我国所具的城市化、城市人口转换、海外人才回归等现象的普遍性，对这一问题展开研究具有现实意义。例如，国际型人力资本与技术创新、经济增长关系的分析。

参考文献

[1] 阿吉翁,霍依特. 内生增长理论（中文版）[M]. 北京：北京大学出版社,2004.

[2] 巴罗,萨拉-I-马丁. 经济增长[M]. 北京：中国社会科学出版社,2000.

[3] 鲍风. 为中部经济发展提供理论支撑[N]. 光明日报,2006-07-31.

[4] 毕贵红,王华. 城市固体废物管理的系统动力学模型与分析[J]. 管理评论,2008（6）：27-32.

[5] 蔡昉,王德文. 中国经济增长可持续性与劳动贡献[J]. 经济研究,1999（10）：62-68.

[6] 查尔斯-I-琼斯. 经济增长导论[M]. 北京：北京大学出版社,2002.

[7] 陈才. 振兴东北老工业基地的战略思考[J]. 东北亚论坛,2003（6）：60-65.

[8] 陈灿平. 我国人力资本存量与经济增长关系的实证研究[J]. 西南民族大学学报（人文社科版）,2009（8）：218-221.

[9] 陈传康. 区域发展战略的理论和案例研究[J]. 自然资源学报,1986（9）：12-22.

[10] 陈栋生. 对我国生产力布局战略的探讨[J]. 中国工业经济学报,1985（3）：76-89.

[11] 陈栋生. 论区域协调发展[J]. 工业技术经济,2005（4）：2-6.

[12] 陈栋生. 以科学发展观统领西部大开发[J]. 开发研究,2009（4）：1-3.

[13] 陈浩. 人力资本对经济增长影响的结构分析 [J]. 数量经济技术经济研究, 2007 (8): 59-68.

[14] 陈金光, 等. 贝克尔评传 [M]. 太原: 山西经济出版社, 1998.

[15] 陈钊, 陆铭, 金煜. 中国人力资本和教育发展的区域差异: 对于面板数据的估算 [J]. 世界经济, 2004 (12): 25-31.

[16] 崔啸, 等. 北京市商品住宅系统动力学模型构建及其在预警中的应用 [J]. 系统工程理论与实践, 2011 (4): 672-678.

[17] 代谦, 别朝霞. FDI、人力资本积累与经济增长 [J]. 经济研究, 2006 (4): 15-27.

[18] 丁栋虹, 刘志彪. 从人力资本到异质型人力资本 [J]. 生产力研究, 1999 (3): 7-9.

[19] 丁任重. 发挥经济优势加快西部开发 [J]. 求是, 2003 (4): 35-36.

[20] 东北亚研究中心"东北老工业基地振兴"课题组. 东北老工业基地振兴与区域经济的协调发展 [J]. 吉林大学社会科学学报, 2004 (1): 14-25.

[21] 费孝通. 珠江模式的再认识 [J]. 瞭望周刊, 1992-06-17.

[22] 冯兴元. "浙江模式"与"苏南模式"的本质及演化展望 [J]. 珠江经济, 2004 (5): 40-44.

[23] 冯之浚. 加强区域经济协作, 促进中部崛起 [J]. 科学学与科学技术管理, 2005 (6): 5-9.

[24] 高新才. 关于西部开发未来政策调整的思考 [N]. 陕西日报, 2009-12-03.

[25] 高新才. 与时俱进: 中国区域发展战略的嬗变 [J]. 兰州大学学报, 2008 (3): 1-16.

[26] 高新才. 中国区域政策四十年来的渐进演变 [J]. 学习论坛, 2008 (12): 41-45.

[27] 高远东, 陈迅. 人力资本对经济增长作用的空间计量研究 [J]. 经济科学, 2010 (1): 42-51.

[28] 高远东, 花拥军. 异质型人力资本对经济增长作用的空间计量实证分析 [J]. 经济科学, 2012 (1): 39-50.

[29] 格罗斯曼, 赫尔普曼. 全球经济中的创新与增长 [M]. 北京: 中国人民大学出版社, 2003.

[30] 郭凡生. 何为"反梯度理论"——兼为"反梯度理论"正名 [J]. 开发研究, 1986 (3): 39-40.

[31] 郭庆旺, 贾俊雪. 公共教育政策、经济增长与人力资本溢价 [J]. 经济研究, 2009 (10): 23-35.

[32] 郭玉林. 隐性人力资本的价值度量 [J]. 中国工业经济, 2002 (7): 84-90.

[33] 郭志仪, 丁刚, 逯进. 甘肃省就业人口文化素质的现状特点及其对经济增长的影响 [J]. 西北人口, 2006 (2): 6-8.

[34] 郭志仪, 逯进. 教育、人力资本积累与外溢对西北地区经济增长影响的实证分析 [J]. 中国人口科学, 2006 (2): 72-80.

[35] 郭志仪, 杨骁. 人力资本结构对西北地区经济增长的影响——基于西北五省面板数据 [J]. 人口学刊, 2010 (6): 3-8.

[36] 何德旭, 姚战琪. 政策性金融与西部大开发 [J]. 金融研究, 2005 (6): 18-31.

[37] 何炼成, 姚慧琴, 蔡立雄. 西部大开发十周年 [J]. 西北大学学报, 2009 (6): 24-28.

[38] 何钟秀. 论国内技术的梯度推移 [J]. 科研管理, 1983 (1): 16-19.

[39] 洪银兴. 苏南模式的新发展——兼与温州模式比较 [J]. 改革, 2001 (4): 53-58.

[40] 侯风云, 徐慧. 城乡发展差距的人力资本解释 [J]. 理论学刊, 2004 (2): 42-45.

[41] 侯风云, 张凤兵. 农村人力资本投资及外溢与城乡差距实证研究 [J]. 财经研究, 2007 (8): 118-131.

[42] 侯剑. 基于系统动力学的港口经济可持续发展 [J]. 系统工程理论与实践, 2010 (1): 56-61.

[43] 胡鞍钢. 从人口大国到人力资本大国: 1980-2000 年 [J]. 中国人口科学, 2002 (5): 1-10.

[44] 胡鞍钢. 加快西部开发的新思路 [J]. 经济研究参考, 2000 (28): 2-15.

[45] 胡树华. 中部崛起的战略与政策研究 [J]. 中国软科学, 2005 (5): 101-105.

[46] 姜安印. 转型经济中区域突破现象的制度解释［J］. 中国软科学, 2005（8）：95-108.

[47] 李海峥, 等. 中国人力资本测度与指数构建［J］. 经济研究, 2010（8）：42-54.

[48] 李建民. 人力资本通论［M］. 上海：三联书店上海分店, 1999.

[49] 李剑林. 基于发展观演变的中国区域经济发展战略及空间格局调整［J］. 经济地理, 2007（6）：896-903.

[50] 李京文, 等. 中国生产率分析前沿［M］. 北京：社会科学文献出版社, 1998.

[51] 李凯, 高佳琪, 王丹. 外资驱动型产业集群的系统动力学分析［J］. 科学学与科学技术管理, 2010（8）：84-89.

[52] 李仁贵. 区域经济发展中的增长极理论与政策研究［J］. 经济研究, 1988（9）：63-70.

[53] 李新运, 等. 山东省区域可持续发展评估及协调对策［J］. 人文地理, 1998（4）：65-69.

[54] 李秀敏. 人力资本、人力资本结构与区域协调发展——来自中国省级区域的证据［J］. 华中师范大学学报, 2007（3）：47-56.

[55] 李悦. 论振兴东北老工业基地的必经之路——以高新技术改造传统产业［J］. 财经问题研究, 2004（1）：49-54.

[56] 李政. 发展创业型经济是振兴东北老工业基地的关键［J］. 学习与探索, 2005（2）：194-198.

[57] 李忠民. 人力资本［M］. 北京：经济科学出版社, 1999.

[58] 廖重斌. 环境与经济协调发展的定律评判及其分类体系——以珠江三角洲城市群为例［J］. 热带地理, 1999（2）：23-27.

[59] 林承亮. 三大经济发展模式的发展与比较［J］. 浙江社会科学, 2000（2）：56-59.

[60] 林凌, 刘世庆. 审视西部大开发［J］. 改革, 2003（4）：58-66.

[61] 林凌. 我国战略布局中的东西结合问题［N］. 人民日报, 1985-12-09.

[62] 林毅夫, 刘培林. 经济发展战略对劳均资本积累和技术进步的影响——基于中国经验的实证研究［J］. 中国社会科学, 2003（4）：18-32.

[63] 林毅夫, 张鹏飞. 适宜技术、技术选择和发展中国家的经济发展［J］.

经济学（季刊），2006（4）：985-1006.

[64] 林毅夫. 中国经济发展要以中部为突破口[N]. 经济参考报，2003-10-08.

[65] 刘恩国，等. 中国的健康人力资本与收入增长[J]. 经济学（季刊），2004（1）：101-118.

[66] 刘海英，赵英才，张纯洪. 人力资本"均化"与中国经济增长质量关系研究[J]. 管理世界，2006（11）：15-21.

[67] 刘乃全，郑秀君，贾彦利. 中国区域发展战略政策演变及整体效应研究[J]. 财经研究，2005（1）：25-37.

[68] 刘生龙，王亚华，胡鞍钢. 西部大开发成效与中国区域经济收敛[J]. 经济研究，2009（9）：94-105.

[69] 刘伟东，尹轲. 经营本质论[J]. 经济学家，2002（3）：31-36.

[70] 刘洋，罗建敏，王健康. 中部地区经济协调发展问题研究[J]. 经济地理，2009（5）：731-734.

[71] 刘易斯. 经济增长理论[M]. 北京：商务印书馆，2002.

[72] 刘友金. 区域发展理论与中部崛起的产业集群战略[J]. 求索，2006（1）：13-16.

[73] 刘智勇，胡永远，易先忠. 异质型人力资本对经济增长的作用机制检验[J]. 数量经济技术经济研究，2008（4）：86-96.

[74] 陆大道. 我国区域开发的宏观战略[J]. 地理学报，1987（6）：97-105.

[75] 陆燕春. 发展循环经济是振兴东北老工业基地的阳光之路[J]. 当代经济研究，2005（3）：64-67.

[76] 逯进，陈阳，丁刚. 人力资本、技术创新与创新型城市建设——基于济南与青岛的比较分析[J]. 西北人口，2011（4）：111-114.

[77] 逯进，陈阳，贺晓丽. 创新、经济增长与转型动力——基于山东省的实证分析[J]. 经济经纬，2012（2）：42-46.

[78] 逯进，周惠民. 人力资本理论：回顾、争议与评述[J]. 西北人口，2012（5）：46-52.

[79] 逯进，周惠民. 中国省域人力资本与经济增长耦合关系的实证分析[J]. 数量经济技术经济研究，2013（9）：3-19.

[80] 逯进. 教育、人力资本积累与外溢对西北地区经济增长影响的实证分析 [J]. 中国人口科学, 2006（2）：72-80.

[81] 逯进. 人力资本差异与内生经济增长机制——基于新古典经济增长理论的解释 [J]. 青岛大学学报（自然科学版），2008（2）：63-67.

[82] 逯进. 西部地区人口迁移与经济增长关系的演进分析 [J]. 财经问题研究，2008（3）：117-123.

[83] 逯进. 西部地区人力资本分层的经济增长效应分析 [J]. 软科学, 2008（3）：43-48.

[84] 逯进. 西部地区人力资本与经济增长关系的分析 [J]. 财经科学, 2007（8）：111-117.

[85] 逯进. 寻租、权力腐败与社会福利——基于公共品投资的视角 [J]. 财经研究，2008（9）：122-131.

[86] 逯进. 中国西部人力资本与经济增长关系的演进 [M]. 北京：经济科学出版社，2009.

[87] 吕萍，李忠富. 我国区域经济发展潜力的时空差异研究 [J]. 数量经济技术经济研究，2011（11）：37-51.

[88] 罗伯特—M—索罗. 增长理论一种解析（第二版）[M]. 北京：中国财政经济出版社，2004.

[89] 罗伊—哈罗德. 动态经济学（中文版）[M]. 北京：商务印书馆，1999.

[90] 潘胜彩. 内地经济必须走"双循环"的发展道路 [J]. 特区经济, 1988（2）：76-77.

[91] 钱晓烨，迟巍，黎波. 人力资本对我国区域创新及经济增长的影响——基于空间计量的实证研究 [J]. 数量经济技术经济研究，2010（4）：107-121.

[92] 钱雪亚，刘杰. 中国人力资本水平实证研究 [J]. 统计研究，2004（3）：39-45.

[93] 史立军，周泓. 我国天然气供需安全的系统动力学分析 [J]. 中国软科学，2012（3）：162-169.

[94] 宋林飞. 中国"三大模式"的创新与未来 [J]. 南京社会科学，2009（1）：1-6.

[95] 苏昌贵,魏晓. 中部崛起战略的若干思考 [J]. 经济地理, 2006 (3): 207-209.

[96] 谭崇台. 发展经济学的新发展 [M]. 武汉:武汉大学出版社, 1999.

[97] 汤敏,茅于轼. 现代经济学前沿专题(第二集)[M]. 北京:商务印书馆, 2002.

[98] 王常伟,顾海英. 封闭资本市场条件下农户生产性资本投入与资产积累——基于系统动力学的分析 [J]. 经济经纬, 2013 (1): 16-21.

[99] 王弟海,龚六堂,李宏毅. 健康人力资本、健康投资和经济增长——以中国跨省数据为例 [J]. 管理世界, 2008 (3): 7-38.

[100] 王家远,袁红平. 基于系统动力学的建筑废料管理模型 [J]. 系统工程理论与实践, 2009, (7): 173-180.

[101] 王建. 选择正确的长期发展战略 [N]. 经济日报, 1988-01-05.

[102] 王金营,董正信,兰学莉. 人口城镇化对人力资本和物质资本效用发挥影响的分析 [J]. 人口学刊, 2005 (6): 13-17.

[103] 王金营. 人力资本与经济增长 [M]. 北京:中国财政经济出版社, 2001.

[104] 王金营. 中国经济增长与综合要素生产率和人力资本需求 [J]. 中国人口科学, 2002 (2): 13-19.

[105] 王俐秀. 我国农村人力资本外溢对农业发展影响研究 [D]. 山东财经大学, 2013-05-01.

[106] 威廉·鲍莫尔. 资本主义的增长奇迹(中文版)[M]. 北京:中信出版社, 2004.

[107] 魏后凯,蔡翼飞. 西部大开发的成效与展望 [J]. 发展, 2009 (11): 12-14.

[108] 魏后凯. 区域经济的新发展观 [J]. 中国工业经济, 1993 (5): 31-36.

[109] 魏后凯. 区域开发理论研究 [J]. 地域研究与开发, 1988 (1): 16-19.

[110] 魏后凯. 中国西部大开发新阶段与新思路 [J]. 发展, 2005 (11): 12-16.

[111] 魏下海. 人力资本、空间溢出与省际全要素生产率增长——基于三种

空间权重测度的实证检验［J］．财经研究，2010（12）：94－104．

［112］吴文恒，牛叔文．甘肃省人口与资源环境耦合的演进分析［J］．中国人口科学，2006（12）：81－86．

［113］吴跃明，等．环境—经济系统协调度模型及其指标体系［J］．中国人口·资源与环境，1996（2）：32－36．

［114］伍学林．西部内陆地区开放与开发协调联动［J］．财经科学，2011（8）：87－92．

［115］西奥多·舒尔茨．对人进行投资［M］．北京：首都经济贸易大学出版社，2002．

［116］夏光，张胜波，黄颖．人力资本内涵与分类的再研究［J］．人口学刊，2008（1）：59－61．

［117］夏禹龙，刘吉，冯之浚，张念椿．梯度理论和区域经济［J］．科学学与科学技术管理，1983（2）：5－6．

［118］肖志勇．人力资本、空间溢出与经济增长——基于空间面板数据模型的经验分析［J］．财经科学，2010（264）：61－68．

［119］熊彼特．经济发展理论［M］．北京：商务印书馆，1997．

［120］徐炳文．试论我国东西部地区应采取"一个半重点"的经济发展战略［J］．经济管理，1985（8）：13－14．

［121］徐炳文．中国区域经济发展战略体系研究［J］．管理世界，1993（4）：186－195．

［122］雅各布·明塞尔．人力资本研究—人力资本篇［M］．北京：中国经济出版社，2001．

［123］严成樑．资本投入对我国经济增长的影响——基于拓展的 MRW 框架的分析［J］．数量经济技术经济研究，2011（6）：3－20．

［124］杨承训，闫恒．论"弗"字形网络布局和沿黄—陇兰经济带［J］．开发研究，1990（4）：31－37．

［125］杨建芳，龚六堂，张庆华．人力资本形成及其对经济增长的影响——包含教育和健康投入的内生增长模型及其检验［J］．管理世界，2006（5）：10－18．

［126］杨开忠．下活中部崛起这盘棋［N］．经济日报，2004－12－13．

［127］杨明洪．论西方人力资本理论的研究主线与思路［J］．经济评论，

2001（1）：90－92.

［128］杨胜刚，朱红．中部塌陷金融弱化与中部崛起的金融支持［J］．经济研究，2007（5）：55－67.

［129］杨小凯．新兴古典经济学与超边际分析［M］．北京：社会科学文献出版社，2003.

［130］姚树荣，张耀奇．人力资本涵义与特征论析［J］．上海经济研究，2011（2）：54－79.

［131］叶娇，原毅军，张荣佳．文化差异视角的跨国技术联盟知识转移研究——基于系统动力学的建模与真［J］．科学学研究，2012（4）：557－563.

［132］于凌云．教育投入比与地区经济增长差异［J］．经济研究，2008（10）：131－143.

［133］余长林．人力资本投资结构与经济增长——基于包含教育资本、健康资本的内生增长模型理论研究［J］．财经研究，2006（10）：102－112.

［134］原毅军，田宇，孙佳．产学研技术联盟稳定性的系统动力学建模与仿真［J］．科学学与科学技术管理，2013（4）：3－9.

［135］詹新宇．市场化、人力资本与经济增长效应——来自中国省际面板数据的证据［J］．中国软科学，2012（8）：166－177.

［136］张帆．中国的物质资本和人力资本估算［J］．经济研究，2000（8）：65－71.

［137］张杏梅．中部崛起中的"三农"问题研究［J］．经济地理，2008（1）：128－130.

［138］张原，陈建奇．我国经济发展方式非均衡特征及优化的政策选择——基于人力资本投资低水平"陷阱"视角的分析［J］．当代经济科学，2011（3）：87－127.

［139］章海山．人力资本的伦理意义［J］．道德与文明，2004（6）：4－8.

［140］赵伟．民营企业国际化［M］．北京：经济科学出版社，2006.

［141］赵文艳，朱勇．人力资本积累和溢出驱动的经济增长［J］．当代经济研究，2006（11）：19－22.

［142］中共中央文献编辑委员会．邓小平文选［M］．北京：人民出版社，1993.

［143］周其仁．市场里的企业：一个人力资本与非人力资本的特别合约

[J]．经济研究，1996（6）：71-80．

[144] 周绍森．中部塌陷与中部崛起 [J]．南昌大学学报，2003（11）：54-60．

[145] 朱长存，马敬芝．农村人力资本的广义外溢性与城乡收入差距 [J]．中国农村观察，2009（4）：37-46．

[146] 朱承亮，岳宏志，李婷．中国经济增长效率及其影响因素的实证研究：1985—2007 年 [J]．数量经济技术经济研究，2009（9）：52-63．

[147] 朱平芳，徐大丰．中国城市人力资本的估算 [J]．经济研究，2007（9）：84-95．

[148] 邹微，代谦．技术模仿、人力资本积累与经济赶超 [J]．中国社会科学，2003（5）：26-38．

[149] Acemoglu D, Johnson S. Disease and development: The effect of life expectancy on economic growth [R]. National Bureau of Economic Research, 2006.

[150] Acemoglu D, Zilbotti F. Productivity differences [R]. National Bureau of Economic Research, 1999.

[151] Aghion P, Howitt P. A model of growth through creative destruction [R]. National Bureau of Economic Research, 1990.

[152] Arrow K J. The economic implications of learning by doing [J]. The Review of Economic Studies, 1962, 37 (5): 155-173.

[153] Barro R J, Lee J W. International comparisons of educational attainment [J]. Journal of Monetary Economics, 1993, 32 (3): 363-394.

[154] Barro R J, Lee J W. International measures of schooling years and schooling quality [J]. The American Economic Review, 1996, 86 (2): 218-223.

[155] Barro R J, Martin X S I. Economic Growth Second Edition [M]. Cambridge, Massachusetts London, England, 2012.

[156] Barro R J. Government spending in a simple model of endogenous growth [J]. Journal of Political Economy, 1995, 98 (5): 103-125.

[157] Basu S, Weil D N. Appropriate technology and growth [R]. National Bureau of Economic Research, 1996.

[158] Benhabib J, Spiegel M M. The role of human capital in economic development evidence from aggregate cross-country data [J]. Journal of Monetary Econom-

ics, 1994, 34 (2): 143 – 173.

[159] Bloom D E, Canning D, Sevilla J. The effect of health on economic growth: A production function approach [J]. World Development, 2004, 32 (1): 1 – 13.

[160] Demurger S. Infrastructure development and economic growth: An explanation for regional disparities in China? [J]. Journal of Comparative Economics, 2001, 29 (1): 95 – 117.

[161] Eisner R. Components of capital expenditures—replacement and modernization versus expansion [M]. Factors in Business Investment. NBER, 1978: 175 – 188.

[162] Ertur C, Koch W. Regional disparities in the European Union and the enlargement process: An exploratory spatial data analysis, 1995 – 2000 [J]. The Annals of Regional Science, 2006, 40 (4): 723 – 765.

[163] Fischer M M, Scherngell T, Reismann M. Knowledge spillovers and total factor productivity: Evidence using a spatial panel data model [J]. Geographical Analysis, 2009, 41 (2): 204 – 220.

[164] Fleisher B M, Chen J. The coast – noncoast income gap, productivity, and regional economic policy in China [J]. Journal of Comparative Economics, 1997, 25 (2): 220 – 236.

[165] Fleisher B, Li H, Zhao M Q. Human capital, economic growth, and regional inequality in China [J]. Journal of Development Economics, 2010, 92 (2): 215 – 231.

[166] Fogel R W. Health, nutrition, and economic growth [J]. Economic Development and Cultural Change, 2004, 52 (3): 643 – 658.

[167] Fogel R W. Nutrition, physiological capital, and economic growth [R]. Pan American Health Organization and Inter – American Development Bank, 2002.

[168] Fogel R W. The relevance of Malthus for the study of mortality today: Long – run influences on health, mortality, labor force participation, and population growth [R]. NBER Historical Working Papers, 1994, No. 54.

[169] Forrester J W. Industrial dynamics: A major breakthrough for decision makers [J]. Harvard Business Review, 1958, 36 (4): 37 – 66.

[170] Grossman G M. Innovation and growth in the global economy [M]. MIT Press, 1993.

[171] Howitt P, Aghion P. Capital accumulation and innovation as complementary factors in long-run growth [J]. Journal of Economic Growth, 1998, 3 (2): 111-130.

[172] Jorgenson D W, Fraumeni B M. Investment in education and US economic growth [J]. The Scandinavian Journal of Economics, 1992: S51-S70.

[173] Jorgenson D W, Fraumeni B M. The output of the education sector [M]. Output measurement in the service sectors. University of Chicago Press, 1992: 303-341.

[174] Jorgenson D, Fraumeni B M. The accumulation of human and nonhuman capital, 1948-84 [M]. The measurement of saving, investment, and wealth. University of Chicago Press, 1989: 227-286.

[175] Kendrick J W. The formation and stocks of total capital [J]. NBER Books, 1976.

[176] Knowles S, Owen P D. Education and health in an effective-labor empirical growth Model [J]. Economic Record, 1997, 73 (223): 314-328.

[177] Krueger A B, Lindahl M. Education for growth: Why and for whom? [R]. National Bureau of Economic Research, 2000.

[178] Lucas R E. On the mechanics of economic development [J]. Econometric Society Monographs, 1998 (29): 61-70.

[179] Mankiw N G, Romer D, Weil D N. A contribution to the empirics of economic growth [R]. National Bureau of Economic Research, 1992.

[180] Mincer J. Investment in human capital and personal income distribution [J]. The Journal of Political Economy, 1958, 66 (4): 281-302.

[181] Mulligan C B, Sala-i-Martin X. Measuring aggregate human capital [J]. Journal of Economic Growth, 2000, 5 (3): 215-252.

[182] Nelson R R, Phelps E S. Investment in humans, technological diffusion, and economic growth [J]. The American Economic Review, 1966, 56 (1/2): 69-75.

[183] North D C. Institutions, institutional change and economic performance [M]. Cambridge University Press, 1990.

[184] Romer P M. Endogenous technological change [J]. Journal of Political Economy, 1990, 98 (5): S71 - S102.

[185] Romer P M. Growth based on increasing returns due to specialization [J]. The American Economic Review, 1987, 77 (2): 56 - 62.

[186] Romer P M. Increasing returns and long - run growth [J]. The Journal of Political Economy, 1986, 94 (5): 1002 - 1037.

[187] Schultz T P, Tansel A. Wage and labor supply effects of illness in Cote d'Ivoire and Ghana: Instrumental variable estimates for days disabled [J]. Journal of Development Economics, 1997, 53 (2): 251 - 286.

[188] Schultz T P. Health and schooling investments in Africa [J]. The Journal of Economic Perspectives, 1999, 13 (3): 67 - 88.

[189] Sheshinski E. Optimal accumulation with learning by doing [M]. Essays on the Theory of Optimal Economic Growth. Cambridge: MIT Press, 1967: 31 - 52.

[190] Solow R M. A contribution to the theory of economic growth [J]. The Quarterly Journal of Economics, 1956, 70 (1): 65 - 94.

[191] Strauss J, Thomas D. Health, nutrition, and economic development [J]. Journal of Economic Literature, 1998, 36 (2): 766 - 817.

[192] Temple J, Voth H J. Human capital, equipment investment, and industrialization [J]. European Economic Review, 1998, 42 (7): 1343 - 1362.

[193] Temple J. A positive effect of human capital on growth [J]. Economics Letters, 1999, 65 (1): 131 - 134.

[194] Topel R. Labor markets and economic growth [J]. Handbook of Labor Economics, 1999 (3): 2943 - 2984.

[195] Uzawa H. Optimum technical change in an aggregative model of economic growth [J]. International Economic Review, 1965, 6 (1): 18 - 31.

[196] Vandenbussche J, Aghion P, Meghir C. Growth, distance to frontier and composition of human capital [J]. Journal of Economic Growth, 2006, 11 (2): 97 - 127.

[197] Wang Y, Yao Y. Sources of China's economic growth 1952 - 1999: Incorporating human capital accumulation [J]. China Economic Review, 2003, 14 (1): 32 - 52.